대학종합평가인정제의
평가체제에 관한 연구

대학종합평가인정제의
평가체제에 관한 연구

최금진 著

한국학술정보(주)

목 차

표 목차

그림 목차

I. 서 론

이 장에서는 대학종합평가인정제의 평가체제에 관한 연구의 필요성과 목적, 연구문제를 제시한 후, 본 연구와 관련된 용어를 정의한다.

1. 연구의 필요성

21세기는 변화의 세기로 사회는 지적 창의력을 갖춘 다양한 인력을 대학에 요구하게 되고, 이에 따라 학생들의 다양한 소질과 적성을 계발하고 고등사고능력을 신장시키는 대학교육의 역할과 기능이 증대되고 있다. 또한 정보화, 다양화, 개방화로 특징지어지는 세계 환경의 변화는 국가 간 무한경쟁의 논리를 정당화시키고 있으며, 대학교육이 국가경쟁력을 결정하는 가장 중요한 요소로 인식되면서 세계 각국에서는 대학의 질 관리를 위한 수단으로 대학에 대한 평가 또는 평가인정 활동을 강화하고 있다. 이미 100여 년 전에 대학평가인정제도를 도입한 미국을 비롯하여 교육선진국들은 대학교육개혁을 국가발전 전략의 핵심으로 삼아 추진 중에 있으며, 대학교육의 질 향상과 책무성(accountability) 제고를 목적으로 자국의 문화에 가장 적절한 대학평가제도를 마련하고, 그 시행에 있어서 효율성과 효과성을 기하기 위해 노력하고 있다. 이러한 국제적 추세와 함께 대학교육의 질 향상을 위한 국제협력 기구도 강화되고 있다. 1991년에 홍콩 학술평심국(Hong Kong Council for Academic Accreditation) 주관으로 처음 개최된 '대학교육 질 보장을 위한 국제회의'를 계기로 국제평가기관협의회(International Network for Quality Assurance Agencies Accreditation: INQAAHE)라는 기구를 발족하여 2년마다 국제회의를 열고 있어 대학평가제도에 대한 관심은 더욱 커지고 있다.

　대학교육의 질 관리를 위한 대학평가제도는 세계적인 보편 현상으로, 우리나라에서는 1977년부터 당시 문교부에 의하여 대학평가가 추진되었다. 이 때의 대학평가는 '평가'라기보다는 감사·실사·내사 등과 같은 '가평가(pseudo evaluation)'의 성격에 지나지 않았다. 그 후 1980년대 접어들면서 한국대학교육협의회(이하 대교협)가 대학평가를 주관하게 됨에 따라, 정부 주도적인 대학평가가 대학 자체에 의한 자율적인 성격으로 변모하게 되었고, 대학교육 관계자 및 평가 전문가들의 심층적인 연구와 자문을 바탕으로 한층 체계적이고 전문적인 대학평가를 시행하게 되었다(서민원, 2000). 대교협은 교육부로부터 대학평가에 관한 제반업무를 위탁받아 담당하게 되었으며, 1982년부터 1992년까지 5년 주기의 대학기관평가(1991년부터 기관평가는 종합평가로 변경됨)를 2주기(1주기: 1982-1986, 2주기: 1988-1992)에 걸쳐 수행하였다. 그러나 사회 각 분야의 개혁분위기와 함께 대학 경쟁력 차원에서 대학으로서 갖추어야 할 최소 기준 도달 여부를 판정하여 사회에 공개하고, 사회인들이 개별 대학의 특성을 정확하게 이해할 수 있도록 해 주는 대학평가제도의 필요성이 제기되면서 대학평가인정제로 전환하여 실시하게 되었다.

　대학평가인정제는 고등교육기관에 대한 사회적 공신력을 높이고, 자율성을 신장하며, 대학교육의 질을 보장하고 향상 발전시켜 주는 제도적 장치로서 교육의 질적 수준을 증진하고 보장하는 효과적인 기제이다(Selden, 1976; CHEA, 2000). 이러한 대학평가인정제는 대학교육의 질적인 향상을 위한 적절한 평가인정기준을 설정하고, 이 기준에 따라 대학 스스로 자체평가를 통하여 교육의 질적인 수준을 개선하고 유지하도록 하며, 평가인정기준에 따라 대학이 제대로 교육을 하고 있는지를 검증한다. 또한 평가결과에 따라 대학에 대한 지속적인 자문과 협력을 제공하는 기능을 한다.

　현재 우리나라에서는 그 평가대상에 따라 1992년부터 시행된 학과(학문계열)평가인정제와 1994년부터 시행된 대학종합평가인정제로 구분하여 실시되고 있다. 1994년부터 2000년까지 시행한 대학종합평가인정제는 대학 전반에 걸친 질 점검체제로서 대학 전체적인 여건 개선과 질을 일정 수준으로 향상시키는 데 중점을 두고 있으며, 교육·연구 기관으로서의 대학을 평가대상으로 하여 종합적으로 평가하는 평가제도와 이 평가결과를 근거로 대학기관의 질을 종합적으로 인정하는 인정제도가 결합된 대학교육에 대한 질 관리제도라 할 수 있다. 따라서 대학종합평가인정제는 우리나라 대학의 발전방향과 수준을 제시하는 동시에 대학을 전체적으로 평가하는 시스템으로, 개별대학의 위상에 많은 영향을 미치고 있다. 대학종합평가인정제는 개별대학으로 하여금 자체평가를 통하여 대학의 질을 개선하도록 하면서 무엇보다 평가결과를 근거로 인정여부를 결정하고, 그 결과를 사회에 공표하고, 정부기관, 기업체, 재단 및 사회가 대학에 대한 직·간접의 행·재정 지원과 혜택을 결정하는 중요한 판단자료와 기준으로 활용된다는 점에서 대학종합평가인정제 이전에 시행되었던 대학평가와 차이가 있다.

대학교육의 질적 제고와 수월성 신장이라는 목표를 달성하기 위해 도입된 대학종합평가인정제의 성과에 대한 여러 학자들의 분석 연구에 의하면(강무섭, 1997; 서정화, 1997; 맹광호, 1997; 어윤배 외, 1998; 신동로 외, 1998), 대학종합평가인정제는 대학의 기반시설과 여건을 개선하여 대학교육개혁을 촉진하고 교육의 질을 제고하였다는 점에서는 긍정적으로 평가되었다. 즉 1994년부터 2000년까지 실시된 대학종합평가인정제의 성과는 첫째, 우수교원이 확충되어 교육 프로그램이 충실해지고 학생들에 대한 수업지도가 충실해졌다는 점, 둘째, 교육·연구 시설이 확대되어 교수와 연구 여건이 개선·강화되었다는 점, 셋째, 체계적인 대학발전 계획으로 대학조직이 정예화·전문화되었고 산학협력의 활성화로 자체 발전기금이 확충되었다는 점, 넷째, 전반적인 대학교육에 대한 실상을 공개하여, 사회적 신뢰도를 높이고 대학에 대한 정부의 행·재정적 지원정책의 기초 자료를 제공하게 되었다는 점 등으로 요약할 수 있다.

이와 같이 대학종합평가인정제는 우리나라 대학교육의 발전에 많은 기여를 하였지만, 대학평가가 일반화되고 사회적 관심이 고조되면서 그에 대한 비판 또한 없지 않았다(김광웅, 1994; 구병림, 1996; 허귀진, 1997; 김병주, 1997; 이현청, 1999, 2000b). 대학종합평가인정제에 대해 제기되는 문제들은 대부분 대학종합평가인정제의 평가목적, 평가주체, 평가기준, 평가절차 그리고 평가결과의 발표와 활용 등과 관련된 것으로 보아 아직까지 대학종합평가의 개념과 모형 및 방법론에 대한 명확한 철학과 논리가 정립되어 있지 않은 상태라는 것을 알 수 있다. 즉, 대학종합평가인정제가 무엇이며 왜 필요한가, 그리고 대학종합평가인정제는 누구에 의해서 어떤 기준과 절차를 거쳐서 수행되어야 하고, 그 결과는 어떻게 활용되어야 할 것인가에 대해 정부와 대학 및 일반 국민들 간에 공감대가 형성되어 있지 않은 상태라고 할 수 있다.1) 따라서 대학교육의 질 향상을 목적으로 시행된 대학종합평가인정제는 그 목적을 달성하기에 충분한 평가체제를 갖추고 있었는가? 즉, 대학종합평가인정제의 평가목적, 평가주체, 평가기준, 평가방법 그리고 평가결과의 활용이 적절하였는가?에 대한 연구가 이루어질 필요가 있다.

대학평가인정제에 관한 선행연구를 살펴보면, 1970년대에서 1980년대 초반까지는 제도 도입에 관한 논의가 대부분으로 대학평가인정제의 필요성과

---

1) 이상주(1993)는 대학평가인정제도의 문제점과 정착과제로 ① 평가인정기구의 독립성 보장, ② 합리적인 평가기준의 설정, ③ 효율적인 평가절차의 구상, ④ 평가인정결과의 공표에 다른 혼란의 최소화, ⑤ 평가결과와 행·재정 지원의 연계 등을 들었다. 이화국(1993)은 대학평가인정제의 정착 과제로 ① 평가인정의 목적, ② 평가인정의 주체, ③ 대학평가대상의 유형, ④ 평가의 내용과 기준, ⑤ 평가결과의 처리 등을 들고 있다. 김광웅(1994)은 대학종합평가인정제의 개선방안을 제시하면서 다음과 같은 문제를 지적했다. ① 종합평가 "인정"의 의미 불명확, ② 총합평정방식의 문제, ③ 평가의 신뢰도, ④ 평가항목의 타당도(평가항목으로서의 적절성, 평가항목의 가중치 부여). 또한 대학종합평가인정제도의 실시로 우려되는 부작용으로 ① 대학의 빈익빈 부익부 현상의 가속화, ② 대학 간 과열경쟁, ③ 형식주의화, 벼락치기 평가, ④대학의 특성화 발전 제약, ⑤ 평가시행주체의 문제 등을 들었다. 그리고 김병주(1997)는 ① '평가인정'개념의 불명확성, ② 자체평가의 신뢰성 확보 문제, ③ 대학 간 과열경쟁으로 인한 부작용, ④ 자료축적의 미흡, ⑤ 장기적인 계획의 미완성, ⑥ 예산과 인력 부족, ⑦ 평가항목의 문제, ⑧ 평가기준의 문제, ⑨ 평가척도의 문제, ⑩ 평정방식의 문제 등을 지적하고 있다.

성격에 대한 연구를 통하여 대학교육의 질 향상에 자극적 기제라는 점을 소
개하거나 그 필요성을 강조하였다(김란수, 1973; 1975; 김종철, 1974; 이형
행, 이종성, 1980; 정희천, 1980; 이성호, 1983; 유인종, 1984). 그 이후 1980
년대 초반부터는 대학평가의 필요성에 대한 관심과 논의가 본격적으로 제기
되면서 대학평가기준 개발에 관한 많은 연구가 이루어졌다(박성렬 외, 1985;
김용일 외, 1988; 황정규 외, 1990; 권기욱, 1989, 1990; 김수천, 1993; 한국
대학교육협의회, 1993; 윤문영 외, 1998; 양은배, 2000). 1994년 대학종합평
가인정제가 시행되면서부터는 대학종합평가인정제와 이 제도의 성과와 문제
점에 대한 연구(이현청, 1997; 맹광호, 1997; 김안중, 1997; 허귀진 외,
1997; 윤문영 외, 1998; 어윤배 외, 1998; 신동로 외, 1998; 이용남 외,
1999; 오성삼 외, 1999; 정진위 외, 2000; 최한선 외, 2000; 황정규 외,
2000)가 많이 이루어졌다. 이러한 기존 연구들의 대부분은 대학종합평가인정
제의 주관기구인 대교협에 의해서 이루어졌고, 대학종합평가인정제의 한 주
기가 종결되지 않은 상태에서 성과와 문제점을 중심으로 대학종합평가인정
제를 평가한 연구였다. 이상의 연구들을 살펴보면, 대학종합평가인정제의 평
가체제는 평가의 성과와 밀접한 관련이 있음에도 불구하고 평가체제의 적절
성에 관한 연구는 거의 이루어지지 않았다.

대학종합평가인정제의 평가체제가 합리적·체계적으로 구성되어 추진되지
못하면 평가의 효율성과 효과성이 저하되고, 국가적·경제적 낭비와 손실 또
한 커진다. 따라서 이 제도의 효과성과 효율성을 증대시키기 위해서 합리적
이고 체계적인 평가체제가 확립되어야 한다. 이를 위해서는 대학평가의 이론
과 실제에 관한 연구는 물론 이미 시행한 바 있는 대학종합평가인정제의 평
가목적, 운영관리, 평가기준, 평가절차 및 결과의 활용 등 평가체제 전반에
걸친 효과 및 문제점을 분석해 볼 필요가 있다. 또한 대학종합평가인정제가
우리나라의 풍토와 체질에 맞는 바람직한 제도로 발전하기 위해서 평가체제
에서 드러난 문제점을 보완·개선할 수 있는 대안에 대한 탐색적 연구가 이
루어져야 할 필요가 있다.

이러한 필요성에 따라 이루어진 본 연구는 1994년부터 2000년까지 시행된 대학종합평가인정제를 보다 정밀하게 분석하고, 앞으로 시행될 제도의 보완·개선을 위한 근거 자료를 제공하고, 효과적이고 합리적인 제도로 발전해 나가는 데 기여할 것으로 기대된다.

2. 연구의 목적

본 연구의 목적은 1994년부터 2000년까지 시행된 대학종합평가인정제의 평가체제를 구성하고 있는 요소, 즉 평가목적, 운영관리, 평가기준, 평가절차, 그리고 결과활용 등의 적절성을 평가함으로써 대학교육의 질 향상을 위한 하나의 기제로서 시행된 대학종합평가인정제의 평가체제를 분석하는 데 있다.

이러한 목적을 달성하기 위한 구체적인 목표는 다음의 세 가지이다.

첫째, 1994년에서 2000년까지 시행된 대학종합평가의 결과분석을 통하여 대학종합평가인정제의 효과성을 검토한다.

둘째, 대학종합평가체제의 적절성에 대한 평가위원의 인식조사를 통하여 대학종합평가인정제의 평가체제를 검토한다.

셋째, 평가체제의 적절성에 대한 인식조사결과를 기초로 대학종합평가인정제의 목적을 재정립하고, 평가기준 설정의 방향을 제시하며, 평가절차 및 결과활용 방안을 모색한다.

3. 연구의 문제

대학종합평가인정제의 평가체제에 관해 연구하기 위하여 본 연구에서 다루고자 하는 연구문제는 다음과 같다.

첫째, 대학종합평가인정제의 필요성과 목적달성에 대한 평가위원의 인식은 어떠한가?

둘째, 운영관리 측면에서 평가주체, 평가주기, 평가경비의 부담 등의 적절성에 대한 평가위원의 인식은 어떠한가?

셋째, 평가기준 측면에서 평가영역, 평가항목, 가중치, 평가기준의 적절성에 대한 평가위원의 인식은 어떠한가?

넷째, 평가절차 측면에서 평가절차와 자체평가, 서면평가, 현지방문평가 등 평가방법의 적절성에 대한 평가위원의 인식은 어떠한가?

다섯째, 평가결과 활용 측면에서 결과발표와 그 활용의 적절성에 대한 평가위원의 인식은 어떠한가?

4. 용어의 정의

1) 대학종합평가인정제(Institutional accreditation system)

대학종합평가인정제는 한국대학교육협의회가 회원대학들의 합의로 결정된 교육, 연구, 사회봉사, 교수, 시설·설비, 재정·경영의 6개 평가 영역에 관한 기준에 개별대학이 충족하고 있는지를 자율적이고 객관적으로 평가하여, 합리적인 절차에 따라 공식적인 인정을 하고, 그 결과에 상응하는 사회적 인정과 행·재정적 지원을 유도하는 제도이다. 따라서 대학종합평가인정제는 대학전반에 걸친 질 점검체제로서 대학 전체적인 여건 개선과 질을 일정 수준으로 향상시키는 데 중점을 두고 있으며, 교육·연구 기관으로서의 대학을 평가대상으로 하여 종합적으로 평가하는 평가제도와 이 평가결과를 근거로 대학기관의 질을 종합적으로 인정하는 인정제도가 결합된 대학교육의 질 관리 체제라 할 수 있다.

2) 평가체제(Evaluation system)

평가체제에는 평가의 의의, 평가의 방향, 평가담당기관 및 시행체제, 평가의 대상 및 선정방법, 평가결과의 활용 및 관리, 평가소요 예산의 충원 및 효율적 활용방안이 포함된다(이인효 외, 1999). 대학종합평가인정제의 평가체제를 분석하는 본 연구에서의 평가체제는 평가의 목적, 대상, 주체, 기준, 절차와 방법, 결과의 활용을 의미한다. 대학에 대한 효과적인 평가체제를 구축하기 위해서는 평가목적을 적절하게 설정하고, 평가업무의 기본요소에 해당하는 평가주체, 평가기준, 평가절차와 방법을 선정하여야 한다. 또한 평가업무의 기본요소들에 대한 설계 및 내용이 확정되어 평가실시 일정 계획에 따라 평가가 이루어지게 되면, 평가결과는 대학발전이나 정책개발의 합리화를 위해 평가 반송되어 활용되어야 할 것이다.

II. 대학평가와 평가인정제도

이 장에서는 대학종합평가인정제의 평가체제를 구성하고 있는 요소들의 적절성을 평가하기 위한 이론적 배경으로 대학교육의 질과 대학평가, 대학평가체제 및 대학종합평가인정제에 대하여 고찰한다.

1. 대학교육의 질과 대학평가

1) 대학교육의 질

대학은 조직·단체·체제 등으로 정의되지만, 대학의 질을 분석할 때에는 체제로 접근하게 된다. 대학은 개방체제로서 투입·과정·산출 요소로 구성되어 있다. 대학종합평가란 대학이 갖고 있는 가치에 대한 판단이며, 일반적으로 대학의 질에 관련하여 실시되는 경향이 있다. Middlehurst(1992)는 고등교육의 기본적인 조직원리로서 추구해야 할 가치가 바로 '질'이라고 하면서 질에 대한 개념은 ① 어떤 것의 특징 또는 속성, ② 성취의 수준, ③ 일반적인 합의에 의해 다른 것을 판단하는 기준으로서 높은 수준의 수행 또는 성취, 그리고 ④ 고객 또는 고객과 공급자가 공동 합의에 의해 설정된 필수요건에 대한 충족 등 4가지로 분류될 수 있다고 하였다. 여기서 질에 대한 개념의 다양성, 추상성, 상대성과 같은 특징들을 알 수 있는데, 이러한 특성으로 인해 대학교육의 질을 개념화하고 그것을 조작적으로 정의하는 것은 쉽지 않다.

Astin(1985)은 대학교육의 질을 다섯 가지 관점으로 구분하고 있다. 신비적 관점은 대학의 질은 간단히 정의되거나 측정될 수 없다는 입장이다. 그 이유로 대학의 활동은 너무 복잡하고 다양하다는 점, 대학마다 상이한 목표를 갖고 있다는 점, 대학의 성과는 너무 막연하다는 점, 방법론적으로 대학의 질을 확인하기 어렵다는 점을 들고 있다. 명성적 관점은 의견의 합의에 기초를 두고 대학의 질을 평가하는 입장이다. 미국에서 장기적으로 각종 연구기관이 대학원, 대학, 학과에 대하여 전문가 또는 교수들의 의견을 수렴하여 대학의 순위를 매기고 공개하는 조사방법이 이 관점에 바탕을 두고 있다고 할 수 있다. 자원적 관점은 대학의 질을 대학의 교육자원과 동등하게 보는 입장이다. 전통적으로 세 가지 교육자원이라고 생각하는 우수한 학생, 유명한 교수, 재정과 시설 등은 자원적 관점에 입각한 평가의 기본준거가 되어왔다. 성과적 관점은 대학의 질은 교육성과의 질에 좌우된다는 관점이다. 여기서는 졸업생의 취업수준과 그 비율 등이 평가의 측정치가 된다. 부가 가치적 관점은 대학의 질을 대학이 학생에게 미치는 영향으로 인식하려는 입장이다. 이 관점은 대학이 학생들에게 바람직한 방향으로 영향을 미치고, 학생의 지적 발달과 개인발달에 있어서 긍정적인 변화를 줄 수 있는 능력이 대학의 질이라는 견해이다.

Conrad and Wilson(1985)은 대학교육의 질을 ① 직접적으로 측정될 수 없고 해당 분야의 전문가들에 의해 판단되는 것이 최선의 접근이라는 명성적 관점(reputational view), ② 구체적인 어떤 학문 프로그램 혹은 학과가 갖추고 있는 인적, 재정적, 그리고 물리적 자원을 객관적인 방법에 의해 측정함으로써 질의 우열을 비교할 수 있다는 자원적 관점(resources view), ③ 고등교육기관이 배출한 졸업생들에 대한 관련 고용기관의 만족 여부와 객관적인 성취도 그리고 해당기관 교수들의 연구업적 등 가시적인 산출물들에 의해 질을 평가하는 성과적 관점(outcomes view), ④ 학생들이 입학했을 당시와 졸업 당시의 학력 그리고 교육 정도의 차이를 시험을 통해 평가함으로써 질을 측정하는 부가 가치적 관점(value-added view) 등 네 가지 관점으로 정의하고 있다. 이상과 같은 질에 대한 대표적인 관점들은 각각 대학교육에 있어서 질

을 측정·평가하는 방법들을 갖고 있으며, 질에 대한 개념이 다양한 것은 질
의 정의에 대한 합의를 못하고 있다는 것을 말해준다(신현석, 1996).

한편, 서민원(1994)은 질에 대한 여러 관점들을 종합적으로 고찰한 후 대
학교육의 질에 대한 개념화를 시도하였다. 그는 질을 개념적으로 ① 특별한
의미, 수월성의 의미, 최소기준 충족의 의미 등으로 구성되는 탁월성으로서
의 질, ② 절차와 방법상의 일관성을 강조하는 완벽함으로써의 질, ③ 목적
의 준거에 부합되는지의 여부에 대한 목적 합치도로서의 질, ④ 경제적 가치
의 기준에 따른 질, ⑤ 소비자의 주관적 판단과 만족 여부에 의한 질, ⑥ 근
본적 형태의 변화·발달로서의 질 등 여섯 가지로 분류하여 대학교육의 다
양한 질 개념들을 〈표 Ⅱ-1〉과 같이 제시하였다.

〈표 Ⅱ-1〉 대학교육의 질 개념의 유형

질의 종류	하위개념	준 거	관 점	특 징
수월성	탁월성	높은 기준의 충족여부	명성적 관점	명성, 자원
완벽성	무결함	과정과 절차의 준수여부	과정적 과점	일관성 강조 내용강조
목적 합치도	목적 달성	목표 달성여부	성과적 관점	산출강조
경제적 가치	경제가치	금전적 가치, 재정규모	경제적 관점	수량화
만족도	가 치	인지도	소비자 관점	주관적 평가
	가치부가	가치증진	심리적 관점	변화, 발달

출처: 서민원, 1994.

이와 같이 대학교육의 질 개념들은 연구자들에 따라 다소 차이는 있지만
이미 그 개념의 정의 속에 질을 결정하는 영향요인들을 내포하는 경우가 많
다. 질의 결정요인들은 대학교육의 질 개선을 위한 정책모형을 하나의 체제
로 보았을 때 체제의 하위요소인 투입(inputs), 과정(process), 그리고 산출
(output)로 분류할 수 있다(신현석, 1996; 박종렬, 2000). 투입요인으로는 대
학의 정책과 목표, 교육과 연구 및 재정적 자원과 같은 대학교육 여건을 들

수 있고, 과정요인은 사회 심리적 환경, 교수의 질, 학생노력의 질과 같은 대학교육과정에 관한 요인이 포함되며, 산출요인은 학생의 인지적, 정의적, 심체적 성취 변화를 포함하고 있다. 따라서 대학교육은 이러한 투입, 과정 및 산출요인 간의 관계 속에 발전한다고 할 수 있다(서민원, 1996). 투입요인인 대학여건은 사회 심리적 환경에, 사회 심리적 환경은 교수의 질에, 교수의 질은 학생 노력의 질에 영향을 미치며 이는 산출요인인 학생성과에 연계적 영향을 미친다. 그러므로 대학교육의 질을 평가하는 대학종합평가인정제는 대학의 교육·연구·사회봉사 기능 모두와 대학체제의 투입·과정·산출 영역 모두를 대상으로 실시되는 것이 바람직하다 할 수 있다.

일반적으로 미국의 대학평가나 우리나라의 대학평가에서 대상 영역을 대학의 목표, 교육과정, 학생, 교수, 시설 및 행·재정으로 나누어 기준을 설정하고 있는 것은 대학교육의 관련 분야 전체를 종합적으로 대학의 질을 결정짓는 요소로 보기 때문인 것으로 판단된다. 따라서 대학의 질을 향상하기 위해서는 대학의 교육목표를 적절하게 수립하여야 하며, 여기에는 대학의 보편적이고 일반적인 이념과 각 대학 고유의 건학 정신, 그리고 구체적으로 개별적인 목표들이 포함된다. 이들 목표체계는 유기적인 관계가 정립되어 있어야 하고, 목표체계의 진술은 명료하고 구체적인 것이며 현실성이 있어야 한다. 또한 대학의 교육과정은 대학설립의 이념을 실현하기 위하여 합당하게 계획되고 효과적으로 운영되어야 하며 발전하는 학문세계와 급변하는 사회에 적응하도록 계속 개선하는 체계를 갖추어야 한다. 우수한 학생을 선발하여 학사관리나 학생지도 및 장학복지 활동을 수준 이상으로 제공하여 대학의 교육목표를 달성할 수 있도록 노력하여야 한다. 또한 우수 교수를 확보하고 발전시키기 위하여 공정한 인사방침과 적절한 교수·연구·봉사의 여건을 조성하여 효과성을 제고하여야 할 것이다. 또 대학이 설정한 교육이념을 구현하고 교육목적을 달성하기 위하여 교육·연구·봉사활동에 필요한 시설·설비를 확보·유지하지 않으면 안 된다. 이를 위하여 개별대학은 합리적으로 대학운영을 기획하고 효율적으로 실천하며 객관적으로 평가하여야 하고, 정부와 사회는 이를 적극적으로 지원하는 평가제도를 정착시켜야 한다.

2) 대학평가[2)

대학평가는 대학에 대한 평가로 대학이 가지고 있는 가치에 대한 가치판
단과 가치판단에 이르는 활동들을 포괄하는 활동과정이라 할 수 있다.
Stufflebeam 등(1971)은 대학평가의 개념을 의사결정에 필요한 정보를 확
인·획득·제공하는 일련의 과정으로 성의한다. 이러한 정의는 평가활동 요
소들의 순서에 관련된 과정에 초점을 두고 있다. Dressel(1976)은 대학평가
의 개념을 대학의 활동이 미친 영향이나 대학이 갖고 있는 가치에 대한 판
단과 이러한 판단이 이루어지기까지의 과정이라고 정의한다. 이 경우 평가개
념의 정의는 대학이 갖고 있는 가치에 대한 판단과 판단이 이루어지기까지
의 제반 평가활동들의 진행 순서에 초점을 둔다. 가치판단으로서의 대학평가
의 개념은 판단이라는 행위를 강조하는 반면, 과정으로서의 대학평가의 개념
은 판단에 이르는 활동요소들의 순서를 강조한다고 할 수 있다.

(1) 가치판단으로서의 대학평가

대학평가를 '대학이라는 조직체가 가지고 있는 가치를 합리적으로 판단·
결정하는 활동'이라고 정의할 때, 대학평가의 기능은 투입영역의 자원상태
파악, 과정영역에 관련된 조직체의 기능 상태 파악, 산출영역에 관련된 산출
효과의 규명, 그리고 조직체 전반의 가치 규명 등으로 구분될 수도 있다
(Stufflebeam, et al., 1971). 첫째, 자원상태 파악으로서의 평가개념은 대학
조직체가 목적성취에 필요한 자원들을 확보하고 있는 상태나 확보할 수 있

---

2) 대학평가(12-16쪽)에서는 권기욱(1990), 「대학평가사업의 종합적 분석 연구」를
   주로 참고하였음.

는 대학체제의 능력 등에 대한 분석으로 이해할 수 있다. 자원확보가 양호할수록 목적성취는 그만큼 더 가능해 질 수 있다는 전제에서 자원의 확보 정도나 능력에 따라 대학의 질을 판단하게 된다. 둘째, 기능파악으로서 평가개념은 조직체의 활동에 의해 어떤 결과가 야기되는가? 에 대해서는 구체적인 설명 없이 대학체제의 기능만을 분석하는 것으로서 대학체제의 현재 기능상태에 대한 진단이라고 할 수 있다. 따라서 기능상태의 분석으로서 대학평가는 집단 간에 야기된 갈등이나 지반 문제들을 해결하는 데 필요한 정보를 수집·제공하는 수단으로 고려될 수 있다. 이러한 평가개념은 미래지향적이고, 제반 활동의 성공과 실패를 예언할 수 있는 요소들에 대한 분석을 강조한다. 셋째, 목적성취와 효과의 규명으로서 평가개념은 대학이 자체 목적을 어느 정도 달성했는지에 대한 가치판단을 목적으로 하고, 대학 자체를 감정(appraisal)하는 것으로 정의하고 있다(Marcus, Leone, & Goldburg, 1983). 이는 대학평가를 대학이 성취해야 할 것을 어느 정도 성취하였는가에 대해 결정하는 것으로 정의하기 때문에 평가에는 묵시적인 해석이나 가정이 포함된다고 볼 수 있다. 넷째, 목적성취와 효과의 판단으로서 평가개념은 현재보다는 과거의 성취에 대한 판단에 근거하여 현재와 미래의 성취 정도를 예측하며, 대학의 목적을 성취의 기준으로 하여 판단하는 준거 지향적인 특성을 지닌다. 목적성취와 효과의 확인으로서 평가개념은 조직체의 책무성 수행여부에 대한 확인으로 해석될 수 있으며, 대학 자체적으로 자신에 대한 통제기능을 가진 관리 도구의 역할도 가질 수 있다.

가치판단으로서의 평가개념은 이와 같이 학자에 따라서 다르게 정의되는 것과 같이 접근하는 학문적 특성에 따라서도 다르게 정의되고 있다. 철학자들은 평가의 개념을 가치의 측정으로 정의하는 경향이 있다(Scriven, 1977). 여기서 가치측정은 대학이라는 개체의 내재적인 가치를 확인하는 것을 의미한다. 행정학자들은 평가의 개념을 의사결정에 필요한 정보를 제공하는 것으로 정의하는 경향이 있다(Cronbach, 1963). 이러한 대학평가의 개념은 확인된 대학의 내재적인 가치를 바탕으로 외적인 기여, 즉 정보제공에 초점을 두

고 있다. 평가결과에서 얻어진 대학의 가치에 대한 판단결과로서 제공되게
된다. 전자는 가치의 확인에 초점을 둔다. 그러나 후자는 확인된 것을 활용
하는 데 초점을 두고, 활용되지 않으면 평가활동 자체가 무의미함을 암시한
다. 이와 같은 대학평가 개념을 정의하는 데 있어서 학문적 특성들 간의 차
이는 대학평가의 개념이 갖고 있는 여러 가지 요소들과 기능들 중에서 주어
지는 관심의 차이에 기인한다.

　　가치판단으로서의 평가개념은 학문적 입장이나 개인의 가치에 관계없이
다음과 같은 본질적인 특성을 갖는다. 첫째, 대학평가는 대학이라는 체제의
효과성에 대한 질문이며, 일시적이거나 시작과 종료가 있는 사업이 아니고
계속적 · 지속적으로 수행되어야 한다. 둘째, 대학평가는 과학적, 체계적인 방
법으로 실시하면서 고도의 기술과 전문성을 요구하며, 대학에 관련된 의사결
정에 도움을 줄 수 있는 정보를 제공한다. 셋째, 필요한 정보를 확인하고, 그
러한 정보를 획득하기 위해서 자료를 수집, 분석하고 기준에 근거하여 판단
이 이루어져야 한다.

(2) 과정으로서의 대학평가

　　과정으로서의 대학평가 개념은 대학에 대한 가치판단뿐만 아니라 가치판
단에 이르기까지 관련된 활동 모두를 포함하는 다단계로 이루어져 있다. 다
단계로 이루어진 대학평가의 활동은 대학평가의 과정 · 절차에 근거하여 규명
될 수 있으며, 학자에 따라 평가활동의 구체적인 단계의 구분에 차이가 있다.
　　이 중 평가의 단계를 3단계로 구분한 학자는 Dressel, Harshman,
Stufflebeam 등이다. Dressel(1976)은 평가목적의 명료화, 정보수집, 판단의 3
단계로 구분하고 있으며, 정보수집에는 평가준거의 설정, 자료수집, 자료분석
과 같은 구체적인 행위를 포함하고 있다. 대학평가의 개념을 과정으로 정의
한 Harshman(1979)은 여러 가지 평가 모형들을 종합 · 분석하여 기초 단계,
정보획득 단계, 판단단계의 3단계의 평가과정을 제시하고 있다. 첫째 단계는

기초 단계로서, 평가대상의 확인, 평가의 목적과 가치의 결정, 평가기준과 준거 설정 등과 같은 활동들이 실시된다. 둘째 단계는 정보획득 단계로서, 수집할 자료의 명세화, 자료의 수집, 수집된 자료의 분석 등과 같은 활동이 이루어진다. 셋째 단계는 판단의 단계로서, 기초 단계에서 설정된 평가기준과 정보획득 단계에서 수집된 자료의 분석결과를 비교하여 대학의 가치를 판단한다. 한편, Stufflebeam(1971)은 대학평가의 개념을 정보제공에 초점을 두어, 평가의 과정을 정보확인, 정보수집, 정보제공의 3단계로 구분하고 있다. 첫째, 정보확인 단계에서는 평가목적 및 평가대상 영역의 확인, 평가준거 설정 등의 활동이 이루어진다. 둘째, 정보수집 단계에서는 자료의 수집, 자료의 분석, 가치의 판단이 이루어진다. 셋째, 정보제공 단계에서는 평가결과, 즉 수집된 정보를 필요로 하는 자에게 효과적으로 제공한다. 이들 학자 중에서 Dressel과 Harshman은 가치판단까지를 평가활동으로 보고 있으나, Stufflebeam은 정보의 제공까지를 평가활동으로 본다.

평가활동을 4단계로 구분한 Pfeffer & Salancik(1978)는 평가를 정보활용을 위한 활동으로 보고, 그 구체적인 단계를 다음과 같이 제시한다. 첫째 단계에서는 평가대상의 특성을 파악하고, 둘째 단계에서는 평가대상의 영역과 영역 간의 상대적 중요도를 확인하며, 셋째 단계에서는 평가준거와 기준을 설정하며, 넷째 단계에서는 자료의 수집과 분석, 그리고 가치판단이 이루어진다. 이러한 평가개념에는 측정·조사활동을 통해 얻은 자료의 분석결과인 정보의 획득 활동은 포함되어 있으나, 결과의 보고 및 활용은 제외되고 있다. 그리고 평가될 영역의 상대적 중요도에 근거하여 준거를 설정해야 함을 강조하면서 평가목적 등을 경시하는 경향이 있다.

평가활동을 5단계로 구분한 Good, Dowdeswell & Harmsen(1980)은 평가활동을 구체적으로 평가목적의 설정, 평가문항의 작성, 질문에 대답할 정보확인, 자료수집의 구체적인 전략의 수립, 정보의 수집·분석에 의한 가정의 구체화, 정보의 보고 등으로 구분하면서 평가목적의 설정을 시발단계로 보고, 정보의 보고를 최종단계로 제시하고 있다. 이러한 평가과정은 대학 관련

체제에 대한 평가보다는 주로 교육활동의 성취도를 평가할 때 적용되는 평가의 개념이 강하다고 할 수 있다.

Nadler와 Tushman(1980)은 평가활동을 6단계로 구분하여 제시하고 있다. 첫째 단계는 평가목적의 설정, 둘째 단계는 조직효과성 개념의 정의, 셋째 단계는 측정영역의 결정, 넷째 단계는 측정모형의 설정과 측정변인의 설정, 다섯째 단계는 수집할 자료의 확인과 구체적인 수집, 여섯째 단계는 자료의 분석과 가치판단이다. 이러한 정의는 평가목적이 다르면 그 이후의 평가활동이 달라지는 경향이 있다고 보고 있으며, 효과성 개념의 정의에 따라 평가영역과 평가준거 등이 달라지게 된다. 이상과 같이 살펴본 결과에 의하면 평가활동 단계에 대한 학자들의 견해에는 다소 차이가 있지만 평가에는 일반적으로 거치는 공통적인 단계가 존재한다는 것을 알 수 있다. 이러한 공통적인 단계를 평가에 연계 지워 제시하면, 평가목적의 설정, 대학의 특성 규명, 평가영역의 설정, 평가기준의 설정 및 준거 선정, 자료의 수집·분석, 분석된 내용과 평가기준간의 비교를 통한 판단, 그리고 마지막으로 보고로 구분될 수 있다. 이러한 단계들은 상호 독립된 활동이라기보다는 평가목적이 평가의 영역과 기준 설정에 영향을 미치듯이 각각 후속단계의 활동에 영향을 미치는 경향이 있으며, 각 단계에는 활동 방향의 조화와 활동내용 간의 논리성과 연계성이 요청되고 있다.

3) 대학평가모형

평가에 대하여 어떤 관점을 취하고 어떤 평가모형을 선택하느냐에 따라 평가의 의미나 평가방법 및 절차가 달라진다(배호순, 1998). 따라서 평가에 관한 기본적인 이해를 위해서는 평가활동 양상과 방법의 기본골격이 되는 평가모형의 본질을 고찰할 필요가 있다.

평가모형이란 평가목적을 효과적으로 달성하기 위하여 특정 탐구방식을 적용하여 평가방법 및 절차를 체계화한 것을 말한다. Alkin 과 Ellett(1990)

는 평가모형을 그 사용목적에 따라 처방적 모형(prescriptive model)과 기술적 모형(descriptive model)으로 분류하고 있다(배호순, 1994 재인용). 처방적 평가모형은 바람직하거나 적합한 평가란 무엇이며 평가가 어떻게 이루어져야 하는가에 관한 일련의 규칙, 처방 금지사항, 안내역할 등으로 구성되며, 바람직한 방향으로 평가를 수행하기 위한 일관성 있는 구조(framework)와 전략을 제공하는 데 중점을 두고 있다. 즉 절차방안, 우선순위, 전략과 지침을 중심으로 하여 평가준거, 평가기준과 규칙, 지침 설정에 관하여 안내하는 역할과 더불어 평가자의 의무와 책임, 권리 등을 명시하고, 평가자가 지켜야할 격언, 충고, 권고, 지침을 제공할 뿐만 아니라 문제점, 함정, 요구사항 제한사항 등도 제시하는 역할을 한다. 한편, 기술적 평가모형은 평가활동을 기술하고 예측하거나 설명하기 위한 일반화와 그를 포함한 일련의 실증적 문장으로 구성된다. 평가수행을 위한 확인된 가능성의 범위를 제시하고 평가활동 자체에 관한 일반적인 법칙을 실증적으로 설정하는 데 중점을 둔다.

이와 같은 배경에 입각하여 평가모형을 처방적 기능을 강조하는 모형과 기술적 기능을 강조하는 모형으로 구분할 수 있는데, 전자에는 목표중심 평가모형, 의사결정보조 평가모형, 실험중심 평가모형, 체제중심 평가모형, 판단중심 평가모형 등이 포함될 수 있고, 후자에는 전문성 중심 평가모형, 수혜자 중심 평가모형(consumer-oriented evaluation), 반론중심 평가모형(adversary evaluation), 교호 평가모형(transaction evaluation) 등이 포함된다. 그러나 엄격한 의미로는 후자에 속한 평가모형들은 평가대상 및 평가과정의 기술에 중점을 두고 있지만 처방적 기능도 배제하지 않고 있음을 파악할 수 있다. 이는 현행의 평가모형들을 처방적 모형과 기술적 모형으로 완벽하게 구분할 수 없음을 시사해 준다. 따라서 본 연구에서는 많은 평가모형들 가운데서 교육평가에 활용되는 평가인정모형(accreditation model), 목표중심 평가모형(objective-oriented evaluation model), 평가연구모형(evaluation research model)에 대해 고찰하고, 평가모형을 설정하는 구체적인 방법에 대해 살펴보고자 한다.

(1) 평가인정모형

평가인정은 특정프로그램이나 기관을 전문가 집단이 이미 동의한 기준에 합치하거나 도달하고 있음을 인정하는 과정이다(Anderson, Ball, & Murphy, 1975). 즉, 평가인정이란 중등학교 및 대학과 같은 기관들이 결성한 협의체를 중심으로 선출한 대표자들로 구성된 전문가 집단(representatives of accrediting agency)이 기관을 직접 방문하여 협의체에서 사전에 결정한 평가준거에 따라 기관이 자체적으로 연구하고 실천한 바를 중심으로 기관의 교육현상을 식섭 관찰하며 확인하고 판단하여 신속하게 환유하는 과정을 통하여 기관이 전반적으로 평가준거 및 기준에 도달하거나 적합한가를 종합 판정하고 인정하는 평가적 접근방법이다.

평가인정의 특성은 여러 연구에서 분석되고 있는데(Bredekamp & Glowacki, 1996; Harris, Morgan & Sprague, 1996; 배호순, 1994; NAEYC, 1986; 1987; 1998), 이를 정리하면 다음과 같다(배호순, 1994). 첫째, 평가인정제는 교육을 총체적으로 평가할 수 있다. 즉 교육과정의 계획과 운영, 특정 교과, 교수-학습 과정 및 자료 등 실제적인 교육 활동뿐만 아니라 이를 지원하는 행·재정, 경영, 지역사회와의 관계까지도 평가에 포함한다. 둘째, 자기 규제적, 자발적 과정이다. 평가인정은 교육기관의 자발적인 참여로 진행된다. 또한 교육기관 및 프로그램의 자체적 개선을 격려하는 자체평가를 하기 때문에 인정평가는 프로그램 간의 경쟁이 아니라 제시된 기준에의 부합 정도를 스스로 분석하고 변화를 추구한다. 셋째, 프로그램의 특성에 관계없이 공통적인 교육의 질을 평가한다. 넷째, 평가인정의 과정은 자체평가, 현지방문평가, 평가인정 등 3단계로 구성된 전형적인 틀을 가지고 있다. 다섯째, 단발성 평가가 아니라 계속적으로 이루어지는 순환적 과정이다. 단기간 내에 결정된 인정과정의 효율성을 계속 증진시키기 위해서 정기적으로 반복 실행한다. 여섯째, 프로그램의 전문성에 대한 대중적인 공적 효력을 갖는다. 인정여부의 결정은 법적 규제의 성격을 띠지는 않으나 우수한 기관이라는 전문성의 지위를 인정된 기관에게 제공하여 공신력을 인정받는다. 이와 같은 평가인정은 일시적인 한번의 평가가 아니며 지속적인 질 향상을 위한 과정이라 할 수 있다.

평가인정모형은 각 기관이 교육활동 중에 겪는 내용 및 절차에 관련된 문제점을 파악하여 개선하는 데 중점을 두며, 전문가 집단의 현지방문 결과에 입각하여 대상 기관의 전반적인 수준을 결정하여 협의체에서 요구하는 최저 수준에 도달했다고 판단하면 그 기관을 인정해 주는 반면에, 치명적인 문제점을 발견하는 경우 또는 기관이 최저 수준에도 미치지 못했다고 판단하면 기관에 대한 협의체의 인정을 철회하게 된다. 이 과정에서는 평가인정대상인 프로그램이나 기관이 본질적인 기능, 사명, 설립목적을 제대로 수행하고 있는가에 초점을 두고 평가준거를 설정한다는 점, 각 기관의 자체적 연구 개발 노력을 기본으로 하고 그 과정을 평가대상으로 한다는 점, 평가결과를 신속하게 평가 반송해 준다는 점 등을 중시한다.

평가인정모형의 제한점으로는 전문적 판단을 통하여 정립된 준거가 효과적인 교육실제와 타당성 있게 연결되어 있다는 근거가 빈약하다는 점, 평가 활동의 타당성과 객관성을 보장하기 어렵다는 점, 교육 진행과정에 중점을 두기 때문에 교육성과에는 무관심하다는 점, 그리고 정해진 준거에서 최소한의 기준에만 충족되면 인정을 받기 때문에 기준 이상의 질적 수준에는 무관하기 쉽다는 점 등을 들 수 있다(배호순, 1994).

(2) 목표중심 평가모형

목표중심 평가모형은 가장 많이 알려지고 가장 널리 활용되는 모형이다. 대표적인 목표중심 평가모형은 Tyler모형이고, Metfessel과 Michael의 평가 모형과 Hammond의 평가모형은 Tyler의 영향을 받은 것이다(배호순, 1994).

목표중심 평가모형에서는 학생중심으로 교육목표를 상세하게 진술하고 그 것을 어느 정도 성취했는가를 측정하는 데 중점을 두고 있으며 행동목표로 진술된 교육목표와 학생의 성취수준결과를 비교 판단하는 과정이 중시된다.

교육목표 달성 정도를 측정 및 평가하는 전반적인 절차는 일곱 단계로 그 주요 내용은 다음과 같다. ① 학교의 광범위한 교육목표를 설정한다. ② 설정된 교육목표를 분류한다. ③ 분류된 교육목표를 행동적 용어로 정의 및 규정한다. ④ 교육목표의 달성이 측정될 수 있는 평가장면을 설정한다. ⑤ 측정 방법 및 도구를 새롭게 개발하거나 선택한다. ⑥ 측정 방법 및 도구를 사전 탐색적 시행 결과를 바탕으로 개선한다. ⑦ 측정 실시, 자료수집 및 처리, 결과 해석: 행동목표와 학생의 성취 자료를 비교하는 데 중점을 둔다.

목표중심 평가모형의 일반적 특성은 다음과 같다(배호순, 1994). 첫째, 교육목표가 평가에서 핵심적인 역할을 하고 있으며, 교육목표의 행동적 정의와 진술은 측정 및 평가가 용이하여 평가의 효율성을 증대시킨다. 둘째, 전반적으로 목표중심 평가모형을 활용하면 교육목표와 학생 성취 간의 합치 여부의 체계적인 검증이 가능하므로 논리적이고 체계적이며 간편한 평가모형으로서 학교현장에서 실천이 용이하다. 셋째, 형성적 평가기능을 강조하여 교육과정이나 수업을 개선하는 목적으로 평가를 활용할 수 있다는 명분 하에서 평가결과를 평가 반송하여 지속적으로 교육과정과 수업을 개선해 나갈 수 있다는 것이다. 반면에 목표중심 평가모형은 의도하지 않은 부수적인 교육효과를 평가할 수 없으며, 교육성과에만 관심을 두고 교육 실행 과정 변인이나 선행 조건에 관해서는 무관심하여 부분적인 평가결과만을 낼 수 있기 때문에 본질적인 교육과정 개선에는 한계가 있다.

(3) 평가연구모형

19세기 후반부터 공공봉사활동(public service)을 포함한 공공사업의 성공을 입증하기 위한 수단으로 평가를 요구하기 시작하였고, 20세기 초에는 보건, 교육, 복지 분야에서 이루어지는 활동에 대한 자율적인 질 관리 및 효과 증대를 위하여 연구, 실험, 평가 등을 시도하기 시작하였다. 특히 1차 세계대전 이후 공공복지 사업의 급증으로 말미암아 다양한 평가사업이 전개되었는

데, 각 사업은 각양각색의 특성을 가지고 있어서 통일성이 부족하고 일관된 기준이 없다는 문제점이 지적되었다. 그 결과 이들 사업을 표준화하기 위한 의도로 평가기준을 제시하기 시작하였으며, 이 기준에 입각하여 정기적으로 자율적 평가를 실시할 것을 권장하게 되었다. 자율적 평가방법은 사업의 목표가 명료하게 제시되지 않았고, 평가절차와 방법이 모호하며, 행정절차가 비능률적이라는 문제점이 지적되면서, 이러한 문제점을 해결하기 위하여 Sydenstricker(1926)는 평가에서 지켜야 할 규정을 네 가지로 제시하고 있다 (배호순, 1994 재인용). ① 구체적인 사업에 대한 측정 활동이 필요하다. ② 공중 보건 사업의 목적과 방법을 명료하게 정의할 필요가 있다. ③ 실험의 원칙이 적용되어야 한다. ④ 실험집단과 통제집단을 활용해야 한다. 이외에도 여러 학자들은 실험 연구적 방법을 도입할 것을 강조하며, 체계적인 평가절차, 사업 목적의 구체적인 정의, 평가자의 편견 배제 장치 필요 등을 주장하게 되었다. 이와 같은 추세에 따라 실험연구 방법을 적용한 평가방법으로 평가연구가 널리 보급되게 되었다.

실험중심의 평가모형은 실험연구 방법의 추론방식인 인과론을 활용하여 프로그램의 효과를 정확하게 파악하기 위하여 개발한 평가모형이다. Suchman(1967)은 전통적인 실험연구 방법만이 이상적인 연구방법이며 과학적 방법이고, 평가는 이와 같은 과학적 방법을 활용해야 하며 평가의 목적을 제대로 달성하기 위해서는 과학적 방법을 적용한 평가연구 또는 평가연구적 접근이 요구된다고 주장하였다. 그 후 Weiss(1972)와 Cook & Campbell(1979)도 이와 같은 주장을 하였다.

평가연구모형은 과학적인 방법을 활용하여 체계적으로 프로그램의 효과를 측정하고 파악할 수 있으며, 평가절차에 대한 명료한 이해가 쉽기 때문에 평가방법에 대한 공정성과 객관성 확보가 용이하며 연구자적 소양만 가지면 평가자로서 역할을 어렵지 않게 수행할 수 있기 때문에 내부 평가자를 선정하기가 용이하다는 점을 장점으로 지적할 수 있다. 그러나 평가를 연구적 방법 논리에 입각하여 접근하고 있기 때문에 그 논리 범위 내에서만 적용할 수 있다는 제한점을 지적할 수 있다. 다양한 평가대상에 대한 다양한 평가목적을 달성하기 위해서는 다양한 평가적 접근방법이 요청되는데 실험 연구적 접근방법에만 의존하여 평가의 목적을 달성하기에는 평가의 영역을 지나치게 제한하고 있다는 점이다. 또한 평가과정상의 문제점으로서 통제집단의 선정 및 통제가 어렵다는 점, 프로그램 목적 중심의 편견이 작용하여 의도한 효과에만 치중하고 의도하지 않은 효과를 파악하기 곤란하다는 점, 결과 중심의 측정에만 치우칠 가능성이 있어 프로그램 계획 및 그 수행 과정에 대한 형성적 평가가 어렵고 측정 중심의 접근만을 중시하여 측정하기 어려운 경험, 태도변화 등을 평가하기 어렵다는 점 등을 약점으로 열거할 수 있다(배호순, 1994).

(4) 평가모형의 설정 방법

대학을 종합적으로 평가하기 위해서는 평가하고자 하는 영역의 결정이라고 할 수 있는 평가모형을 합리적으로 설정해야 한다. 다양한 평가모형들 중에서 가장 적절한 것을 선택하는 과학적이고 일반화된 최선의 방법은 제시되지 않고 있다(Goodman & Pennings, 1981). 따라서 평가모형의 설정은 평가자의 평가목적과 평가관점에 부합된 평가모형을 선택하는 것이 바람직하다. 평가모형 설정의 구체적인 방법은 다음과 같다(권기욱, 1992).

첫째, 평가목적에 타당한 평가모형을 설정한다. 평가모형을 설정하는 자는 우선 자신의 가치가 평가모형을 설정하는 데 영향을 미치게 되므로, 어떤 영역을 평가대상으로 할 것이며, 그 이유와 논리적인 타당성을 명확하게 수립할 수 있어야 할 것이다. 특히, 대학 전반에 대한 종합적인 평가를 실시할 경우에는 특정 내용영역만을 평가하는 중점평가보다 평가모형의 설정에 더 전문적이고 과학적인 지식이 요구되는 경향이 있다.

둘째, 대학종합평가의 경우 여러 영역을 평가대상으로 한다. 오늘날 대학종합평가의 평가모형은 과거의 한 영역에 초점을 둔 평가모형과는 달리 여러 영역으로 된 평가모형을 선정하는 경향이 있다. 평가를 위한 측정변인도 단일 변인 측정에서 야기될 수 있는 평가결과의 오차를 최대한으로 줄이고 추상적인 추측을 지양하기 위해, 여러 가지 변인을 적용하는 경향이 있다. 평가하려는 대상의 전반적인 측면을 평가하는 것이 평가결과의 타당도를 높일 수 있기 때문에 평가영역이 단일 영역에서 여러 영역으로 변화됨으로써 평가준거 수도 많아지게 되었다.

셋째, 평가모형을 설정할 때에는 다학문적으로 접근하여야 한다. 과학적 관리론에서는 조직의 합리성과 효율성에 초점을 두면서, 조직의 경영과 관리의 측면에서 효율성과 효과성 등을 강조하는 경향이 있다. 행정학에서는 대학체제 자체의 속성에 치중하여 분석하는 경향이 있으나, 사회학에서는 대학이 상위체제에 기여한 정도에 관련하여 대학체제 외적인 측면을 강조한다. 그러나 경제학에서는 비용－효과성 등에 주로 관심을 가지면서 투입과 산출의 관계성을 중요시한다. 대학 자체에 대한 종합평가에서도 재정, 교직원, 교육과정, 시설 및 설비 등 내용 영역이 다양한 만큼 관련된 학문 영역도 다양한 경향이 있다. 평가하는 내용 영역에 따라서 요구되는 학문이 달라지듯이, 접근하는 학문에 따라서도 평가의 내용과 관심에 차이가 있게 된다.

4) 대학평가의 유형

대학평가의 유형은 평가대상, 평가주체, 평가방법 등에 따라 다양하게 분류할 수 있다.

(1) 평가대상에 의한 분류

대학평가의 대상은 일반적으로 단위 교육기관인 개별대학(교)이며, 대학평가에서는 대학의 교육·연구·사회봉사 기능의 수행실태와 이 기능의 지원을 위한 대학운영 실태를 평가해 왔다. 미국에서는 이러한 기관평가(institutional accreditation) 이외에 의학, 법학, 교사교육과 같은 전문교육 프로그램을 평가대상으로 하는 전문 분야 평가(specialized accreditation)를 발전시켜왔다. 그리하여 대학평가인정제는 평가대상에 따라 일반적 또는 기관(총체적)평가인정(general or institutional accreditation)과 프로그램 또는 전문 분야별 평가인정(programmatic or specialized accreditation)으로 구분할 수 있다(이성호, 1983). 일반적 또는 기관(총체적) 평가인정은 특정고등교육기관을 하나의 단위로 하여 그 기관이 질적이나 양적인 면에서 고등교육기관으로서의 최소한의 자격 요건을 갖추고 있으며, 그 기관 나름대로 사전에 설정해 놓은 교육목표를 달성하고 있는지를 평가하고 인정하는 것이며, 프로그램 또는 전문 분야별 평가인정은 특정 전문 분야의 학과나 단과대학 또는 독립고등교육기관을 대상으로 전문가 협의회가 설정해 놓은 기준에 도달하고 있는지를 검토하고 승인하는 것이다. 이는 대체로 어떠한 고등교육기관의 일부분에 해당하는 특정프로그램이나 학과 또는 단과대학이 대상이 된다. 이 두 가지 유형의 기본특징은 첫째, 평가대상기관의 자발적인 참여에 있다. 즉 평정을 받고자 하는 대학(교) 또는 전문 분야 기관의 자유로운 의사결정에 따라 해당 평가인정기구에 등록함으로써, 평가인정의 대상이 되는 것이다. 둘째, 모든 평가인정은 비정부기관적(nongovernmental)인 체제 속에서 이루어지고 있다. 따라서 평정의 원칙이나 기준의 설정 및 평정의 실시와 이에 대한 사후관리 및 운영에 있어서 각 평가인정기구는 각각의 독특한 자율적인 운영방식을 취하고 있다. 셋째, 각 유형의 평가인정기구는 비공식적(nonoffical)인 제도라는 데 그 특징이 있다. 따라서 각 고등교육기관에 대한 법적 구속력은 없으며 각 업적평가인정기구가 갖는 유일한 힘은 평가인정된 대학 또는 전문 분야의 교육프로그램 목록을 발간해서 대외적으로 알려 주는 것이다(Blauch, 1959). 또한 이들 두 가지 유형의 평가인정제도는 기본적으로 그 목적, 기준, 절차 등에 커다란 차이가 없으며 프로그램별 또는 전문 분야별 평가인정이 그 전문 분야의 특성을 바탕으로 하는 독특한 판정 수준과 식견을 활용하고 있다는 점이 일반적 평가인정과 다르다 하겠다. 우리나라에서도 1980년대부터 대교협이 주도한 대학평가에서 미국의 대학평가제도에 바탕을 둔 기관평가와 학문 분야별 평가를 실시해 왔으며, 이들 평가는 대학종합평가와 학과평가로 이름이 바뀌었으며, 1991년에 도입된 대학평가인정제도에서 대학평가의 유형을 대학종합평가인정제와 학과(학문계열)평가인정제로 구분하였다. 1992년부터 실시되어 온 학과(학문계열)평가인정제는 대학의 질적 수준을 학과별로 체계적으로 평가하여 그 결과를 공표하고, 그에 관한 사회적 인정을 받도록 하는 제도로 우리나라 대학들의 외형적·양적 측면에서의 실상은 물론, 그동안 우리 사회에 비교적 공개되지 않고 있었던 대학교육의 질적 측면을 사회에 드러내도록 함으로써 대학 간의 경쟁적 발전을 도모하고 사회적 책임 또한 공적으로 평가받도록 한다는 데 그 목적이 있다. 그리고 1994년부터 실시되어 온 대학종합평가인정제는 대학의 질적 수준을 체계적으로 평가하여 그 결과를 사회에 공표함으로써 그에 관한 사회적 인정을 얻게 하는 제도로 대학교육의 수월성, 효율성, 책무성, 자율성, 협동성을 제고하고, 아울러 대학 재정의 확충을 통하여 대학을 발전시키는 데 있다.

(2) 평가주체에 의한 분류

대학평가인정제도는 평가를 시행하는 평가주체에 따라 정부주도형(government initiated model), 절충형(eclectic model), 대학주도형(university initiated model)으로 나누어 볼 수 있다(이형행, 1981). 정부주도형의 경우 평가인정기구의 성격은 정부기관적인 공식기구이며, 임원은 정부가 주관하여 구성하고 평가인정기준 역시 정부가 결정한다. 평가인정예산은 국가가 부담하며 평정결과는 법적 구속력을 갖는다. 절충형은 정부주도형과 대학주도형의 혼합된 형태로 평가주체는 비정부기관적 공식기구의 성격을 갖는다. 임원의 구성방법은 정부가 전문위원을 위촉하거나 승인하는 형태이며 평정 근거는 정부의 승인을 받은 평가인정기구의 정관에 의한다. 예산은 국가가 부담하여 평가인정결과는 정부의 교육정책에 적극 반영된다. 그리고 평가인정의 최종의결권은 정부에 있다. 대학주도형은 비정부기관적인 공식기구로서 자율적인 참여와 회원대학의 합의에 의한 평가인정기준에 의한다. 임원은 회원대학의 대표 및 전문영역 대표로 구성되고 재정은 회원대학의 회비로서 충당되며 평가인정결과는 법적 구속력 없이 자체 발전의 지표로서 활용된다.

(3) 평가방법에 따른 분류

대학종합평가인정제나 학문 분야 평가는 모두 평가의 과정에 따라 대학의 자체평가, 이를 토대로 제3자인 평가기관에 의하여 실시되는 서면평가 및 현지방문평가로 구분된다. 대학자체평가는 개별대학이 자체평가연구위원회를 구성하여 대학평가 편람에 제시된 기준에 의거하여 자체평가를 실시하고 그 결과를 대학자체평가연구보고서로 작성하여 현지방문평가 1개월 전까지 제출하도록 되어 있다. 서면평가는 제출된 대학자체평가연구보고서를 평가하게 된다. 현지방문평가는 검토된 보고서의 내용과 기준에 대한 현지 확인을 하여 평가하는 것이다. 현지방문평가위원들은 현지방문평가보고서를 작성하고, 대학자체평가보고서의 결과를 종합하여 대학별 평가보고서를 작성·제출하면 이들 개별대학별 평가보고서를 종합하여 연도별 대학종합평가보고서를 작성하고 그 결과를 교육인적자원부에 보고하는 순서를 밟는다. 그리고 개별대학은 대학의 자체평가연구 결과와 현지방문평가위원의 현지방문평가보고서의 결과를 검토하여 대학의 장기 발전을 위한 계획에 활용하게 된다.

2. 대학평가체제

정책평가는 정책의 내용, 집행 및 그 영향 등을 추정하거나 사정 또는 평정하기 위하여 체계적 연구 방법들을 응용하는 것으로서(Anderson, 1979),

어떤 한 정책의 과정이나 결과를 이해하고, 그 가치를 판단하는 사회적인 과정이다(Suchman, 1967; Weiss, 1972). 교육정책이나 프로그램을 평가하는데 사용되는 기준은 평가자에 따라서 그리고 강조하는 바가 무엇이냐에 따라서 다양하다. Suchman(1967)은 노력(effort), 성취량(performance), 성취한 일의 적절성(adequacy of performance), 능률성(efficiency), 과정(process)을 들고 있으며, Nakamura & Smallwood(1980)는 정책평가의 기준으로 목표 달성, 능률성, 주민의 만족(constituency satisfaction), 수혜자의 대응성(clientele responsiveness), 체제유지(system maintenance)를 들고 있다. Dunn(1981)은 효과성, 능률성, 충분성, 형평성, 대응성, 필요성(appropriateness) 등을 들고 있다. 이것으로 보아 어떤 정책의 성과나 효과는 단일 기준에 의하여 평가할 수는 없다는 것을 알 수 있다.

대학에 대한 효과적인 평가체제를 구축함에 있어서 우선적으로 고려해야할 것은 평가목적을 제대로 설정하고, 적절하게 설정된 평가목적 하에 목적과 부합되는 평가대상을 선정하여야 한다. 또한 평가업무의 기본요소에 해당하는 평가주체, 평가기준, 평가절차와 방법이 합리적으로 선정되어야 한다. 이러한 평가업무의 기본요소들에 대한 설계 및 내용이 확정되어 평가실시 일정 계획에 따라 평가가 이루어지게 되면, 평가결과는 반드시 축적·관리되어 대학발전이나 정책개발의 합리화를 위해 평가 반송하여 활용되어야 할 것이다(이진주 외, 1996). 대학평가체제는 평가의 목적, 대상, 주체, 기준, 절차와 방법, 결과의 공개 및 활용으로 구성되며, 이 여섯 가지 요소 가운데 한 가지라도 결여되면 평가는 제대로 이루어질 수 없다. 평가체제가 적절성을 갖지 못한 상태에서 평가가 수행된다면 의도한 순기능 효과보다 예기치 않은 역기능 효과가 더 클 수 있다. 따라서 본 연구에서는 대학평가체제를 구성하고 있는 요소들의 적절성을 준거로 하여 대학종합평가인정제의 평가체제를 분석하고자 한다. 그리하여 본 절에서는 평가체제의 구성요소와 요소들 간의 관계에 대해 살펴본다.

1) 대학평가체제의 구성요소

(1) 평가목적

평가목적은 평가를 하는 이유와 관련되는 것으로 평가를 발생시키는 기본
요인이 된다. 평가목적은 평가주체에 의해서 구성될 수도 있고 외부로부터 평
가주체에 부과될 수도 있다(채선희, 1998). 대학평가인정제의 경우 평가주체
인 대교협이 회원대학과의 협의 하에 평가목적을 구성하였기 때문에 평가주
체에 의해 구성되었다고 할 수 있다. 평가목적은 평가를 통해서 달성하고자
하는 결과 및 효과에 대한 진술로서 평가를 발생하게 해 주는 동시에 평가주
체, 평가대상, 평가기준, 평가방법, 결과활용에 이르기까지 평가 전반에 걸쳐
직·간접적인 영향을 미친다. 즉 평가목적은 평가현상의 구체적이고 실제적
인 범위 즉 무엇을 평가할 것인가를 규정해 줄 뿐만 아니라 평가의 진행방향
에 대한 길잡이가 된다. 따라서 평가활동 자체가 효과적이고 효율적이기 위해
서는 평가활동을 통해 성취되어야 할 평가목적이 합리적으로 명확하게 설정
되어야 한다. 그리고 측정될 수 있는 보다 구체적인 목표로 전환될 수 있으면
서 명료하게 진술되어, 일반적으로 이해될 수 있어야 한다. 명료하게 진술된
평가목적은 평가활동을 보다 정확하고 타당하게 결정할 수 있게 한다.

대학평가의 목적은 대학교육활동의 한 과정으로 교육목표와 계획의 달성
및 실현의 정도를 확인하여, 그 결과를 차기의 목표 수립과 계획에 반영함으
로써, 대학교육의 질을 향상시켜 국제 경쟁력을 높이고, 국가와 사회 및 개
별 대학의 발전을 도우며, 궁극적으로는 개별 학생에게 최대한 봉사하려는
데 있다(대교협, 1987; 주삼환 외, 1989).

(2) 평가주체

평가주체는 주어진 평가목적을 달성하기 위해 누가 평가를 할 것인가의 문

제와 관련되며, 이는 곧 평가의 권리와 책임이 누구에게 있느냐의 문제이기도 하다. 평가의 주체는 평가의 목적이나 절차, 그리고 결과 및 결과활용에 직접적인 영향을 미치기 때문에 평가주체를 결정하는 것은 대학평가의 경우 매우 중요한 문제이다(채선희, 1998). 대학교육에 대한 평가권은 곧 대학 자율권의 문제일수도 있기 때문이다. 대학을 평가하는 권리가 대학에 있는가 아니면 교육부에 있는가의 문제들이 평가주체와 관련하여 검토되어야 할 요소들이다. 1991년에 대학평가를 대교협이 주관하느냐 교육부의 대학교육심의회에서 주관하느냐를 놓고 교육부와 대교협 사이에 심각한 갈등을 빚었던 것도 하나의 좋은 예이다. 평가목적이 평가주체에 의해 구성된 경우이든 외부로부터 부과된 경우이든 간에, 평가가 실행되기 위해서는 해당 평가를 수행하기에 가장 타당한 평가주체가 선정되어야 한다. 평가의 속성 상 평가주체가 자칫 평가대상을 지배할 수 있고 나아가 평가목적까지도 변질시킬 수 있기 때문이다. 평가권을 회복하려는 노력은 곧 평가의 과정에서 평가주체와 평가대상의 관계를 회복하고 평가대상의 일방적인 소외를 막으려는 노력이다.

평가주체를 결정짓는 객관적인 준거는 이해당사자가 아니고 정부도 아닌 전문성을 보유한 자율기구여야 한다. 결정된 평가주체는 평가현상에 대한 이론적 지식과 기술을 갖추고 있어야 하며, 교육목적, 평가대상, 교육평가, 그리고 평가가 수행되는 정치적·경제적·사회적 상황에 대해 잘 이해하고 있어야 한다.

(3) 평가대상

평가대상은 누구의 무엇을 평가할 것인가와 관련된 문제이다. 즉 평가대상과 평가대상의 어떤 부분을 평가할 것인가 하는 평가내용이 이에 해당된다. 여기서 평가대상은 물리적 환경에 의해 구분되는 대상 이상을 의미한다. 평가대상은 평가자에 의해 규정되고 창조되는 것으로 인간일수도 조직일수도 혹은 사건일수도 있다(채선희, 1998). 대학평가인정제의 경우 평가대상은 대학이라는 추상적인 조직체와 그 조직체에서 실시되고 있는 프로그램이 그 평가대상이 된다고 할 수 있다. 평가를 구성하는 필수 요소인 평가대상은 평가의 객체에 더하여 평가의 내용이라는 측면을 포함하고 있다. 대학평가의 경우 실제 평가대상은 물리적인 대상인 대학이 아니라 대학의 본질을 구성하고 있는 것들이고, 이는 구체적인 평가의 목적에 비추어서 결정되어야 한다. 대학을 평가하는 목적이 대학의 질을 높이기 위한 것이라면 평가대상은 대학의 다른 어떤 부분보다도 대학의 질과 가장 관련이 있는 것으로 구성되어야 할 것이다.

평가대상의 선정은 평가대상 대학 전체를 대상으로 서면평가 및 자체평가의 대상과 현지방문 평가대상으로 구분될 수 있다. 국가적 차원에서 고등교육의 전반적인 실태를 분석할 경우에는 평가대상 대학 모두에 서면평가 내지 자체평가를 하도록 한 다음, 그 대상 대학의 수가 많을 경우에는 서면평가대상 대학들 중에서 일부를 표집하여 현지 실태를 파악할 수도 있다. 이 경우 표집은 질적으로 상·중·하의 그룹별로 편파되지 않도록 골고루 선정될 확률이 보장이 되어야 하며, 지역 간·학문영역 간·대학유형 간 등에서 균등한 표집 기회가 주어질 수 있도록 유층별 무선 표집을 실시하는 것이 바람직하다. 그러나 국가·사회적 측면이 아닌 개별대학 차원에서 평가와 개선 방안 도출이 강조되는 경우에는 대학 서면평가나 자체평가만 실시된 대학에 대해서는 현지방문평가가 바람직하다. 서면평가만으로는 대학의 모든 영역을 평가할 수 없기 때문에 대학 내부인의 판단보다는 외부 전문가의 판단이 더 합리적일 수 있기 때문이다.

(4) 평가기준

평가기준이란 평가준거의 속성과 내용 또는 그로 인한 결과 및 산출의 속성이나 그 자체를 나타내고 그것들의 바람직한 달성 정도나 성취 수준을 특정 수준 및 범위 또는 점수로 표시한 것을 의미한다. 따라서 평가기준은 왜

평가를 하려고 하는가라는 평가목적과 밀접하게 관련되어 있다. 평가기준은 평가목적이 보다 상세화되고 구체화된 것이기 때문에 평가주체의 가치가 개입된다. 이때 개입되는 가치는 평가주체만의 고유한 것일 수도 있고 평가주체가 속한 사회집단의 지배적인 가치일 수도 있지만 어떤 경우이든 평가대상이 속한 세계의 고유한 가치와 관련되어 만들어져야 한다. 평가를 통해 얻으려고 하는 것과 평가대상이 속한 세계의 가치가 구체적으로 무엇인지는 평가주체, 평가대상, 그리고 평가와 관련된 집단 간에 서로 다른 의견을 지닐 수 있다. 이 때문에 평가기준은 획일적으로 정해진 하나의 기준보다는 평가대상의 특성에 따라 다양하게 적용될 수 있는 기준이 필요하다. 즉, 평가기준의 다양성을 인정하고, 다양한 평가기준을 현실적으로 어떻게 수용하며, 그들 사이의 상대적 중요성을 어떻게 결정할 것인가가 매우 중요하다. 가장 바람직한 방안은 평가대상에 대해 가능한 한 다양한 평가기준을 적용하여 여러 차례 독립적으로 평가한 후 그 개별 가치들을 다원적으로 존립시키는 것이다

대학평가는 어떤 기준에 의해서 대학이 가지고 있는 가치를 판단하는 행위이다. 가치판단이란 현재 진행 중에 있는 일이 잘되고 있다거나, 또는 무엇이 어떻게 잘못되어 있다거나 하는 것을 규정하는 행위이다. 따라서 평가의 의의는 교육체제의 목표와 방법, 자원 배분과 활용, 그 성과 수준 등에 관하여 무엇이 잘되고 무엇이 부족하거나 잘못되었다고 판단하는 데 있다. 그러므로 대학평가란 대학이라는 기관 또는 전공영역을 대상으로 하여 궁극적으로 대학의 발전을 위하여 대학의 계획·운영·성과 상의 제요소들의 가치를 판단하는 것이다. 이와 같이 대학의 가치를 타당하게 판단하기 위해서는 평가기준이 필요하다. 이때 기준이란 특정 목표 달성에 요구되는 수월성의 정도이며, 적절성의 특정 결과이고, 사회적으로나 현실적으로 요구되는 성과의 수준을 의미한다. 그리고 교육적 맥락에서 볼 때 기준이란 성취되어야 할 목표, 기대되는 바람직한 행동 혹은 성취의 수준을 의미한다(권기욱, 1992; 이상주 외, 1995).

(5) 평가절차와 방법

평가는 평가대상, 평가주체, 평가목적, 평가기준 등이 결정되면 평가준거
의 도구화, 구조화를 통해 평가대상을 실제로 평가하게 된다. 평가방법은 어
떻게 평가할 것인가와 관련된 문제이다. 실제적인 대학평가에 적용되는 평가
방법에는 평가활동의 종류, 평가시기, 평가대상 대학의 선정, 평가위원의 선
정 및 평가위원단의 조직 등 거시적 차원의 요소와 함께 평가대상 대학을
구체적으로 평가하는 방법에 관련한 요소, 즉 면담 대상자, 조사·검토 자료
선성 등 미시적 활동요소에 이르기까지 그 개념이 포괄적이다. 그러나 이러
한 방법상의 다양한 요소들은 대학자체평가와 현지방문평가 등 평가활동의
유형에 따라 그 구체적인 평가방법이 달라지게 된다.

대학자체평가는 평가대상 대학의 구성원들이 평가목적을 구현하기 위하여
자체적으로 소속 대학을 대상으로 구체적인 평가영역에서 관련 자료들을 통
해 판단·평가하는 것을 의미한다. 이러한 자체평가는 소속 대학에 대한 이
해의 증진과 참여에 따른 관심의 증대로 대학의 질 제고에 능동적 참여를
확립할 수 있으며, 대학의 질 개선에 효율성·효과성 제고를 기할 수 있는
바람직한 가치를 갖는다. 그러나 자체평가가 바람직한 결과를 얻기 위해서는
그 과정이 외부인보다는 내부적으로 동기화 되어져서 자발적인 노력, 의욕,
흥미를 갖출 필요가 있으며, 대학 경영진의 적극적인 지원과 배려가 있어야
한다. 또 자체평가 실행을 위한 기획이 민주적·합리적으로 수행되어야 하
고, 협동적인 과업 추진의 효율성·효과성 제고를 위해 위원회 등의 구성과
인적·물적 지원이 전제되어야 한다. 이러한 자체평가는 평가기관에서 제공
된 서식을 바탕으로 다수의 인원이 분담하여 실시하게 되며, 양적·질적 자
료에 근거하여 현지방문평가 이전에 실시하게 된다. 자체평가의 평가시기도
평가목적, 평가내용, 필요로 하는 자료 등과 평가활동의 용이성 등을 고려하
여 결정하게 된다. 평가대상 대학은 일차적으로 대학인들의 희망에 의하여
실시됨이 가장 바람직하나 평가사업의 목적에 근거하여 결정하게 된다.

현지방문평가는 서면평가, 즉 자체평가를 보완하여 평가목적을 달성하기 위해 실시된다. 구체적으로 대학자체평가결과의 확인은 물론 자체평가나 서면평가로 평가될 수 없는 영역에 대하여 외부 전문가들이 확인·평가하게 된다. 따라서 대학자체평가와 현지방문평가는 평가자는 다르지만 평가영역의 상당 부분은 중복되게 된다. 방문평가자는 자체평가결과의 타당성을 확인 검토하는 입장에서 자체평가자보다 평가에 대해 보다 많은 전문적 식견과 판단 능력을 갖춘 자로 선정한다. 현지방문평가자가 현지방문을 실시하기 전에 해당 대학의 자체평가내용을 충분히 숙지하고, 검토·조사할 수 있도록 사전에 충분한 준비가 있어야 한다. 방문평가 시에는 검토·조사할 내용을 면밀히 조사할 수 있도록 충분한 시간이 주어져야 하며, 검토·조사의 자료는 단일 자료보다는 다양한 측면에서 다양한 자료가 동원되는 것이 평가의 효과성 측면에서 바람직하다. 방문평가에서 판단되는 대학의 평가결과는 방문시기의 대학 실태에 근거해야 하기 때문에 평가하고자 하는 내용에 따라 방문시기가 결정되어야 할 것이다.

(6) 결과의 활용

결과활용은 평가목적을 결정하는 중요한 변수로 평가결과를 본래의 목적에 부합·연결짓는 활동이다. 평가는 어떤 것에 대한 가치를 판단하거나, 어떤 일에 대한 가치를 정립하여 주기도 하며, 선택이나 결정이 가치가 있거나, 그렇지 않으면 가치에 배치되는 것으로 확인시켜 주는 것으로 확대되어질 수 있다. 즉, 평가는 의도적인 행위이고 목적적인 활동으로서 만약 평가결과를 활용하지 않는다면 그 평가는 미완성 평가라고 할 수 있다. 대학평가는 대학교육의 질적 수준을 확인하고 그 정도를 측정하여 개선의 방향을 선택하고자 하는 데 필요한 정보를 얻는 데 도움을 준다. 그리고 부수적으로 평가의 과정에서 교직원들의 결속력을 증대시켜 주고, 지도자의 경영능력을 향상시켜주며, 총장의 대학경영의 비전을 합리화시켜 주기도 한다.

그러나 이러한 대학평가의 목적에 비추어 평가결과의 활용에 있어서 몇 가지 해결하기 어려운 쟁점들이 있다. 평가결과의 활용에 있어서 가장 중요한 쟁점 중의 하나는 모든 평가결과는 반드시 활용 가능한 것이 아니고, 모든 사람이 평가결과의 활용자가 아니라는 점이다. 따라서 대학평가의 결과는 유용한 것이어야 하며 일차적으로 대학 구성원들이 활용하여야 한다는 점이다. 평가결과의 활용에서 제기되는 또 다른 논쟁은 평가결과에 따른 재정적 지원 문제이다. 대학평가의 결과는 교육의 질적 수준을 어느 정도 인정받느냐에 연결될 뿐, 반드시 행·재정적인 보상이나 제제와 연결되어야 하는 것은 아니다. 그러나 대학 간의 선의의 경쟁을 촉진하고 제한된 자원을 최대한의 효과를 거둘 수 있도록 집중적으로 배분하기 위해서는 차등 지원하는 것이 바람직하다. 차등지원의 원칙을 적용함에 있어서도 실적에 대한 보상과 부실의 구제를 병행함으로써 최소한의 형평을 견지할 수 있다. 즉 우수하다고 판정된 대학에 대해서 자율성 부여의 폭을 확대하고 연구비와 장학금을 우선적으로 배정·지원함으로써 대학교육의 수월성을 제고하고 국제수준의 대학으로 발전할 수 있도록 하고, 교육여건이 부실한 것으로 나타난 대학에 대해서는 시설 및 교수 확보 기준을 충족하도록 지원함으로써 최소한의 교육여건을 확보하도록 해야 한다(김신복,2000). 기회균등의 원리에 따라 부실한 대학에 보충이나 보완을 위한 재정지원을 할 경우, 평가에 대한 동기유발이 부정적으로 나올 가능성이 높기 때문에 대학평가결과의 활용은 현실을 고려하여 전략적이고도 장기적인 방향에서 단계적으로 기획되어져야 한다.

2) 구성요소의 관계3)

평가를 구성하는 요소 가운데 평가목적은 평가의 과정 전반에 걸쳐 직·

---

3) 구성요소의 관계(33-35쪽)내용은 채선희(1998), "교육평가학의 새로운 학문적 정립을 위한 제언", 21세기 한국교육평가의 과제와 전망, 서울: 한국교육평가학회를 주로 참고함.

간접적인 영향을 미치고, 평가방법은 나머지 요소가 규정된 후 자동적으로 산출되어 적용되는 특성이 있었다. 따라서 평가의 구성요소들의 관계는 평가주체, 평가대상, 그리고 평가기준의 세 가지 요소만을 중심으로 살펴본다.

(1) 평가주체와 평가대상

평가주체는 무엇을 평가할 것인가를 검토하는 과정에서 평가대상을 구체적으로 규정하고 창조한다. 즉, 평가대상은 평가주체에 의해 구성되어지는 것이다(채선희, 1998). 대학종합평가인정제의 경우 평가대상을 대학교육의 질이라고 할 때 구체적으로 무엇이 대학의 질인지는 평가주체에 의해 결정되는 것이다. 따라서 평가주체가 무엇을 평가대상으로 규정하느냐에 따라서 실제적인 평가대상은 달라질 수 있다. 평가주체는 주어진 대로 물리적인 평가대상을 찾아내는 것이 아니라 대상을 재구성해 나가면서 평가대상을 창조해 낸다. 따라서 평가대상은 물리적으로 고정된 대상이 아니라 논리적으로 구분된 개념이기 때문에 실제로는 평가주체와 평가대상이 구분되지 않을 수도 있다. 그러나 평가대상의 어떤 측면을 평가할 것인가를 구체적으로 규명하는 과정에서 평가대상과 평가주체는 논리적으로 구별되게 된다.

역으로 평가대상은 평가주체에게 평가내용의 정보를 제공해 준다. 평가대상이 평가주체에 의해 규정되기도 하지만 평가주체는 진공상태에서 일방적으로 평가대상을 만들어내는 것이 아니라 있는 그대로의 물리적인 상태의 평가대상과 지속적인 상호작용의 과정을 거치면서 평가대상에 대해 더 많은 것을 알게 되고 이해하는 가운데 평가대상을 재구성해 나가게 된다. 이러한 점에서 평가대상은 평가주체에게 정보를 제공해 줌으로써 무엇을 평가할 것인가의 문제규명을 도와주는 방식으로 관계하는 것이다. 나아가 평가결과가 주어진 경우 평가주체는 이 결과를 기반으로 평가대상에 대한 보다 바람직한 방향을 결정할 수 있도록 한다는 점에서 평가대상이 제공하는 정보의 의미는 매우 크다.

(2) 평가주체와 평가기준

평가주체는 평가기준에 대하여 가치중립적일 수 없다. 평가목적이 평가주체에 의해 창출되지 않고 외부로부터 부과된 경우라 하더라도 평가목적을 해석하여 평가기준으로 설정하는 데에는 평가주체의 주관적인 가치가 개입될 수밖에 없다. 이때 주로 개입되는 가치에는 평가목적에 대한 평가주체의 태도, 평가대상에 대한 이해와 태도, 교육관, 사회관, 인간관 등이 있다. 이처럼 평가기준은 평가주체의 주관성이 어느 정도 개입되어 구성되기 때문에 평가주체에 따라 나양해 질 수밖에 없다. 평가주체에 띠리 상이한 평기기준이 구성되고 이에 근거한 평가결과가 다를 수 있기 때문에 평가의 근거가 되는 평가기준이 어떤 가치에 근거하여 어떻게 구성되었는지를 분명히 할 필요가 있다.

역으로 평가기준은 평가의 임의성을 배제해 주는 방식으로 평가주체와 관련을 맺는다. 평가주체는 평가목적을 분석하고 구체화하여 세부의 평가기준을 구성해 가는 과정에서 다양해 질 수 있고, 합리적인 평가기준은 평가의 임의성을 줄이는 데 도움을 준다. 평가기준은 평가자가 의도한 평가목적에 의해 가치의 다양성이 표현되는 방식으로 설정될 수밖에 없지만, 평가자가 추구하는 가치 안에서 평가기준은 엄격하게 구성되어야 하고 여러 평가대상에게 동일하게 적용되어야 한다. 따라서 평가기준이 평가자의 가치에 따라 다양하게 구성될 수는 있지만 일단 구성된 평가기준은 평가대상들 사이에서 임의성을 배제하는 방식으로 적용되기 때문에 평가자 내의 객관성을 확보할 수 있는 것이다.

(3) 평가대상과 평가기준

평가기준은 평가대상의 내재적 가치를 반영하는 방식으로 구성되어야 한다. 이는 평가기준은 평가목적을 구체적으로 반영하되 평가기준이 포함하는 내용은 평가대상의 본질적인 부분과 관련되어야 한다는 의미이다. 평가대상의 본질적인 부분과 비본질적인 부분의 구별은 평가기준에서 비롯되는 것이 아니고 우선적으로 평가목적에 의해 결정되지만 평가목적이 지닌 가치가 평가기준에 반영된다는 점에서 평가대상과의 관계에서 평가기준은 먼저 평가대상의 본질적인 것과 비본질적인 것을 구분할 필요가 있다. 만약 평가기준이 평가대상의 본질적인 부분과 사소한 부분을 적절하게 구분하지 못하고 평가대상의 비본질적인 부분만을 기준에 반영하게 된다면 이 기준에 의한 평가는 무의미하다 할 수 있다.

역으로 평가대상의 본질적인 부분을 평가하도록 그 내재적 가치를 반영하는 방식으로 구성된 평가기준은 그 가치를 실현하는 방식으로 다시 평가대상과 관련된다. 대학을 평가할 때 평가기준으로 대학에 내재하는 가치들이 선정되어 포함된다면 대학의 가장 본질적인 부분들을 파악할 수 있는 평가기준을 갖게 된다. 이러한 기준에 근거한 평가는 대학의 가장 본질적인 부분에 평가의 초점을 두게 함으로써 다시 평가대상인 대학이 본질적인 부분에 관심을 갖고 그 부분을 더 높은 수준으로 실현하는 것을 돕게 된다. 이상에서 살펴본 바와 같이 평가현상은 세 가지 요소 즉, 평가대상, 평가주체, 그리고 평가기준이 상호 역동적인 관계에서 하나의 구조적인 틀을 형성하여 발생된다 할 수 있다.

3. 대학종합평가인정제

대학종합평가인정제는 대학기관에 대한 평가인정을 목적으로 우리나라에서 1994년부터 실시되고 있다. 이 절에서는 1994년부터 2000년까지 한 주기로 실시된 대학종합평가인정제의 연도별 평가결과 및 평가인정 현황을 살펴보고, 대학종합평가의 영역별 결과 분석을 근거로 대학종합평가인정제의 성

과를 분석한다. 또한 관련 문헌과 선행 연구의 고찰을 통해 대학종합평가인
정제의 평가체제에서 나타난 문제점들을 분석한다.

1) 평가결과 및 평가인정 현황

대교협은 1994년부터 1999년까지 매년 각 대학을 순차적으로 평가하였고,
2000년에는 그간 평가인정을 받지 못한 대학과 신설대학을 평가하였다. 또한
교육대학은 1997년, 신학계 대학은 1998년, 개방형 대학은 1999년에 일반대학
과 함께 평가하였다. 대학종합평가결과의 점수는 각 평가위원들의 현지방문
평가결과를 전산처리, 계수화하여, 평가점수를 각 개별대학별로 평가항목별·
부문별·영역별 집계는 물론 학부와 대학원으로 나누어 총계를 집계한다.

1994년도 대학종합평가를 실시한 7개 대학(국립대학: 6개교, 사립대학: 1
개교)의 평가결과, 학부의 경우 총 500점 만점에 평균 443.52점(최고점:
474.25, 최저점: 399.11), 대학원의 경우 총 100점 만점에 평균 89.05점(최저
점: 84.4)으로 나타나 평가기준상으로 볼 때 평가대상 대학 모두 학부와 대
학원이 우수한 것으로 나타났다. 따라서 경북대, 부산대, 서울대, 전남대, 전
북대, 충남대 등 6개 국립대와 사립대인 포항공대가 학부와 대학원 모두 종
합평가인정을 받았다.

1995년도 대학종합평가를 받은 대학은 23개 대학(국립대학: 4개교, 사립
대학: 19개교)이며, 사립대학 중에서 5개 대학의 제2캠퍼스가 포함되어 있
다. 23개 평가대상 대학의 학부 종합평가결과는 500점 만점 중 평균 440.58
점(최고점: 471.57, 최저점: 394.97)을 얻어 인정기준인 328.3을 초과하였다.
그리하여 1995년도 대학종합평가를 통하여 인정된 학부 인정대학은 강원대,
건국대(서울), 경상대, 경희대(서울), 고려대(서울), 고려대(서창), 서강대,
성균관대(서울), 연세대(서울), 연세대(원주), 영남대, 울산대, 이화여대, 인
하대, 중앙대(서울), 중앙대(안성), 충북대, 한국교원대, 한림대, 한양대(서

울), 한양대(안산), 홍익대(서울), 홍익대(조치원) 등으로 모두 23개 대학이다. 1995년도 대학종합평가를 받은 대학원은 14개(국립 3개, 사립 11개)로, 종합평가결과 총 100점 만점 중 평균이 90.30점(최저점: 75.45)이다. 그리하여 경상대, 경희대, 고려대, 서강대, 성균관대, 연세대, 영남대, 이화여대, 인하대, 중앙대, 충북대, 한국교원대, 한양대, 홍익대 등 평가를 받은 모든 대학원이 평가인정을 받았다.

1996년도에 대학종합평가를 받은 대학은 11개(국립대학 2개교, 사립대학: 9개교)로, 학부의 경우 총 500점 만점 중에서 평균 445.93점(최고점: 484.20, 최저점: 416. 09)을 받아 금오공대, 제주대, 국민대, 동국대, 숭실대, 아주대, 원광대, 한남대, 한국항공대, 인제대, 명지대 등 모두 11개 대학이 평가인정을 받았다. 대학원은 9개(국립대학: 2개교, 사립대학: 7개교)로 종합평가결과 총 100점 만점 중 평균 88.86점(최고점: 98.50, 최저점: 76.40)으로 국민대, 금오공대, 동국대, 숭실대, 아주대, 원광대, 제주대, 한국항공대, 한남대 등 모두 9개 대학이 평가인정을 받았다.

1997년도에 대학종합평가를 받은 대학은 26개(일반대학 15개교, 교육대학 11개교)로, 종합평가 실시 결과 일반대학은 총 500점 만점 중 평균 435.77점(최고점: 485.05, 최저점: 395.05)으로 나타났다. 그리고 교육대학은 평균 401.68점(최고점: 422.30, 최저점: 368.82)을 받아 인정기준 점수 350점을 모두 초과하였다. 그 결과 26개 대학 모두가 인정되었다. 평가인정된 일반대학 중 국립대학은 군산대, 목포대, 순천대, 안동대, 창원대, 한국해양대 등 6개 대학이며, 사립대학은 카톨릭대, 경희대(수원), 계명대, 동국대(경주), 동아대, 부산여대, 숙명여대, 한국외대, 한신대 등 9개 대학이다. 또한 평가인정된 11개의 교육대학은 공주교대, 광주교대, 대구교대, 부산교대, 서울교대, 인천교대, 전주교대, 제주교대, 진주교대, 청주교대, 춘천교대이다. 한편 1997년도에 대학종합평가를 받은 대학원은 8개(국립대학 2개교, 사립대학: 6개교)로 총 100점 중 평균 87.55점(최고점: 93.40, 최저점: 76.80)을 얻어 인정기준 점수 70점을 모두 초과하였다. 그리하여 국립 대학원으로는 군산대, 한국해양대, 사립 대학원으로 카톨릭대, 계명대, 동아대, 부산여대, 숙명여대, 한국외대 등 모두 8개 대학원이 평가인정을 받았다.

1998년도에 대학종합평가를 받은 대학은 53개로 일반대학이 36개교, 신학대학이 17개이다. 종합평가를 받은 일반대학 36개(국립대학: 6개교, 사립대학: 30개교)의 종합평가결과는 총 500점 중 평균441.25점(최고점: 470.61, 최저점: 375.13)으로 인정기준 점수 350점을 모두 초과하여 36개 대학이 모두 인정되었다. 신학대학은 평균405.3점(최고점: 442.13, 최저점: 349.5)으로 인정기준 점수 320점을 모두 초과하여 17개 대학이 모두 인정되었다. 한편 종합평가를 받은 대학원은 36개로, 그중 일반대학원이 25개, 신학대학원이 11개였다. 그 결과 총 100점 중 일반대학원은 평균 92.06점(최고점: 98.05, 최저점: 86.15), 신학대학원은 평균 82.4점(최고점: 94.7, 최저점: 72.2)으로 인정기준 점수 70점을 모두 초과하여, 일반대학원 25개, 신학대학원 11개로 모두 36개 대학원이 모두 인정되었다. 종합적으로 볼 때 1998년도에 대학종합평가를 받은 대학은 총 56개 대학으로 일반대학 39개, 신학계 대학 17개이다. 이 중 일반대학은 국립 7개 대학과 사립 32개 대학(1개 지방캠퍼스, 3개 대학원 포함)이다. 그리하여 1998년에는 강릉대, 공주대, 서울시립대, 인천대, 한국체대, 감리교신학대, 경기대, 경남대, 경성대, 고신대, 광운대, 광주 카톨릭대, 덕성여대, 대구효성카톨릭대, 대전대, 동신대, 동의대, 목원대, 부산카톨릭대, 상명대, 서울 신학대, 서울여대, 성신여대, 세종대, 수원카톨릭대, 순천향대, 아세아 연합신학대, 장로회신학대, 조선대, 청주대, 총신대, 침례 신학대, 한세대, 강남대, 경원대, 관동대, 그리스도 신학대, 나사렛대, 대전카톨릭대, 동덕여대, 부산외대, 삼육대, 서원대, 성결대, 성공회대, 수원대, 안양대, 용인대, 전주대, 호남대, 호남신학대, 호서대, 강원대, 안동대, 명지대, 상명대 등 총 56개 대학이 평가인정을 받았다.

1999년도에 대학종합평가를 받은 대학은 28개이다. 이 중 일반대학이 18개교(국립대학: 2개교, 사립대학: 16개교)이며, 산업대학은 10개교(국립대학: 8개교, 사립대학: 2개교)였다. 18개 일반대학(학부)의 종합평가결과 총

500점 만점 중에서 평균이 445.26점(최고점: 471.31, 최저점: 407.27)을 얻어 인정기준 점수 320점을 모두 초과하였으며, 18개 대학이 모두 평가인정을 받았다. 산업대학은 종합평가결과 총 500점 만점 중에서 평균이 421.67점(최고점: 439.34, 최저점: 403.55)을 얻어 인정기준 점수 320점을 모두 초과하였으며, 10개 대학이 모두 평가인정을 받았다. 한편, 대학종합평가를 받은 대학원은 32개로, 그중 일반대학원 31개, 신학계 대학원이 1개이다. 대학원의 종합평가결과, 총 100점 만점 중 일반대학은 평균이 90.27점(최저점: 79.60), 신학계 대학은 89.10점으로 모든 대학원이 인정기준 점수 70점을 초과하여 평가인정 되었다. 종합적으로 볼 때, 1999년도의 대학종합평가를 받은 대학은 목포해양대, 여수대, 경산대, 단국대, 대구대, 동서대, 배재대, 상지대, 서경대, 선문대, 우석대, 평택대, 한성대, 한국방송통신대, 대전산업대, 밀양대, 삼척대, 상주대, 서울산업대, 진주산업대, 충주대, 한경대, 광주대, 대진대, 호원대, 한국기술교육대, 협성대, 목포대, 순천대, 창원대, 강남대, 건국대, 경원대, 관동대, 동덕여대, 부산외대, 삼육대, 수원대, 용인대, 울산대, 인제대, 전주대, 한림대, 호남대, 호서대, 호남신학, 건국대, 단국대 총 48개 대학으로 그중 산업대학이 10개교, 일반대학이 38개교이다.

2000년도에는 24개 대학(일반대학: 15개교, 산업대학: 6개교, 신학계 대학: 3개교)에 대한 종합평가를 실시한 결과, 총 500점 중 일반대학은 평균 419.40점(최고 점: 463.08, 최저점: 333.75), 산업대학은 평균 415.39점(최고점: 443.27, 최저점: 338. 45), 신학계 대학은 평균 389.15점(최고점: 389. 85, 최저점: 360.70)을 얻어 대학종합평가인정기준인 320점을 모두 초과하여, 24개 대학 모두 인정되었다. 단, 350점 이하의 평가점수를 받은 3개 대학(가야대, 서남대, 한려대)은 1997년도까지 적용되어온 인정기준 점수 350점에 비교해 볼 때 미흡한 수준이므로, 교육환경 개선을 위한 노력을 해당 대학에 촉구하였다. 2000년도에는 2개 대학원(일반대학: 2개교)에 대해 종합평가를 실시한 결과, 총 100점 중 평균 88.5점(최고점: 91.00, 최저점: 86.00)을 얻어 인정기준 점수 70점을 모두 초과하여, 2개 대학원이 모두 평가인정을 받았다.

종합적으로 볼 때 2000년도에 평가인정을 받은 대학(원)은 부경대, 경주대, 세명대, 가야대, 건양대, 경일대, 서울대, 대불대, 동명정보대, 동양대, 서남대, 영남신학대, 영동대, 우송대, 위덕대, 인천카톨릭대, 중부대, 천안대, 초당대, 청운대, 한동대, 한려대, 한서대, 한일장신대, 한신대 등 총 25개교이다. 그리하여 1994년에서 2000년까지 한 주기로 실시된 대학종합평가인정제에서 총 196개교가 평가를 받았으며, 평가를 받은 대학 모두가 평가인정을 받았다. 1994년에서 2000년까지 시행된 대학종합평가인정제의 평가결과는 〈표 Ⅱ-2〉와 같고, 평가인정을 받은 평가인정대학(원) 현황은 다음 〈표 Ⅱ-3〉과 같다.

〈표 Ⅱ-2〉 제1주기 대학종합평가인정제 평가결과(1994~2000)

연 도		학부(500점 만점)			구 분	대학원(100점 만점)		
		평균점	최고점	최저점		평균점	최고점	최저점
1994년 일반		443.52	474.25	399.11	일 반	89.05	-	84.40
1995년 일반		440.58(-2.94)	471.58(-3.00)	394.97(-5.86)	일 반	90.30(+1.25)	-	75.45(-5.05)
1996년 일반		445.93(+2.41)	484.20(+9.95)	416.09(+6.98)	일 반	88.86(-0.19)	98.5	76.40(-4.00)
1997	일 반	435.77(-7.75)	485.05(+10.8)	395.05(-4.06)	일 반	87.55(-1.50)	93.40	76.80(-7.60)
	교 육	401.68(-34.09)	422.30(-62.75)	368.82(-26.23)				
1998	일 반	441.25(-2.27)	470.61(-3.64)	375.13(-23.98)	일 반	92.06(+3.01)	98.05	86.15(+1.75)
	*신 학	*405.3(-35.95)	442.13(-28.48)	349.59(-25.63)	*신 학	82.4(-9.66)	94.7	72.2(-13.95)
1999	일 반	445.26(+1.74)	471.31(-2.94)	407.27(+8.16)	일 반	90.27(+1.22)	-	79.60(-4.80)
	*산 업	421.67(-23.59)	439.34(-23.74)	403.55(-3.72)	*신 학	89.10(-1.17)	89.10	89.10(+9.5)
2000	일 반	419.40(-24.12)	463.08(-11.17)	331.75(-67.36)	일 반	88.5(-1.0)	91.00	86.00(+1.60)
	*산 업	415.39(-4.01)	443.27(-19.81)	338.75(+7.00)				
	*신학계	389.15(-30.25)	401.85(-61.23)	375.75(+44.00)				

주 : 1. ( )의 수치는 1994년도 점수와의 차이임.
　　 2. 단 *표 란의 ( )안의 숫자는 해당 년도 일반대학 또는 대학원점수와의 차이임.
자료: 1. 한국대학교육협의회(1994~2000), 대학종합평가 종합보고서.
　　 2. 허귀진 외(1998), 대학평가인정제 중간보고 및 그 성과와 전망, 서울: 한국대학교육협의회.

〈표 Ⅱ-3〉 대학종합평가인정제 평가인정대학(원) 현황

연 도	평가대상			평가 대학 수
	학부＋대학원	학 부	분 교	
1994 (1차년도)	국립(6개교): 경북대, 부산대, 서울대, 전남대, 충남대 사립(1개교): 포항공대 (합: 7개교)			7개교 (7)
1995 (2차년도)	국립(3개교): 경상대, 교원대, 충북대 사립(11개교): 경희대, 고려대, 서강대, 성균관대, 영남대, 연세대, 인하대, 중앙대, 이화여대, 한양대, 홍익대 (합: 14개교)	국립(1개교): 강원대 사립(3개교): 건국대, 울산대, 한림대 (합: 4개교)	사립(5개교): 고려대, 연세대, 중앙대, 한양대, 홍익대 (합: 5개교)	23개교 (18)
1996 (3차년도)	국립(2개교): 금오공대, 제주대 사립(7개교): 국민대, 동국대, 숭실대, 아주대, 원광대, 한남대, 항공대 (합: 9개교)	사립(2개교): 인제대, 명지대 (합: 2개교)		11개교 (11)
1997 (4차년도)	국립(2개교): 군산대, 해양대 사립(6개교): 카톨릭대, 계명대, 동아대, 신라대, 숙명여대, 한국외대 (합: 8개교)	국립(15개교): 목포대, 순천대, 안동대, 창원대, 공주교대, 광주교대, 대구교대, 부산교대, 서울교대, 인천교대, 전주교대, 제주교대, 진주교대, 청주교대, 춘천교대 사립(1개교): 한신대 (합: 16개교)	사립(2개교): 경희대, 동국대 (합: 2개교)	26개교 (24)

연 도	평가대상				평가대학 수
	학부+대학원	학 부	대학원	분 교	
1998 (5차년도)	국립(5개교):강릉대, 공주대, 서울시립대, 인천대, 한국체대 사립(28개교): 감리교신학대, 경기대, 경남대, 경성대, 고신대, 광운대, 광주카톨릭대, 덕성여대, 대구효성카톨릭대, 대전대, 동신대, 동의대, 목원대, 부산카톨릭대, 상명대, 서울신학대, 서울여대, 성신여대, 세종대, 수원카톨릭대, 순천향대, 아세아연합신학대, 장로회신학대, 조선대, 청주대, 총신대, 침례신학대, 한세대 (합: 33개교)	사립(19개교): 강남대, 경원대, 관동대, 그리스도신학대, 나사렛대, 대전카톨릭대, 동덕여대, 부산외대, 삼육대, 서원대, 성결대, 성공회대, 수원대, 안양대, 용인대, 전주대, 호남대, 호남신학대, 호서대 (합: 19개교)	국립(2개교): 강원대, 안동대 사립(1개교): 명지대 (합: 3개교)	사립(1개교): 상명대	56개교 (52)
1999 (6차년도)	국립(2개교): 목포해양대, 여수대 사립(11개교): 경산대, 단국대, 대구대, 동서대, 배재대, 상지대, 서경대, 선문대, 우석대, 평택대, 한성대, (합: 13개교)	국립(9개교): 한국방송통신대, 대전산업대, 밀양대, 삼척대, 상주대, 서울산업대, 진주산업대, 충주대, 한경대 사립(5개교): 광주대, 대진대, 호원대, 한국기술교육대, 협성대 (합: 14개교)	국립(3개교): 목포대, 순천대, 창원대 사립(16개교): 강남대, 건국대, 경원대, 관동대, 동덕여대, 부산외대, 삼육대, 수원대, 용인대, 울산대, 인제대, 전주대, 한림대, 호남대, 호서대, 호남신학대(합: 19개교)	사립(2개교): 건국대, 단국대	48개교 (27)
2000 (7차년도)	국립(1개교): 부경대 사립(2개교): 경주대, 세명대	사립(21개교): 가야대, 건양대, 경일대, 서울대, 대불대, 동명정보대, 동양대, 서남대, 영남신학대, 영동대, 우송대, 위덕대, 인천카톨릭대, 중부대, 천안대, 초당대, 청운대, 한동대, 한려대, 한서대, 한일장신대	사립(1개교): 한신대		25개교 (24)
계	국·공 립: 21 사립: 66 합: 87	국립: 25 사립: 51 합: 76	국립: 5 사립: 18 합: 23	사립: 10	196개교 (163)

주: ( )안의 대학 수는 대학원 평가대학 및 분교 대학 수를 제외한 것임.
자료: 한국대학교육협의회(1994년~2000년), 대학종합평가 종합보고서.

2) 대학종합평가인정제의 성과

1994년부터 시행된 대학종합평가인정제의 성과에 대한 분석은 매우 긍정적인 경향이 있으며, 대부분의 학자들은 대학종합평가인정제가 대학발전에 많은 기여를 하였다고 인정하고 있다(이상주, 1995; 서정화, 1997; 맹광호, 1997; 염영일, 1997; 어윤배 외, 1998).

대학종합평가인정제에서는 대학을 학부와 대학원 체제로 나누고, 평가영역에서는 학부는 기능하위체제와 지원하위체제로 구분하였는데, 기능하위체제에는 교육, 연구 ,사회봉사 영역이 포함되고, 지원하위체제에는 교수, 시설·설비, 재정·경영 영역이 포함된다. 따라서 평가영역은 교육, 연구 ,사회봉사, 교수, 시설·설비, 재정·경영의 6개 영역으로 구분되어 있으며, 6개 영역은 2~5개의 평가부문과 100개의 평가항목으로 이루어져 있다.

본 연구에서는 어윤배 외(1998)의 연구에서 1994년에서 1997년까지의 평가결과만을 분석한 것을 기초로 하여, 1994년에서 2000년까지 실시된 125개 일반대학에 대한 종합평가결과를 평가영역별로 분석하였다. 분석 자료는 대교협에서 출간한 대학종합평가 종합보고서(대교협, 1994~2000)이며, 영역별 분석 결과는 〈부록 2〉로 제시하였다.

(1) 교육영역

교육영역은 교육목적, 교육과정, 수업, 학생의 4개 평가부문으로 이루어져 있다. 교육목적 부문은 3개의 평가항목과 8개의 평가지표에 14점, 교육과정 부문은 6개의 평가항목과 17개의 평가지표에 40점, 수업부문은 6개의 평가항목과 15개의 평가지표에 36점, 학생부문은 8개의 평가항목과 19개의 평가지표에 30점 등 모두 23개 평가항목과 59개의 평가지표에 120점의 가중치가 주어졌다.

① 교육목적 부문

대학종합평가를 실시한 125개 일반대학의 교육목적 부문에 대한 평가결과는 매우 우수하였는데, 이는 형성평가의 형태로 이루어진 선행연구의 결과와 비슷하다. 과거 우리나라 대학들은 교육목적을 명시적 · 체계적으로 제시하지 않았었고, 제시했다하더라도 형식적이어서 학문적 · 사회적으로 적절하지 못하였다. 또한 대학의 교육목적 자체를 인지하려는 구성원들의 노력이 거의 없었고, 외부에 홍보하지 않은 경향이 있었다(어윤배 외, 1998). 그러나 대학종합평가의 결과를 분석해 보면, 대부분의 대학들이 교육목적에 학문적 경향과 사회적 요구를 적절히 반영하고 있으며(A등급: 75.5%, B등급: 23.6%), 대학의 이념 · 교육목적 · 교육목표가 체계화되어 있다는 것을 알 수 있다(A등급: 68.4%, B등급: 30.3%). 교육목적을 이해하기 위해 적절한 노력을 기울이고 있으며(A등급: 76.3%, B등급: 23.3%), 교육목적의 대외홍보를 활발히 수행하고 있는 것으로 나타났다(A등급: 82.0%, B등급: 16.4%). 이것으로 보아 대학종합평가가 교육목적 및 목표 개선에 많은 영향을 주었으나, 대학특성화 정책과 프로그램을 개발하여 체계적으로 추진하는 데는 기여를 하지 못한 것으로 판단된다.

② 교육과정 부문

대학은 교육목표의 실현을 위하여 교육과정을 적절하게 편성하고 충실하게 운영하여야 하며, 주기적으로 개편하여 발전하는 학문세계의 성과를 반영하여야 한다. 그러나 과거 우리나라 대학들은 전공교과가 교육목적보다는 학과 교수들의 전공을 중심으로 편성되었고, 주기적으로 개선되지 않은 경향이 있었다(어윤배 외, 1998). 대학종합평가를 실시한 125개 일반대학의 교육과정 부문에 대한 평가결과는 대체로 우수한 편이었다. 교양과정과 전공과정이 적절하게 구성되어 있었고(A등급: 50.3%, B등급: 40.4%), 계열별 · 학년별로 교양교과가 적절하게 개설되어 있었으며(A등급: 66.6%, B등급: 27.3%),

학과별로 개설된 전공과목이 매우 타당했고(A등급: 61.3%, B등급: 37.7%), 실험실습 교육내용도 매우 적절하였다(A등급: 56.0%, B등급: 41.8%). 또한 타 학과에서 개설되는 강좌를 수강하기가 쉬웠다(A등급: 49.7%, B등급: 38.0%). 이것으로 보아 대학종합평가가 교육과정 개선에 많은 기여를 하였음을 확인할 수 있다.

③ 수업부문

대학의 수업은 적정한 학급규모에서 해당 분야를 전공한 교수에 의하여 실시되어야 하고, 체계적인 수업계획서에 따라 적절한 교재를 사용하여 이루어져야 한다. 그리고 수업방법은 다양하고 창의적이어야 하며, 학업성취에 대한 평가는 객관적이고 공정하여야 한다. 그러나 과거 우리나라의 대학들은 학원소요 등으로 수업을 충실히 시행하지 못하였고, 적절한 수업계획서가 학생들에게 배포되지 못하였으며, 강좌에 관련된 학문을 전공한 교수가 수업을 담당하지 못한 경향이 있었다(어윤배 외, 1998). 대학종합평가를 실시한 125개 일반대학의 수업부문에 대한 평가결과는 대체로 양호한 편으로, 대부분의 대학 강좌에서 수업계획서를 작성·배포하였고(A등급: 81.1%, B등급: 18.9%), 다양한 방법으로 수업이 진행되었으며(A등급: 62.1%, B등급: 31.2 %), 수업휴강률이 낮았고(A등급: 81.0%, B등급: 19.0%),교수의 전공과 담당과목의 일치도 또한 매우 높았다(A등급: 97.1%, B등급: 2.9%). 이것으로 보아 대학종합평가가 대학의 수업개선에 많은 영향을 주었음을 확인할 수 있다.

④ 학생부문

대학은 신입생들을 타당한 방법과 공정한 절차로 선발하여야 하고, 그들을 위한 오리엔테이션 프로그램을 충실하게 실시하여야 한다. 그리고 학사관리를 일관성 있고 합리적으로 실시하고, 학생들에게 적정 수준의 장학금을 지급하며, 학생이 자신의 특성과 개성에 적절한 진로를 선택할 수 있도록 진학 및 취업지도를 계획적이고 충실하게 실시하여야 한다. 대학종합평가를 실시한

125개 일반대학의 학생부문에 대한 평가결과는 양호한 편이었으나, 몇 개의 평가항목에 대해서는 개선의 노력이 요구된다. 대부분의 대학이 매우 엄정하게 학생을 선발하였고(A등급: 67.3%, B등급: 22.2%), 신입생 오리엔테이션 프로그램을 충실하게 운영하였으며(A등급: 57.2%, B등급: 37.2%), 상담지도 운영이 적절하여 많은 학생들이 상담지도에 참여하였다(A등급: 54.9%, B등급: 28.8%). 그러나 평가대상 대학들의 졸업생 취업률이 부진하였고(A등급: 35.6%, B등급: 47.7%), 학생탈락률은 대학 간의 차이가 많았다(A등급: 39.2%, B등급: 31.7%). 학생장학금 수혜실적의 적절성(A등급: 83.8%, B등급: 11.2%)과 수혜비율(A등급: 80.6%, B등급: 8.4%)에서 대부분의 대학을 긍정적으로 평가할 수 있으나 일부 대학은 개선의 노력이 필요하다. 또한 일부 대학을 제외하고는 많은 대학들이 장학금 재원의 대부분을 학생등록금에 의존하고, 외부의 지원에 의한 장학금 재원이 부족한 실정이므로 보다 실효성 있는 장학금 지원과 장학금 혜택범위의 점진적 확대를 위한 대내외적인 노력이 요구되는 실정이다. 이것으로 보아 대학종합평가는 대학의 학생선발과 상담지도 운영의 개선에 많은 영향을 주었으나, 졸업생 취업률, 학생탈락률, 장학금 수혜비율의 개선에는 기여하지 못한 것을 확인할 수 있다.

(2) 연구영역

연구는 교육, 봉사와 함께 현대 대학의 3대 기능으로 인식되고 있다. 우리나라의 대학에서도 반세기라는 짧은 역사에도 불구하고 대학교수의 연구가 꾸준히 강조되어 왔으나, 연구인력의 부족과 연구 하부구조의 미비로 연구기능의 수행이 어려웠다(어윤배 외, 1998). 다행히 지난 10여 년간 대학에 대한 한국학술진흥재단, 한국과학재단, 산업체 등의 연구비 지원이 꾸준히 증가되고 대학교수의 연구역량도 지속적으로 향상되어 많은 분야에서 대학의 연구기반이 강화되어 왔다. 연구 분야의 평가는 단순히 연구의 결과만으로 평가하기는 어려우며, 연구 잠재력이라 할 수 있는 연구 관련 인력 확보 실태, 연구시설과 설비 등을 평가할 필요가 있고, 연구 관련 인력 확보 실태, 연구시설과 설비 등을 평가할 필요가 있다. 따라서 대교협의 대학평가인정위원회가 주관하는 대학종합평가에서는 교수의 연구실적을 양적으로 평가할 뿐만 아니라, 연구를 가능하게 하는 연구여건과 연구지원체제의 적절성도 함께 평가하고 있다. 연구영역은 연구실적, 연구여건, 연구지원체제의 3개 평가부문으로 이루어져 있으며, 연구실적은 3개의 평가항목에 17점, 연구여건은 4개의 평가항목에 22점, 연구지원체제는 4개의 평가항목에 26점이 주어져, 모두 11개의 평가항목에 65점의 가중치가 부여되어 있다.

① 연구실적 부문

대학은 교수의 연구기능을 활성화시켜야 학문이 발전되고, 교육의 질이 향상되며, 대학의 수준도 향상된다. 과거 우리나라 대학은 교수의 수업부담이 컸고, 그로 인해 교수의 연구실적이 낮았다(어윤배 외, 1998). 대학종합평가에 의하면, 인문사회계열 교수의 국내논문 발표실적은 우수한 편이나(A등급: 74.8%, B등급: 22.5%), 자연과학계열 국외논문 발표실적은 좋지 않았으며(A등급: 44.4%, B등급: 30.0%), 교수들의 저서발간은 많은 노력을 기울여야 할 부분이었다(A등급: 46.6%, B등급: 12.0%). 이것으로 보아 대학종합평가는 연구실적 부문의 개선에는 크게 기여하지 못한 것으로 판단된다.

② 연구여건 부문

대학은 교수들이 연구를 효과적으로 수행할 수 있도록 연구 관련 시설을 확보하고, 행·재정적 지원을 하여야 한다. 그리고 교수들의 연구활동을 활성화하기 위하여 지원부서를 효율적으로 운영하여야 한다. 그러나 대학종합평가인정제가 도입되기 이전에 우리나라 대학들은 대부분이 학술연구기금을 확보하지 못하였고, 연구기증에 관련된 업무를 체계적으로 처리할 수 있는 행정부서를 갖추지 못하였다. 그리고 교수가 학내·외에서 수탁한 연구비를 교수개인이 관리하는 등 연구업무가 비효율적이었다(어윤배 외, 1998). 대학

종합평가를 실시한 125개 일반대학의 연구여건 부문은 인문사회계열의 경우
교외연구과제 수탁실적(A등급: 84.9%, B등급: 5.8%)과 교내·외 연구비 수
혜실적(A등급: 83.4%, B등급: 4.5%)에 비추어 볼 때 대학종합평가로 인하
여 많이 개선되었다고 할 수 있다. 특히 우리나라 대학들이 자체적인 학술연
구기금을 적립해 오지 않았다는 점을 고려할 때 학술연구기금확보실적(A등
급: 51.4%, B등급: 13.4%)은 상당히 개선되었다 할 수 있다. 그러나 교수들
이 효과적으로 연구를 수행할 수 있는 연구여건을 마련하기 위해서는 행·
재정적 지원을 늘려야 할 것이고, 부설 연구소의 전임 연구원 수도 보완되어
야 할 점이다.

③ 연구지원체제 부문

대학은 교수들의 연구활동을 활성화하기 위하여 지원부서를 효율적으로
운영하고, 부설 연구소를 정비하여 연구를 촉진하며, 연구결과의 출판 및 발
표를 적극 지원하여야 한다. 교수의 연구결과 발표에 대한 대학당국의 지원
은 교수의 연구기능을 활성화하는데 많은 기여를 할 수 있다. 그러나 과거
우리나라들은 대부분이 교수의 연구결과 출판 및 발표에 대한 재정적인 지원
이 제도적으로 이루어지지 않았다(어윤배 외, 1998). 대학종합평가를 실시한
125개 일반대학의 연구지원체제에 대한 평가결과는 대체로 양호한 편으로,
일반대학의 연구지원체제는 많이 강화되었다. 연구지원건수(A등급: 86.3%,
B등급: 7.9%)와 연구지원금액(A등급: 74.1%, B등급: 16.9%)으로 비추어
볼 때 대부분의 대학들이 교수의 연구활동을 활성화하기 위하여 연구비와는
별도로 연구결과의 출판이나 발표에 대해 재정적인 지원을 하였으며, 대학부
설 연구소의 연구실적이 비교적 높은 것으로 보아(A등급: 57.4%, B등급:
16.6%) 연구활동이 활발하였다는 것을 알 수 있다. 그러나 상당히 많은 대학
부설 연구소들이 적정 수준의 연구비를 확보하지 못하고, 부실하게 운영되고
있는 것으로 보아 대학 간의 격차가 많은 것을 알 수 있다. 이것으로 보아
대학종합평가는 교수들의 연구활동 지원체제 개선에는 많은 영향을 주었으

나, 부설 연구소의 운영개선에는 크게 기여하지 못한 것으로 판단된다.

(3) 사회봉사영역

다양화, 전문화, 정보화의 특징을 지닌 현대사회에서는 사회의 구성원들에게 끊임없는 자기 개발을 요구하고 있고 대학은 새로운 정보와 지식을 개발하고 창출하여 얻은 전문지식과 경험을 학교, 교수, 학생들을 통하여 사회에 제공할 책임을 지고 있다. 또한 개방화, 국제화 시대를 맞고 있는 사회상황에서 각 대학은 반드시 세계 속의 대학으로 발돋움해야 경쟁력을 갖출 수 있으며, 이를 위해서 국내외 대학들과는 물론 산업체 및 연구소 등 협력이 가능한 기관들과는 정보교환과 협동 연구에 부단한 노력을 경주하여야 한다. 대학은 교육과 연구의 질을 향상시켜야 할 뿐만 아니라 대학이 위치한 지역의 개발과 주민의 요구에 부응할 수 있는 사회봉사적 차원의 노력도 기울여야 한다. 사회봉사영역은 사회봉사와 대외협동의 2개 평가부문으로 이루어져 있으며, 사회봉사는 4개의 평가항목 6개의 평가지표에 14점, 대외협동은 4개의 평가항목 8개의 평가지표에 21점이 주어져, 모두 8개의 평가항목 14개의 평가지표에 35점의 가중치가 부여되어 있다.

① 사회봉사 부문

대학의 기능을 교육·연구·사회봉사로 규정하고 있지만 고급 전문인력이 집1중되어 있는 우리나라의 현실을 볼 때 대학의 사회에 대한 책무는 대단히 높다. 따라서 대학마다 각 대학의 특성을 최대한 살릴 수 있는 사회교육 프로그램을 개설하고, 변화하는 생활조건에 따라 자신을 적응하여 자아실현을 꾀하고자 하는 현대인의 욕구를 충족시킬 수 있는 평생교육의 장을 제공할 의무가 있다. 과거 우리나라 대학들은 사회교육 프로그램을 일부 분야에 치중하여 소규모로 운영되었고, 사회교육 프로그램의 양과 질 또한 매우 미흡하였다. 교수 및 학생들의 사회봉사도 그 필요성 자체가 인식되지 않아서 활성화되지 않았다(어윤배 외, 1998). 이러한 점을 개선하기 위하여 대학종합평가에서는 사회교육 프로그램의 적절성, 교수의 사회봉사 참여실적, 학생의 사회봉사 참여실적 그리고 사회봉사활동을 지원하기 위한 행정체계의 적절성 등 4개의 평가항목에 6개의 평가지표에 대하여 평가하였다. 대학종합평가결과 사회교육 프로그램이 다양하게 운영되고(A등급: 96.9%, B등급: 1.2%), 참가자의 수도 많아졌고(A등급: 73.3%, B등급: 17.5%), 질적 수준도 높아졌다(A등급: 58.6%, B등급: 34.7%). 그리고 학생의 사회봉사활동(A등급: 100%)과 교수의 사회봉사활동(A등급: 100%)에서는 평가대상 대학이 모두 A등급을 받아 교수 및 학생의 사회봉사활동이 매우 활발해 진 것을 알 수 있다. 이것으로 보아 대학종합평가가 대학의 사회봉사 부문의 개선에 많은 영향을 주었음을 확인할 수 있다.

② 대외협동 부문

대학이 급속한 학문의 발전을 신속하게 받아들이고 국제화, 개방화 사회에 능동적으로 대처하기 위해서는 국내외 대학은 물론 산업체 및 연구소와의 활발한 교류를 가지고 지식과 기술발전을 도모해야 한다. 특히 국가차원에서 국제경쟁력 강화 정책들이 발표되고 기업들이 무한경쟁 전략들을 수립하는 최근의 분위기는 대학들이 스스로 개혁하지 않으면 도태될 수밖에 없음을 암시하고 있다. 그러나 과거 대학들은 산업체 및 연구소와 체계적인 협력이 이루어지지 못하였다(어윤배 외, 1998). 대학종합평가결과 산학연 협동계획이 적절하였고(A등급: 65.8%, B등급: 26.8%), 위탁공동연구가 많이 이루어졌으며(A등급: 64.9%, B등급: 27.7%), 인적교류도 많았다(A등급: 66.8%, B등급: 24.4%). 그리고 국내 대학 간 뿐만 아니라 외국대학과의 협력도 많이 이루어졌다(A등급: 58.7%, B등급: 25.0%). 그러나 산학연 위탁·공동연구의 건수나 질적 수준면에서 만족스럽지 못한 대학과 산학연 인적 교류실적이 보다 활성화되어야 할 대학도 상당수 있었다. 하지만 전체적으로 볼 때, 대학종합평가가 대학의 대외협동부문의 개선에 많은 영향을 주

없음을 확인할 수 있다.

(4) 교수영역

대학 내에서의 교수자원은 대학의 본질적인 사명수행에 있어서 기능적 생산성을 높여 가는 에너지의 원천인 동시에, 국가 사회적으로 대학교수자원은 창조적 사고와 개혁의 발원이며 이념적 지도성의 근간을 이룬다(이성호, 1992). 대학평가인정제의 실시로 각 대학의 외적 변화가 가장 두드러진 분야가 교수영역으로 대학종합평가가 교수영역에 미친 긍정적인 영향은 다음과 같다(장정현, 1996). 첫째, 대학교수의 수가 획기적으로 확대되는 계기가 되었으며, 둘째, 교수임용형태가 공개되는 계기가 되었고, 셋째, 본교 출신 교수임용과 동일대학 출신 교수 임용 등에 대한 실질적 제재장치가 마련되는 계기가 되었고, 넷째, 합리적 교수임용에 기여하였으며, 마지막으로 대학강사의 처우와 복지문제에 관심을 갖게 되었다. 대학종합평가인정제에서의 교수영역은 교수구성, 수업부담 및 복지, 교수 인사, 교수개발의 4개 평가부문으로 구성되어 있으며, 15개의 평가항목에 80점의 가중치가 부여되어 있다.

① 교수구성 부문

대학은 전공별로 우수한 전임교수를 충분히 확보하고, 교수의 질적 수준을 높이도록 노력하여야 하며, 교수들이 교육과 연구활동에 전념할 수 있도록 적정한 교수 보조 인력을 확보하여야 한다. 그리고 학문의 다양성을 도모하여 학생들의 교육을 효과적으로 성취하기 위해 대학의 전임교수들을 동일대학 출신으로 구성하는 것을 지양하여야 한다. 그러나 우리나라 대학들은 교수영역의 여건이 매우 열악하였고, 본교 출신이나 특정 명문대학 출신자들이 한 대학에 지나치게 많은 편이었다. 대학종합평가를 실시한 125개 일반대학의 교수구성 부문에 대한 평가결과는 대체로 양호한 편으로, 전임교수의 출신교가 다양해졌으며(A등급: 84.8%, B등급: 6.8%), 전임교수의 박사학위

취득 정도도 많이 개선되었다(A등급: 76.6%, B등급: 19.8%). 이는 1990년 박사학위 소지율이 48.5%(권기욱, 서민원, 1990)인 데 비하면 많이 개선되었다. 한편, 대학의 시간강사도 전임교수와 같이 학생들의 교육목적을 성취시키는 데 많은 기여를 하기 때문에 대학은 그들에게 적절한 처우를 하여야 한다. 그러나 과거 우리나라 대학들은 시간강사의 강사료 및 처우가 상대적으로 열악한 편이었다. 대학종합평가의 실시결과 대체로 많이 개선되었으나, 개선되지 않은 대학도 존재하는 등 대학 간 격차가 큰 것을 확인할 수 있다.

② 수업부담 및 복지부문

대학은 교수의 수업부담을 적정 수준으로 유지하고 적절한 복지수준을 갖추어야 한다. 그러나 과거 우리나라 대학교수들은 수업부담이 많아, 교수들은 수업준비뿐만 아니라 학문연구가 쉽지 않았다. 대학종합평가를 실시한 125개 일반대학의 수업부담 및 복지부문에 대한 평가결과, 대학종합평가가 교수의 수업시간을 적정 수준으로 유지하는 데는 크게 기여하지 못하였으나(A등급: 21.2%, B등급: 27.0%), 교수의 후생복지제도의 개선에는 많은 기여를 하였다는 것을 확인할 수 있다. 그러나 실제로 교수들은 수업부담뿐만 아니라 보직으로 인한 행정적 업무로 인해 연구활동에 많은 지장을 초래하고 있다.

③ 교수인사 부문

대학은 합리적인 기준과 절차에 의하여 교수를 채용하고 승진시켜야 한다. 그러나 과거 우리나라 대학들은 교수의 채용, 승진 등에서 합리적이지 못한 경향이 있었다. 대학종합평가를 실시한 125개 일반대학의 교수인사 부문에 대한 평가결과는 우수한 편으로, 대학종합평가의 실시로 인해서 교수채용제도 및 운영이 공정하게 이루어졌고(A등급: 62.4%, B등급: 31.8%), 교수 승진심사가 합리적인 절차를 통하여 이루어졌으며(A등급: 78.7%, B등급: 17.7%), 대학종합평가가 시행되기 이전에는 볼 수 없었던 교수업적평가제를 확립하여 적절하게 활용하였다(A등급: 39.2%, B등급: 53.1%). 이것으로 보아 대학종합평가는 교수인사 부문의 개선에 크게 기여하였다는 것을 확인할 수 있다.

④ 교수개발 부문

대학은 교수로 하여금 전문 분야에서 계속적인 성장을 할 수 있도록 하기 위하여 효과적인 교수개발 프로그램을 운영하고 연습기회를 제공하며, 학술대회에 참여하거나 국내·외에서 연구를 수행할 수 있도록 적극 지원하여야 한다. 대학종합평가의 실시로 인해서 교수들의 국내·외 연수와 학회 참여가 활발해졌고(A등급: 67.0%, B등급: 19.9%), 교수개발 프로그램 운영 실적도 높아졌다(A등급:50.2 %, B등급: 38.6%). 그러나 대학종합평가는 교수연구년제의 개선에는 크게 기여하지 못하였다는 것을 확인할 수 있다(A등급: 20.7%, B등급: 22.5%).

(5) 시설·설비 영역

시설·설비 영역은 대학의 설립이념과 교육목적을 구현하고 교육·연구·사회봉사를 효율적으로 수행할 수 있는 물리적 환경을 평가하는 것으로 교육기본시설, 교육지원시설, 실험 실습설비, 후생복지시설의 4개 평가부문, 20개의 평가항목에 100점의 가중치가 부여되어 있다. 교육기본시설은 4개 평가항목에 24점, 교육지원시설은 7개 평가항목에 36점, 실험 실습설비는 3개 평가항목에 20점, 후생복지시설은 5개의 평가항목에 20점으로 구성되어 있다.

① 교육기본시설 부문

대학은 교육과 연구 수행을 위한 강의실, 실험 실습실, 교수연구실 등의 교육 기본시설을 적정 수준 이상 확보하고, 사용에 지장이 없도록 효율적·체계적으로 유지·관리·활용하여야 한다. 과거 우리나라 대학들은 강의실과 교수연구실을 어느 정도는 확보하였으나, 충분치가 않았다. 또한 시설들에 대한 관리 상태도 양호하지가 못하였다. 그러나 대학종합평가결과 대부분의 대학들은 강의실(A등급: 95.1%, B등급: 4.9%), 실험 실습실(A등급: 79.1%, B등급: 12.1%) 및 교수연구실(A등급: 97.2%, B등급: 2.8%)을 적정 수준 이상 확보하고 있었고, 교육기본시설의 유지 관리상태도 양호하였다(A등급: 77.7%, B등급: 18.7%). 이것으로 보아 대학종합평가는 교육기본시설 부문의 개선에 크게 기여한 것으로 판단된다.

② 교육지원시설 부문

대학은 학생의 교육과 교수의 연구를 지원하기 위하여 도서관, 전자계산소, 공작실, 공동기기센터 등의 각종 시설과 설비를 충분히 확보하고 사용에 지장이 없도록 효율적으로 관리·운영하여야 한다. 그러나 과거 우리나라 대학들은 도서 및 정보자료가 충분히 확보되지 못하였고, 도서관의 열람좌석도 충분하지 못하였다. 또 학생들의 교육을 위한 컴퓨터를 충분히 확보하지 못한 편이었으며, 정보처리체제도 제대로 구축되어 있지 못한 실정이었다. 대학종합평가를 실시한 결과 학생 1인당 도서 수는 많이 개선되었으나(A등급: 25.8%, B등급: 22.5%), 충분히 확보치 못한 대학도 상당 수 있었으며, 확보된 도서의 질은 높은 것으로 나타났다(A등급: 92.3%, B등급: 2.6%). 또한 교육용 컴퓨터 및 터미널 확보(A등급: 89.1%, B등급: 5.9%)와 정보처리체제의 구축과 운영이 크게 개선되었다(A등급: 69.8%, B등급: 28.3%). 이것으로 보아 대학종합평가는 교육지원시설 부문의 개선에 많은 영향을 주었다는 것을 확인할 수 있다.

③ 실험 실습설비 부문

대학은 적정 수준 이상의 실험 실습기자재를 확보하고, 이를 적절하고 효율적으로 유지·관리하여야 한다. 그리고 국제화시대를 맞이하여 학생들의 외국어 실력 향상을 위해 어학실습실의 시설과 설비를 확충하여야 한다. 그러나 과거 대부분의 대학들은 이러한 부분의 여건이 불충실하였다. 대학종합평가결과 대부분의 대학들이 교육·연구용 기자재를 적정 수준 확보하였고, 실험 실습설비의 유지 및 관리상태가 양호하였으며(A등급: 60.8%, B등급: 32.6%), 어학실습실의 설비와 활용실적이 높았다(A등급: 80.8%, B등급: 15.2%). 이것으로 보아 대학종합평가는 실험 실습설비부문의 개선에 많은 기여를 하였다는 것을 확인할 수 있다.

④ 후생복지시설 부문

대학은 학생과 교직원들이 쾌적한 분위기에서 교육과 연구에 전념할 수 있도록 적정 수준 이상의 후생복지시설을 갖추고, 이를 효율적으로 관리·운영하여야 한다. 그러나 우리나라 대학들은 학생 수에 비해 후생복지시설이 많이 부족하였고, 시설의 운영 관리 상태도 좋지 못한 편이었다. 대학종합평가결과, 학생회관 활용 상태(A등급: 60.9%, B등급: 28.4%)와 학생식당의 시설 및 운영상태(A등급: 80.4%, B등급: 19.4%), 그리고 교직원 식당 및 편의시설의 구비상태(A등급: 76.6%, B등급: 20.4%)는 양호한 편이었으나, 기숙사 규모는 대학 간의 차이가 상당히 큰 것으로 나타났다. 이것으로 보아 대학종합평가는 전반적으로 후생복지시설 부문의 개선에 많은 영향을 주었다는 것을 확인할 수 있다.

(6) 재정·경영 영역

대학종합평가인정제에서는 평가대상 대학의 재정확보에 대한 질적 수준을 평가하고, 현황과 문제점을 파악하기 위하여 재정·경영 영역은 교육재정확보, 예산편성 및 운영, 기획 및 평가, 행정 및 인사, 대학의 의사결정 등 다섯 가지 평가부문에 대해 평가하였다. 교육재정확보는 4개 평가항목에 24점, 예산편성 및 운영은 5개 평가항목에 26점, 기획 및 평가는 3개 평가항목에 14점, 행정 및 인사는 6개 평가항목에 22점, 대학의 의사결정은 4개 평가항목에 14점이 주어져, 총 22개 항목에 100점의 가중치가 부여되어 있다.

① 재정확보 부문

대학은 교육과 연구활동에 필요한 재원을 확보하기 위하여 장단기 계획을
수립하는 등 다각적인 노력을 하여야 하며, 확보된 재원은 공정하고 합리적
으로 배분하고 효율적으로 활용함으로써 그 효과가 극대화될 수 있도록 노
력하여야 한다. 대학종합평가는 대학의 재정확보(A등급: 34.6%, B등급:
24.5%)와 장단기 재정확보계획을 수립하고(A등급: 80.0%, B등급: 11.0%)
실천하는 것(A등급: 41.6%, B등급: 40.2%)에는 긍정적인 영향을 주었으나,
대학의 세입을 지나치게 학생등록금에 의존하는 것은 크게 개선되지 못하였
다는 것을 확인할 수 있다(A등급: 34.8%, B등급: 15.2%).

② 예산편성 및 운영부문

대학은 교육목적이나 계획에 따라 합리적이고 균형 있게 예산을 편성하고,
적절하게 운영하여야 한다. 대학종합평가결과 예산편성과정은 적절하고 합리
적·공개적으로 이루어졌으나(A등급: 71.0%, B등급: 26.8%), 인건비 비율
(A등급: 33.9%, B등급: 22.0%)과 실험 실습실 규모(A등급: 29.5%, B등급:
31.6%), 도서관 규모(A등급: 58.1%, B등급: 15.2%)에 대한 평가항목에서는
대학 간의 격차가 심했다. 예산 집행에 있어서 예·결산에 대해서는 공개성
은 많이 개선되었다(A등급: 51.7%, B등급: 32.4%). 이것으로 보아 대학종
합평가는 예산 편성과 집행의 합리성 개선에는 기여하였으나, 운영부문의 개
선에는 크게 기여하지 못했다는 것을 알 수 있다.

③ 기획 및 평가부문

대학은 기획에 관련된 부서를 전문화하여 대학의 장·단기 발전계획을 실
현 가능하게 수립하고, 이를 단계적으로 실천하여 대학의 개혁을 도모하며,
대학종합평가와 학문 분야 평가 및 각종 대학평가를 위한 체계를 효율적으
로 운영하여 평가와 기획활동이 연계되도록 노력하여야 한다. 대학종합평가

결과를 보면 대부분의 대학들은 체계적이고 합리적인 장단기 대학발전계획을 수립하여(A등급: 99.4%, B등급: 0.6%) 실천하였고(A등급: 53.8%, B등급: 37.4%), 기획업무의 정착 정도로 보아(A등급: 56.0%, B등급: 40.0%) 기획업무가 활성화되어 있었다. 또한 대학내부의 자체평가가 잘 시행되었던 것으로 보아(A등급: 62.9%, B등급: 29.4%), 대학종합평가의 실시로 기획 및 평가 부문이 개선에 크게 개선되었다 할 수 있다.

④ 행정 및 인사부문

대학은 지도성을 갖춘 총장을 선출하고, 조직의 합리성을 도모하며, 업무의 분권화와 효율화를 기하고, 내부의 갈등을 예방할 수 있는 체제를 마련하여야 한다. 그리고 직원인사를 합리적이고 공정하게 하고, 직원 연수활동을 활성화하여야 한다. 대학종합평가결과에 의하면, 대부분의 대학총장은 대학발전을 위한 비전(A등급: 92.0%, B등급: 8.0%), 인화능력(A등급: 57.9%, B등급: 42.1%), 업무추진 능력과 혁신성(A등급: 80.7%, B등급: 18.5%), 그리고 대외교섭능력(A등급: 81.8%, B등급: 18.2%) 등의 지도력이 뛰어났다. 대학의 행정체계 및 규모가 적절하여(A등급: 38.6%, B등급: 54.9%) 행정조직이 합리적으로 이루어졌으며, 행정업무 내용이 적절하여(A등급: 73.4%, B등급: 24.2%) 행정업무가 효율적으로 이루어졌다. 또한 행정직원의 전문성을 배양하고 직원의 사기와 단합에 매우 중요한 요소인 직원인사가 합리적인 기준에 의해 공정하고 적절하게 이루어진 것으로 보아(A등급: 65.2%, B등급: 33.4%), 대학종합평가는 행정 및 인사부문의 개선에 크게 기여한 것을 확인할 수 있다.

⑤ 대학의 의사결정부문

대학은 전문적인 의사결정 기구를 통하여 합리적인 의사결정을 하고, 결정된 정책이 능률적이고 효과적으로 집행되도록 하여야 한다. 대학종합평가결과 대학의 정책결정이 매우 합리적으로 이루어졌고(A등급: 66.0%, B등급:

32.0%), 대학의 의사결정을 위한 각종 위원회의 구성(A등급: 61.6%, B등급: 37.1%)과 운영(A등급: 51.8 %, B등급: 45.2%)이 매우 적절하였다. 또한 의사결정 부서의 자율성이 보장된 것으로 보아(A등급: 59.2%, B등급: 36.4%), 대학종합평가는 대학의 의사결정부문의 개선에 크게 기여한 것으로 보였다.

(7) 대학원영역

대학원에 대한 평가는 일반대학원에 대해서만 이루어졌으며, 특수대학원 및 전문대학원은 제외되었다. 대학원 평가는 교육과정, 수업 및 논문지도, 교수, 시설·설비, 재정·경영 부문으로 구성되어 있다. 교육과정은 4개 평가항목에 20점, 수업 및 논문지도는 6개 평가항목에 36점, 교수는 4개 평가항목에 22점, 시설·설비는 3개 평가항목에 12점, 재정·경영은 3개 평가항목에 10점의 가중치가 주어져 총 20개 평가항목에 100점의 가중치가 부여되어 있다.

① 교육과정 부문

대학원은 적절한 이념·교육목적·교육목표를 체계적이고 명료하게 진술하고, 교육목적을 효과적으로 성취할 수 있도록 교육과정을 편성하여 운영하여야 하며, 교육과정은 학부와 연계되어야 한다. 그러나 우리나라 대학원들은 대학과 마찬가지로 교육목적을 명시적·체계적으로 제시하지 않았다(어윤배 외, 1998). 대학종합평가결과에 의하면, 교육목적이 학문적·사회적으로 적합하였고(A등급: 60.8%, B등급: 39.0%), 대학원의 이념·교육목적·교육목표가 체계적이었으며(A등급: 58.9%, B등급: 36.2%), 교육목표의 진술도 명료하였다(A등급: 49.4%, B등급: 45.3%). 교육과정도 교육목적에 맞게 이루어져 있었으며(A등급: 46.6%, B등급: 41.2%), 전공당 연간 개설 학점수도 적절하였고(A등급: 52.6%, B등급: 25.8%), 학부와 대학원 교육과정의 연계운영상태도 양호했다(A등급: 47.6%, B등급: 50.8%). 이것으로 보아 대학종합평가는 교육과정 부문의 개선에 크게 기여한 것을 확인할 수 있다.

② 수업 및 논문지도부문

대학원은 학생을 합리적이고 공정하게 선발하여야 하며, 수업을 체계적인 계획에 근거하여 엄정하게 수행하여야 한다. 그리고 학생들의 연구능력을 제고하기 위해 교수들의 연구에 학생들이 적극 참여하도록 하고, 학생 논문지도를 충실하게 하여야 하며. 학위논문을 엄격하게 심사하여야 한다. 그러나 우리나라 대학원들은 학부와 마찬가지로 수업을 여러 가지 이유로 충실히 시행하지 못하였고, 수업계획서도 적절하게 배포되지 않았다(어윤배 외, 1998). 그러나 대학종합평가결과, 수업휴강률이 낮았고(A등급: 82.7%, B등급: 5.7%), 수업계획서를 작성하여 배포하였으며(A등급: 92.2%, B등급: 7.8%), 논문지도방법(A등급: 82.3%, B등급: 17.7%)과 논문지도계획 및 논문작성지도(A등급: 72.2%, B등급: 27.8%)가 적절하여 학생들이 논문지도 활동에 대하여 매우 만족하는 것으로 나타났다(A등급: 72.7%, B등급: 25.7%). 이것으로 보아 대학종합평가의 실시로 인해 대학원의 수업 및 논문지도부문이 크게 개선되었다고 할 수 있다.

③ 교수부문

대학원은 전공과정별로 우수한 교수인력을 충분히 확보하고, 교수의 질적 수준을 높이도록 노력하여야 한다. 또한 교수는 연구활동에 전념하여 우수한 연구업적을 쌓아야 한다. 대학종합평가결과에 의하면, 교수 1인당 논문지도 학생 수가 적절하지 않은 대학이 상당수 있었으나 대체로 적절한 편이었고(A등급: 86.7%, B등급: 8.9%), 전공과정별 논문지도 교수는 비교적 잘 확보되어 있었으며(A등급: 62.7%, B등급: 25.6%), 담당교수 및 강사도 대부분 박사학위를 취득하고 있었으며(A등급: 56.6%, B등급: 18.3%), 대학원 담당교수의 연구실적도 좋은 편이었다(A등급: 58.4%, B등급: 29.3%). 이것으로 보아 대학종합평가는 대학원의 교수 부문 개선에 많은 영향을 주었으나, 논문지도 학생 수의 개선에는 크게 기여하지 못한 것으로 판단된다.

④ 시설·설비 부문

대학원의 시설·설비는 교육 및 연구의 효과성을 극대화할 수 있어야 한다. 특히 실험 실습설비와 대학원생용 연구공간의 확보가 적절하여야 한다. 대학종합평가결과에 의하면, 실험 실습실이 적절하게 확보되어 있으며(A등급: 66.7%, B등급: 19.2%), 그 관리상태도 양호했고(A등급: 65.9%, B등급: 31.2%), 대학원용 실험 실습설비도 잘 확보되어 있었으며(A등급: 63.3%, B등급: 20.3%), 대학원생의 연구공간도 연구와 학습을 수행할 수 있을 만큼 충분히 확보되어 있었다(A등급: 83.5%, B등급: 7.8%). 이것으로 보아 대학종합평가는 대학원의 시설·설비부문 개선에 크게 기여한 것을 확인할 수 있다.

⑤ 재정·경영 부문

대학원은 교육과 연구활동을 효과적으로 수행할 수 있도록 필요한 재정을 확보하고, 경영의 합리화를 도모하여야 한다. 대학종합평가결과에 의하면, 대학원생 장학금 수혜액의 규모가 적절하였고(A등급: 89.4%, B등급: 9.6%), 학점관리(A등급: 62.2%, B등급: 35.6%) 및 입학·졸업·학점이수 관리(A등급: 72.6%, B등급: 26.4%)가 적절하게 이루어졌으며, 대학원에 설치된 학과가 국가 및 지역사회의 요구(A등급: 57.3%, B등급: 40.9%)와 대학교육 및 연구여건(A등급: 48.3%, B등급: 47.4%)이 적절하였다. 이것으로 보아 대학종합평가는 대학원의 재정·경영 부문 개선에 크게 기여한 것으로 판단된다.

3) 대학종합평가인정제의 문제점

1994년부터 시행된 대학종합평가인정제는 대학교육의 질적 수준을 높이고 대학운영의 효율성과 책무성을 높여나가는 데 많은 기여를 하였다(서정화, 1997; 맹광호, 1997; 이상주, 1995; 염영일, 1997; 허귀진, 1997; 어윤배 외, 1998; 윤문영 외, 1998). 그러나 평가체제에 있어서 여러 가지 문제점이 지적되고 있다(구병림, 1996; 김병주, 1997). 본 절에서는 선행연구와 관련 문헌을 분석하여 평가주체, 평가목적, 평가기준, 평가절차 및 평가결과의 발표와 활용 등에서 제기된 문제점들을 살펴본다.

(1) 평가주체의 문제

대학평가의 주체는 첫째, 대학평가의 노하우가 축적되어 있는가?, 둘째, 대학평가를 위한 전문인력이 확보되어 있는가?, 셋째, 대학평가결과를 신뢰할 수 있을 정도로 그 기관이 공신력이 있는가?, 그리고 넷째, 모든 대학의 자율적 참여를 유도할 수 있는가? 하는 기준으로 결정할 수 있다(서민원, 2000). 현재 시행되고 있는 대학종합평가인정제의 평가주체는 대교협으로 대학교수를 평가자로 하여 대학평가가 이루어지고 있다. 대교협은 1982년 설립된 이후 대학에 대한 평가를 실시하여 왔으며, 대학의 자율성 신장을 위해서나 외국의 평가인정제도의 사례를 보거나 대학평가의 주체는 대교협이 되어야 한다고 주장하였다(이상주, 1993b). 그러나 교육부는 1991년 대학교육심의회를 설치하고 대학평가인정제도에 대하여 교육부 장관의 자문에 응하도록 조치함으로써 정부가 대학평가인정업무를 주관하려 하였다. 이에 대한 대학 측의 반발로 교육부와 대교협은 대학평가인정 업무에 있어서 상당한 독립성을 갖는 대학평가인정위원회를 대교협에 병설하기로 합의하고 실질적인 업무는 대교협에서 관장하게 되었다. 그리하여 대교협은 1994년부터 대학기관평가를 대학종합평가인정제로 전환하여 실시해 오고 있다.

그런데 대학평가인정위원회는 대학평가인정 업무에 있어서 독립성을 유지하는 기관임에도 불구하고, 대교협의 산하기구이기 때문에 대교협의 총회나 이사회의 결정에 따라야 한다는 주장이 제기되기도 한다. 대학평가인정기구가 독립성을 확보하기 위해서는 정부에 의한 재정적인 의존성을 탈피하고 장기적으로는 독자적인 실무진을 갖추어야 할 것이라는 주장이 제기되기도 한다(이상주, 1993b; 김병주, 1997). 그리고 대교협이 대학평가를 하는 데 있

어서 회원대학의 협의체가 어떻게 회원 대학을 엄격하게 또 냉정하게 평가
할 수 있느냐라는 점에서 비판을 제기하기도 한다. 이와 반대로 대학종합평
가결과 회원대학의 신분을 유지하지 못한다면 해당 대학으로서는 치명적인
결과를 가져올 수 있기 때문에 회원대학의 질 관리를 위해서 다른 기관보다
오히려 대교협이 더욱 엄격하게 대학평가를 할 수도 있다는 주장을 하기도
한다(주삼환, 2000).

　또한 1994년 이후 우리나라에서는 대교협뿐만 아니라 교육부와 언론사도
대학평가에 참여하고 있다. 교육부는 대학에 대한 행·재정 차등지원에 필요
한 근거를 확보하기 위하여 대학평가에 참여하고 있으며, 언론사는 학생의
장래를 결정해 줄 대학을 선택함에 있어서, 대학 및 학과(부)들의 비교우위
에 관한 가능한 정보를 교육수요자에게 제공하고자 하기 위한 목적으로 대
학순위평가를 매년 실시하고 있다. 서로 다른 평가주체에 의해 여러 가지 유
사한 평가가 수행됨으로써 이해집단 간의 갈등과 대립이 심화되고, 일관적이
지 못한 정책과 시행착오로 인해 시간과 재정, 인력의 낭비가 초래되고 있으
며, 대학 본연의 교육적 기능을 제대로 수행하기 어렵다는 비판이 일부 제기
되고 있기도 하다(서민원, 1996; 박부권 외, 1998; 이화국 외, 1999). 그리하
여 대학평가주체로 적절한 기관으로 정부기구, 대학 간 협의체(대교협), 독
립적인 평가인정기구 등이 제시되고 있다. 정부기구에 의한 대학평가는 가장
엄격하게 실시할 수 있는 장점을 지니지만, 대학의 자율성 침해라는 근본적
인 문제점을 지니고, 대학 간 협의체에 의한 평가는 대학의 자율적인 평가라
는 장점을 지니지만, 회원대학의 협의체가 회원대학을 엄격하게 또 냉정하게
평가할 수 있느냐라는 점에서 비판이 제기되기도 한다. 반면에 이 둘을 조화
시킬 수 있는 것이 독립적인 평가기구에 의한 평가라는 주장도 있다. 즉, 현
재의 대교협 주관에 의한 대학평가는 과도기적인 것으로, 점진적으로는 별도
의 평가인정기구에 의해 평가인정 작업이 이루어져야 한다는 것이다. 그러나
아무리 좋은 기구를 만들어 놓아도 대학으로부터 협조와 지지를 얻지 못하
면 그 기관은 생존을 유지하기도 어렵다. 대학들이 질 관리 기구의 필요성을

느껴 대학평가전담기구의 설립을 찬성하고 설립 후에 스스로 이 기구의 평가를 받고자 하지 않으면 새로운 기구는 성공하기 어렵다.

(2) 평가목적의 문제

평가목적은 "왜" 평가를 하게 되느냐라는 근원적인 문제와 관련되며 따라서 평가를 발생시키는 기본요인이 된다. 평가목적은 평가주체에 의해 구성될 수도 있고 외부로부터 평가주체에게 부과될 수도 있다. 평가목적은 평가를 발생하게 해주는 동시에 평가주체, 평가대상, 평가기준, 평가방법에 이르기까지 평가전반에 걸쳐 직·간접의 영향을 미치는 것으로 평가현상의 구체적이고 실제적인 범위, 즉 무엇을 평가할 것인가를 규정해 줄 뿐만 아니라 평가의 진행방향에 대한 길잡이가 된다. 모든 평가의 궁극적 목적은 그것을 통해 평가대상으로 하여금 스스로 새로운 발전을 모색하게 하는 데 있다. 이 점에서 평가는 감사와 다르며, 감사 내지 간섭의 성격을 띤 유사 평가와도 크게 다르다.

대학종합평가인정제에서 목적의 문제는 상대평가를 통하여 우수한 여건을 갖춘 대학을 선별하는 데 초점을 맞출 것인가, 아니면 절대평가를 통하여 대학운영의 절대 기준을 충족했는지의 여부를 확인하는 데 초점을 둘 것인가의 문제이다. 상대평가를 주장하는 이들은 상대적으로 우수한 여건을 갖춘 대학의 선별을 통하여 대학발전을 위한 경쟁을 유도할 수 있음을 주장하며, 절대평가를 주장하는 이들은 대학 간 과열경쟁의 부작용을 완화할 수 있고, 대학이 갖추어야 할 최소한의 조건을 갖추도록 유도할 수 있음을 주장한다. 상대평가는 대학 간 과열경쟁을 초래할 수 있는 반면에, 절대평가는 대학이 갖추어야 할 최소한의 기준으로서의 "절대기준"을 선정하기가 매우 어렵다는 점이 문제로 제기된다. 즉 대학으로서 갖추어야 할 최소 조건의 충족 여부 확인에 둘 것인지, 아니면 중간 수준의 조건 충족 여부 확인에 둘 것인지, 국제적 수준의 수월성 도달 여부 확인에 둘 것 인 지의 문제이다. 현재 시행되고 있는 대학평가인정제도에 의하면, 학과평가의 경우 "상대평가"개념에 의하여 우수학과를 선발하고 있으며, 종합평가의 경우 "절대평가"에 의하여 평가인정 여부를 확인하고 있다.

(3) 평가기준의 문제

평가에서 가장 중요한 것이 평가기준이다. 대학종합평가의 평가기준에 대해 여러 가지 문제점이 제기되고 있다.

첫째, 대학평가의 평가영역은 학사과정 6개(교육, 연구, 사회봉사, 교수, 시설·설비, 재성·경엉)와 내학원 5개(교육과정, 수입 및 논문지도, 교수, 시설·설비, 재정·경영)로 나뉘고, 6개의 평가영역은 27개의 평가부문과 총 100개의 평가항목으로 구성되어 있다. 100개의 평가항목 가운데 35%는 정량적 항목이고, 65%는 정성적 항목이다. 정량적 항목은 자료의 수량화를 통해 점수를 판정하는 항목으로 객관성을 유지할 수 있다는 장점이 있다. 정성적 항목은 수량화하기 곤란한 항목으로 대학의 질과 관련된 내용들이 포함되고 있으며, 일종의 전문가적 판단에 의해 점수가 판정된다. 그런데 문제는 대학평가기준이 정성적인 평가보다는 정량적인 평가에 치중하고 있다는 점이다. 평가의 한계문제이긴 하지만 대학평가를 통하여 대학발전을 유도하기 위해서는 양적인 기준보다는 질적인 기준을 많이 개발하고, 이것을 평가해 내어야 하나 실제로는 그렇지 못한 실정이다. 또한 현지방문평가단이 구성되면, 평가의 객관성을 확보하기 위하여 정성적 평가항목을 계량화하는 작업이 이루어지곤 하는데, 정성적 항목을 설정한 근본취지를 고려한다면 몇 개의 계량적 지표를 통하여 정성적 평가항목을 계량화한다는 것은 또 다른 문제를 야기할 수 있다. 이는 평가판정과도 관련된다. 따라서 평가기준과 지표들에 대한 개선노력이 필요하다.

둘째, 대학의 교육여건과 질을 한정된 수의 지표로 정확하게 측정·평가할 수 있는가 하는 점이다(김신복, 2000). 즉 각 대학의 발전목표와 상황이 서로 다른데 획일적인 기준으로 모든 대학을 평가할 수 있느냐는 점이다. 현재 대학평가는 대학들이 설립주체, 규모, 교육환경 면에서 현저한 차이가 있음에도 불구하고 동일한 평가영역, 평가항목, 평가지표, 그리고 판정기준을 사용하고 있다. 다만 설립별로 점수판정기준을 달리하는 경우가 있으며, 종합평가의 경우 일반대학과는 달리 교육대학, 신학대학, 개방대학 등에 적용할 기준을 각각 따로 적용하고 있다. 그러므로 평가를 통하여 대학의 특성과 다양성을 발견해 내야 하나 획일적인 기준으로 평가함으로써 각 대학을 차별화하고 특성화하는 데는 한계를 지닐 수밖에 없다(김종량, 1996). 이는 평가기준의 다양성을 인정하고, 다양한 평가기준을 현실적으로 어떻게 수용하며, 그들 사이의 상대적 중요성을 어떻게 결정할 것인가의 문제이다.

셋째, 평가기준과 지표에서 또 하나의 문제는 대학별 계열구성의 차이를 충분히 반영하고 있지 못한다는 지적이다. 계열에 따라 교수 대 학생 수, 학급규모, 교수의 연구실적, 시설·설비 등 많은 지표들이 달라질 수 있는 것이 일반적인 현상이다. 그러나 현재는 저서 및 논문발표나 연구비 수혜 실적 등 몇 가지를 제외하고는 대학의 계열구성에 관계없이 동일한 지표와 점수를 산출하기 때문에 계열의 설치 여부에 따라서 총점과 평가결과에 차이를 보일 수 있다는 것이다.

넷째, 평정방식의 문제로 어느 영역에서는 최저 점수를 받더라도 다른 영역에서 높은 점수를 받으면 인정을 받을 수 있는 총합평정방식을 택하고 있다. 총합평정방식은 대학별특성화에 도움이 되지 않을 뿐만 아니라 방해가 될 수도 있다. 이를 보완하기 위하여 항목별 가중치를 주고 있으나 근본적인 해결책이 될 수 없다. 다섯째, 1994년부터 2000년까지 이 제도가 적용된 이래 평가인정을 받지 못한 대학이 없다는 것은 인정의 의미가 무의미하거나 우리나라 모든 대학이 인정을 받을 정도의 수준이라는 것을 의미한다. 즉 인정기준이 지나치게 낮게 설정되었거나, 인정기준에 미흡하다는 자체의 판단에 의하여 대학 스스로 개선노력을 기울였다는 것을 뜻한다. 따라서 인정기준을 재정립할 필요가 있다.

(4) 평가절차와 방법의 문제

대학평가는 일정한 과정과 절차를 통해 이루어지며, 평가가 수행되는 과정과 절차의 합리성은 평가결과와 평가수행 과정에 대한 시비를 최소화하는 역할을 한다. 현재의 대학종합평가는 자체평가, 서면평가, 현지방문평가, 평가인정의 절차를 통해 이루어지고 있다. 대학종합평가는 평가내용에 대한 사전 공지를 통해 대학이 이를 준비하고 자체평가연구보고서를 제출하도록 되어 있다. 이는 평가결과도 중요하지만 그 과정에서 대학 스스로가 자신을 돌아보고 자기신난을 통해 발선의 방향과 들을 바린하도록 하기 위함이다. 그러나 사실상 자체평가연구보고서는 대교협에서 요구하는 형식에만 맞춰서 작성되기 때문에 대학의 외형적 현상만을 기술하기 쉽다. 따라서 대학으로 하여금 자신들의 문제를 종합적이고 분석적으로 들여다 볼 수 있도록 촉구하지는 못했다. 또한 자체평가가 그 효과를 거두기 위해서는 폭넓은 대학구성원의 참여와 협의가 있어야 하는데 현행 대학평가에서는 소수의 보직자 중심으로 자체평가를 실시하는 대학이 많으며, 대학 간의 과다경쟁에 따른 자체평가 보고서의 신뢰성에 의문이 제기될 수 있다. 평가의 신뢰성은 현지방문평가를 통해서 확보될 수 있으나, 현재 그 기간이 너무 짧아 평가를 제대로 하기가 쉽지 않다. 따라서 각 대학이 있는 사실 그대로 정확하게 자체평가하도록 하는 것은 중요한 문제이다.

또한 대학종합평가에서는 현직 교수들만이 현지방문 평가위원으로 참여하고 있다. 대학교수에 의한 동료평가는 대학의 현실을 가장 잘 파악하고 있는 사람에 의해 평가한다는 측면에서 가장 정확한 평가가 이루어질 수 있다는 장점을 지닌다. 그러나 다른 한편 대학교수에 의한 평가는 이해당사자라는 측면에서 주관적인 평가에 치우칠 가능성이 있는 반면에, 외부 인사에 의한 평가가 오히려 객관적일 수 있다. 따라서 평가에 대한 다양한 시각이 개입될 기회가 제공되지 못하여 평가결과의 대외적인 신뢰도에 대한 문제가 제기될 수 있기 때문에 대학교수뿐만 아니라 경제계 인사, 행정가, 학생, 학부모 등 대학교육

관련 인사의 광범위한 참여가 필요하다는 주장도 있다(김병주, 1997). 한편, 대교협은 서면평가와 현지방문평가에 참여한 평가위원들을 대학교수들 중에서 위촉하고 평가위원 워크숍을 통해 평가위원들의 전문성 향상과 시각의 통일성을 기하고 있다. 그러나 대학에 재직하는 교수들로 평가위원을 구성하다보니 학기 중 2주 이상 평가위원으로 활동하기 어려운 점이 있다. 따라서 평가대학 수가 많아지면 평가위원의 수가 늘어나게 되고 평가위원의 질과 평가의 일관성을 유지하기 어렵다. 따라서 현장방문평가를 실시하기 위한 전문가 집단의 확보 방법과, 그들에 대한 교육을 어떻게 실시할 것인가 하는 것도 문제이다.

(5) 결과발표와 활용의 문제

현행의 대학종합평가인정제의 경우 대학이 평가인정을 받을 수 있는 기본 수준을 갖추었는가?라는 평가인정여부에 주안점을 두기 때문에 인정 여부에 따른 평가결과를 공개하되 그 순위는 발표하지 않고 있으며, 사회의 요구에 다소간 부응하기 위해 영역별로 우수한 대학들을 발표하고 있다. 대학평가의 결과를 단순히 인정·불인정으로 발표하는 것은 평가에 대한 긴장감을 떨어 뜨리고, 평가를 위해 노력한 대학의 투자에 도움이 되지 않을 뿐만 아니라 평가인정 제도의 근본취지에도 어긋나는 것이라는 지적을 받아왔다. 또한 평가결과가 공개되지 않고 있기 때문에 기업체나 민간단체의 직·간접적인 지원 자료나 학생 및 학부모들이 대학선택에 필요한 정보자료로도 제대로 활용되지 못하였다는 것이 문제로 지적되고 있다.

또한 대학평가결과를 공개할 경우 공개의 수준도 문제시되고 있다. 즉 합격·불합격·조건부 합격의 여부만을 공개할 것인지, 아니면 합격여부와 함께 평가영역별 인정여부만을 공개할 것인지, 아니면 이 모두와 함께 종합점수와 순위를 공개할 것이냐의 문제이다. 순위나 점수를 공개하기보다는 합격 판정을 받은 대학들을 다시 가·나·다로 판정하고, 그 판정결과를 공개할 것을 주장하는 견해도 있고, 현재에도 서열화되어 있는 대학순위를 고착화할 우려가 있기 때문에 비공개를 원칙으로 할 것을 주장하기도 한다. 비공개 주장은 주로 영세규모의 대학을 중심으로 제기되고 있다. 대규모 대학들은 평가인정제의 실시를 대학의 자기 성장 계기로 삼아야 한다고 보면서 찬성하는 반면, 영세규모의 대학들은 대학평가인정은 일류대학과 삼류대학을 확인하는 결과밖에 초래하지 않을 것이며, 결국에는 영세규모 대학의 발전을 가져오기보다는 대규모 대학의 홍보 역할밖에 할 수 없을 것이라는 우려에서 반대하는 입장을 취하고 있는 것이다. 그러나 대체로 일반인이나 언론은 종합평가의 결과에 따라 모든 대학에 등위를 매겨서 발표해 주기를 바라고 있다. 하지만 우리나라 사회 상황에서 그러한 순위 매김을 한다면 대학 사회에 큰 혼란이 야기됨은 물론 대학평가인정제도 자체의 존속마저 어렵게 될 수 있다(김병주, 1997). 따라서 평가인정제의 충격과 부작용을 최소화시킬 수 있는 방안은 무엇이며, 어떻게 대학 구성원이나 사회인들이 대학종합평가인정제에 대해 합리적인 태도를 갖게 할 것인가가 문제이다.

한편, 대학종합평가인정제의 근본취지는 대학의 질적 수준을 향상시키고 대학교육의 수월성과 책무성에 대한 사회적 인정을 받는 데 있는 것이지, 그 결과에 따른 차등적인 행·재정적 지원과 연계되어야 하는 것은 아니라는 주장이 많다(구병림, 1996). 그러나 일부 학자들은 우수하다고 판정된 대학에 대해서는 자율성 부여의 폭을 확대하고, 연구비와 장학금을 우선적으로 배정하는 등 차등 지원할 필요가 있다고 주장하는 반면, 오히려 부실한 대학에 우선 지원함으로써 균형 있는 발전을 도모해야 한다는 주장도 제기된다. 또 대학의 균형 있는 발전이 곧 모든 대학을 균등한 수준으로 유지하는 것이 아니기 때문에 우수하다고 판정된 대학에 대해서 질적인 발전을 도모할 수 있는 혜택이 주어져야 한다는 주장도 있다(김병주, 1997). 교육부의 평가는 재정의 차등지원과 연계되어 있어 일선 대학에서는 교육부의 평가를 더욱 영향력 있는 평가로 여기고 재정지원과 연계되지 않은 평가에 대해서는 그 가치를 적게 여기는 것 또한 문제로 지적할 수 있다. 따라서 대학종합평가의 활용방안을 재정립할 필요가 있다.

Ⅲ. 대학평가제도의 발전과정과 외국의 대학평가제도

이 장에서는 우리나라 대학평가제도의 발전과정을 먼저 고찰한 다음, 외국의 대학평가제도를 논의하고자 한다.

1. 우리나라 대학평가제도의 발전과정

우리나라의 대학평가는 여러 단계를 거쳐서 발전하여 왔으며, 대학평가의 발전단계를 구분하는 기준은 학자에 따라서 다소 차이가 있다. 발전단계를 구분하고 있는 준거를 분석해 보면, 교육과 관련된 정책의 변화, 연대별, 그리고 평가담당기관 또는 평가주체로 구분하고 있다. 교육과 관련된 정책의 변화를 기준으로 대학평가를 실험대학 사업 이전의 평가, 실험대학 사업 추진과정의 평가, 그리고 7·30 교육개혁 조치 이후의 평가로 구분하고 있는 경우와(이종재, 1985), 연대를 기준으로 하여 1960년대 이전의 평가, 1970년대 평가, 1980년대 평가, 1990년대 평가로 구분한 경우도 있으며(이성호 외, 1985; 강우철, 1984; 박종렬, 1986; 주삼환 외, 1989; 대교협, 1989; 이화국, 1993; 홍성훈, 1996), 그리고 평가담당기관 혹은 평가주체를 기준으로 구분한 연구도 있다(정희천, 1986; 황정규 외, 1987; 윤정일 외, 1991; 이형행 외, 1995; 권기욱, 1995). 평가담당기관 혹은 평가주체를 기준으로 하여 관전담형 평가시기(1945-1971), 관·학 협동 평가시기(1972-1981), 자율형 평가시기(1982-현재)로 구분한 경우와 이를 4단계로 구분하여 자유방임기(1945 -1960), 강경(强硬)통제기(1961-1971), 통제·육성의 병행 개혁기(실험대학기, 1972-1981), 자율모색기(1982-현재)로 구분하기도 하였으며, 자유방임적 대학정책과 대학팽창기(1945-1955), 관련법규 정비를 통한 양적 관리기(1955-1972), 실험대학

운영을 통한 관주도 평가기(1972-1981), 대학 간 협의체를 통한 대학평가기 (1982-1991), 대학평가인정 제도화를 통한 자율 평가기(1992년 이후)와 같이 5단계로까지 구분하기도 하였다(이형행, 1995). 본 연구에서는 이러한 연구들을 종합·분석하여, 해방 후 대학종합평가의 변천과정을 평가주체를 기준으로 하여 정부주도 평가기(1945-1971), 정부 대학 협동 평가기(1972-1981), 대학자율 평가기 (1982-1992), 그리고 대학평가의 다양화기(1994-2000)로 나누어 고찰한다. 다음 〈표 Ⅲ-1〉는 평가주체에 따른 우리나라 대학평가제도의 발달과정을 나타낸 것이다(오성삼 외, 1998; 이호섭, 1998).

(1) 정부주도 평가기(1945-1971)

해방 이후 대학을 대상으로 최초로 실시된 평가는 1952년 유네스코-운크라 파한교육계획사절단(UNESCO-UNKRA Educational Planning Mission to Korea)에 의해 이루어졌으며, 그 후 중앙교육연구소에서 1964년 농업교육, 1967년에는 공업 및 수산 교육 분야에 대한 평가를 실시하였다.

1970년대 이전의 대학평가는 문교부가 대학에 대한 행정적 지휘감독권을 행사하는 과정의 일환으로 실시되었는데 그 평가주체는 정부였다. 정부는 대학에 대한 행정감사나 대학의 인허가를 통제하기 위해 평가대상 기관인 대학의 의사와는 무관하게 평가를 실시하였다. 평가내용은 문제중심의 제한된 범위에 한정되었으며, 교육관계법규와 문교부의 행정지시 준수여부나 대학운영에서 비위(非違)사항의 적발을 중심으로 하는 징계적 성격이 강했다. 평가결과의 활용도 문제치유중심의 제한성을 가졌다. 평가대상도 문교부 관료들의 분석적 판단 또는 여론에 크게 좌우되어 문교부가 선별적으로 결정하였으며, 따라서 평가대상 대학은 수동적이고 소극적인 자세를 취하였다. 이때의 대학평가의 평가대상 기관으로서는 일부 사립대학이 자주 선정되었는데, 이들은 1950년대 중반 이후 급격히 팽창하여 심지어는 기업화되었다고 하는 비난을 받을 만큼 학사운영 및 재정 관리상의 문제를 야기하였던 대학들이었다.

〈표 Ⅲ-1〉 대학평가의 변천사

구 분	실시기간	평가시행주체	평가종류
정부주도 1945-1971	전반기: 1945-1948	미군정	
	중반기: 1948-1960	문교부	문제중심
	후반기: 1961-1971	문교부 (중앙교육연구소)	농업교육, 공업 및 수산교육에 대한 평가
정부대학 협동	1971-1981	정부대학협동 (실험대학평가위원회)	실험대학제도 도입에 따른 평가
대학자율 1982-1993	전반기: 1982-1985	대교협	제1주기 대학기관평가
	후반기: 1988-1992		제1주기 대학종합평가
	1992		학과평가인정제 실시 (10년 1주기, 1988년 미실시)
다양화 1994-2000	1994	교육부	국·사립대학 자구노력 지원 평가사업 (일반지원사업, 1994년부터 실시)
			공과대학 중점지원 사업 (특수목적 지원사업, 1998년까지 실시)
		대교협	대학종합평가인정제 실시 (1994년부터 2000년까지 제1주기)
		중앙일보	중앙일보 대학평가(학과평가병행)
	1995	교육부	이공계 대학연구소 기자재 첨단화 지원사업 (특수목적 지원사업, 1997, 1998년도에도 실시)
		한국전문대학교육협의회	전문대학 기관평가(1998년까지 실시)
		중앙일보	학과평가실기(1995년부터 계속 실시)
	1996	교육부	공·사립대학 시설·설비 확충지원 평가사업 (일반지원사업, 1997년에도 실시)
		동아일보	교육개혁추진 우수대학 지원 사업 (특수목적 지원사업, 1996년 이후 계속 실시)
	1997	교육부	대학원 중점 지원 사업 (특수목적 지원 사업, 1999년까지 실시)
	1998	교육부	국제 전문인력 양성 사업 (특수목적 지원사업)
			대학 정보화 평가(1996, 1997년 실시)
			지방대학특성화사업 (특수목적 지원사업, 2001년도까지 실시 예정)
	1999	의과대학인정평가위원회	사범대학평가
		교육부	국립대학 경영진단 평가
			산업대학특성화사업 (특수목적 지원사업, 2002년도까지 실시 예정)
	2000	교육부	신설의과대학(8개)

출처: 이호섭, 1998, 재구성.

따라서 이러한 평가는 대학의 양적 팽창을 통제하는 데 기여하였으나, 대학행정은 형식적 요건만 갖추면 된다는 식의 요식(要式)행위가 만연하게 되어 대학운영의 획일성·경직성을 유발하였다. 대학의 인가, 학과증설의 허가, 그리고 정원 책정의 과정에서 허가중심의 대학평가는 대학의 무분별한 양적인 팽창을 억제하고 지역 간에 균형 있는 대학교육의 발전을 유도하는 데는 기여하였으나 단기 일회적인 사건 중심의 대학평가의 과정에서 대학발전을 장기적 구상 아래 추진하기는 곤란하였고, 대학평가는 결과적으로 형식적 요건만의 충족을 시도하는 대학운영 형태를 조장하였다. 따라서 실험대학사업 이전의 대학평가사업은 대학에 대한 양적 팽창의 통제와 적어도 정부가 중요하게 고려하는 기준에 대해서는 형식적으로라도 그 요건에 부응하려는 자세를 유도하였다 하겠다.

(2) 정부와 대학협동 평가기(1972-1981)

1972년 실험대학 평가위원회가 실험대학(pilot college)을 선정하기 위해 실시한 평가는 우리나라에서 근대적인 의미의 대학평가를 실시하게 되는 계기가 되었다. 1972년에 최초로 시작한 「실험대학 선정 평가」에 뒤이어서 1973년에는 「실험대학 운영 평가」를 실시하게 되었고, 이러한 두 가지 평가는 1980년까지 지속되었다.

1973년부터 도입된 실험대학제도는 대학평가인정제의 특성을 지닌 대학평가에 의해서 자율적 역량을 갖추어진 대학을 선정해 대학운영의 부분적인 자율성을 부여하기 위한 제도이다. 1970년대 대학평가에서 문교부는 종래의 관료주도에서 벗어나 대학의 각 분야의 전문교수들로써 평가위원회를 구성하여 평가를 실시하였다. 즉 평가의 모든 계획수립과 행정적 지원은 정부가 주도하되, 실제 평가과정은 전문가에게 의존하는 관-학 협동의 평가체제가 수립된 것이다. 이는 평가의 전문성을 인정하였다는 점에서 매우 중요한 의미를 갖는 정책적 변화라 할 수 있다.

관학협동의 평가체제가 수립됨에 따라 실험대학으로 인정받기를 원하는 각 대학(교)의 적극적인 참여가 있었다. 당시의 대학평가는 개별대학의 개혁을 독려하기 위한 평가이며, 평가내용도 실험대학사업에 대한 실천여부를 평가하였고, 획일적인 평가내용 및 기준을 적용함으로써, 대학의 발전을 가져

오고자 하였던 개혁 확산 중심의 제한적 평가였다. 평가절차는 교육부가 대학으로부터 신청서를 받은 후 각 대학교수들을 중심으로 위원회(운영평가위원회)를 구성하여 서면평가한 후 현지방문평가위원단을 구성하여 현지대학을 방문하여 보고서와의 일치여부를 중심으로 평가한 후 이들을 종합 평가하여 교육부에 보고하도록 하였다. 또한 평가결과에 따라 우수 실험대학을 선정하여 재정지원을 해 줌으로써 적극적인 참여를 유도하기도 했다.

　이러한 대학평가와는 별도로 1977년에는「대학원 평가」를 실시하였는데 절차는 실험대학평가와 비슷했다. 이때 87개 대학원(41개 특수대학원 포함)이 평가를 받았는데 이것은 지난 1947년 대학원 설치 이후 "대학원 규정(1953)" 등의 단편적 질 관리 방법으로부터 종합적인 평가를 통한 질 관리로의 전환을 의미한 것으로 평가된다. 1978년부터 공학계, 경영학계, 사범계, 어학계, 약학계, 어문학계, 사회과학계(경상계 제외), 농림학계에 걸쳐 학문영역별 대학평가가 실시되었는데, 그 절차는 실험대학평가와 유사했다. 평가의 척도는 교육방침의 지도성, 교육과정, 교원, 학생, 교육방법, 재정 및 시설, 행정일반 등에 관한 것이었다. 그리고 교육부장관 자문기구로서 전문대학평가위원회가 구성되어 전문대학 설치기준령(1978년 7월 4일 공포)에 의해 전국 전문학교(112개)를 대상으로 전문대학인가를 위한 평가를 실시하였고(111개교가 전문대학으로 승격되고, 1개교는 종합대학화), 이어서 1979년에는 전문대학으로 개편된 대학(111개교)과 초급대학(4개교), 그리고 신설 전문대학(12개교) 등 총 127개 전문대학에 대하여 전문대학 운영평가를 실시함으로써 단기 고등교육기관에까지 확대되었다. 이 전문대학 평가는 교육부 차관을 평가위원장으로 했고 평가결과 보고서는 교육부가 직접 작성했다. 그 평가절차는 실험대학 평가와 대동소이한 것이었다.

　1970년대의 실험대학 운영을 통한 대학평가는 문제점의 진단과 자기개혁보다는 제시된 개혁안을 일괄적으로 적용하고자 하는 방식이었으나, 미국의 평가인정제를 원용했던 결과 이는 1980년대 대학평가의 방향에 지대한 영향을 미친 것으로 평가된다. 1981년에 와서는 실험대학에 대한 평가뿐만 아니

라 전국의 모든 대학을 대상으로 대학의 운영실태를 평가함으로써 대학평가
가 일반화되는 계기가 되었다. 이때 전국의 대학을 대상으로 한 평가는 「대
학운영 종합평가」로 칭하였고, 평가의 목적과 방법상에 다소의 변화가 있었
다. 즉 실험대학 선정평가와 실험대학 운영평가는 대학이 작성하여 제출하는
보고서를 기초로 서면평가를 실시하고 평가위원이 현지방문평가를 실시하여
두 가지 결과를 토대로 종합보고서를 작성하여 교육부에 제출하였으나 대학
운영 종합평가는 대학이 작성 제출하는 자료에 기초한 서면평가만을 실시하
였다. 그 외에 1977년의 단기 고등교육기관의 개편과 1979년의 전문대학 발
족도 획기적 사실이었음을 지적할 수 있다.

(3) 대학자율 평가기(1982-1992)

이 시기는 대교협이 대학에 대한 평가업무를 교육부로부터 이관 받아 평
가를 실시한 때로부터 대학평가인정제도를 도입하기 전까지의 기간이다. 대
학평가는 1980년대 접어들면서 단행된 일대의 교육개혁 조치(1980년 7.30 교
육개혁)와 우리나라 최초의 대학 간 협의체인 대교협이 1982년 설립됨에 따
라 정부주도 대학평가가 자율적 평가로 전환되었다.

대교협은 1982년 10월 8일 정부로부터 사단법인으로 설립인가를 받았고, 이
어서 1984년 4월 10일에는 국회에서 의결된 "한국대학교육협의회법"이 제정·
공포되어 특수법인으로 법인격을 갖추게 되었다. 대교협은 법률 제3727호 제18
조 「한국대학교육협의회는 대학교육과 대학행정의 발전을 위하여 그에 필요한
자료를 확보하고 주기적으로 대학의 학사 및 운영 전반에 관한 평가를 실시하
여야 하고, 평가의 결과는 지체 없이 교육부 장관에게 제출하여야 한다」라는
법적 근거에 기초하여 1982년 발족 당시부터 대학평가를 실시해 왔다. 대교협
에서는 교육부가 위탁한 평가계획의 수립은 물론 평가자의 구성, 평가기준의
선정, 평가업무의 집행 및 보고서의 작성 등 대학평가의 제반 활동을 수행하였
다. 대학평가의 결과를 교육부에 보고하여 대학행정 및 교육계획 입안에 활용

한다는 점에서 관·학 협동 평가시기와 유사하다고 할 수는 있으나, 종래의 관 주도 또는 관 개입의 소지가 어느 정도 배제되고 평가활동 전반에서 자율성이 확립되었다는 점에서 그 의의와 특징을 찾을 수 있게 된 것이다.

대교협은 대학 전반적 운영실태를 점검하는 5년 주기의 대학기관평가 (1991년부터 기관평가는 종합평가로 명칭이 바뀌었음)와 학문영역평가를 2 개 주기(제1주기: 1982-1986, 제2주기: 1987-1992)에 걸쳐 실시하였다. 대교 협에서는 평가위원을 대학교수로 구성하여 평가기준을 개발하고, 각 대학이 자체평가연구를 통하여 작성한 보고서를 바탕으로 서면 및 방문평가를 실시 하였다. 또한 대학인에 의한 자율적 평가로 대학운영체계를 자체 점검토록 하고 동료 교수의 전문적 진단을 받아 보도록 하는 장학적 평가의 성격이 강했으나, 평가결과가 대학에 대한 정부의 행·재정적 지원 자료로는 활용되 지 않았다. 평가는 5년 주기로 평가에 2년, 평가결과에 의한 개선노력 기간 3년을 적용하였다(주삼환, 1988; 주삼환 외, 1989).

1982년부터 시작된 장학적 의미의 대학 자율평가 이후 고등교육 분야의 주된 경향이 '질적 관리'에 중점을 두게 됨에 따라 1991년 10월 교육부는 대 교협의 연구결과를 바탕으로 우선 그 동안 시행되어 온 학과평가를 1992년 부터 학과(계열)평가인정제(area and departmental accreditation system)로 전환시키고, 1994년부터는 대학기관평가도 대학종합평가인정제(institutional accreditation system)로 전환하여 실시하고 있다. 대학평가인정제는 대학이 나 학과의 질적 수준을 체계적으로 평가하여 그 결과를 사회에 공표함으로 써 그에 관한 사회적 인정을 받게 하는 제도이기 때문에 각 대학들이 자구 적 발전 노력을 도모하는 기제가 되었다(이현청, 1997).

(4) 대학평가의 다양화기(1994-2000)

1994년 이후 우리나라의 대학평가는 교육부, 한국대학교육협의회, 그리고 언론사(중앙일보) 등 다양한 평가주체에 의해 이루어지고 있다.

①교육부의 대학평가

교육부는 법적으로 대학 평가권을 대교협에 이관했음에도 불구하고, 1994
년부터 대학의 기본적인 교육여건 및 시설 등에 대해 평가하는 일반지원사
업과 특정학문 분야나 교육프로그램에 대해 평가하는 특수목적사업으로 구
분하여 각종 대학평가를 하기 시작하였다.

교육부의 평가는 대학의 수행점검과 통제 및 홍보를 위해 실시되며, 교육
부의 정책적 의사결정을 위한 보조역할과 행정적 기능을 담당한다. 따라서
평가대상 기관 간의 차이를 분명히 할 수 있는 변별력이 중요하게 고려되어
야 하며, 상대평가기준을 적용하고 있다. 일반지원사업의 평가는 매년 전 대
학을 대상으로 실시되고 특수목적 사업의 경우에는 재정지원 기간 동안 해
당 분야나 프로그램이 설치된 전 대학 또는 해당 대학들 중 희망, 지원하는
경우에 한하여 실시된다. 평가절차와 방법은 평가사업별로 다양한데 대부분
의 평가는 교육부가 평가지침을 대학에 제시하고 대학으로부터 지원서와 자
료를 받고 위원회를 구성하여 서류심사, 현지방문 확인하는 형식을 취하였
다. 평가자는 대학 및 사회 각 분야의 대표자, 전문가들로 구성된다. 일반지
원사업의 경우에는 투입, 과정, 산출 중 투입 분야에 대한 비중이 높으나 특
수목적사업은 과정분야를 상대적으로 강조하고 있다. 일반지원사업의 평가는
주로 정량적 지표와 기준만을 적용했으나 특수목적지원사업이 다양하게 추
진되면서 정성적인 항목과 지표, 기준들이 도입되고 있다. 평가결과는 행·
재정적 차등 지원을 위한 의사결정자료로 활용되며, 평가결과 순위발표는 관
련 사업의 재정지원결과 등과 연계되어 부분적, 간접적으로 발표된다.

교육부의 대학재정지원 사업은 1999년 현재 일반지원 5개 사업과 특수목
적 사업 16개 사업으로 총 21개 사업이 이루어지고 있으며(교육부, 1999),
이에 대해 제기되는 문제는 다음과 같다(황정규, 2000). 첫째, 평가준비에 따
른 대학의 과중한 업무부담, 둘째, 대학의 획일화와 특성화 발전 저해, 셋째,
교육여건 중심과 양적 지표 위주의 평가, 넷째, 학생중심교육의 과정과 성과

지표 빈약, 다섯째, 재정운영의 효율성을 평가하는 지표 부족 등이다.

② 언론사의 대학순위평가

국내에서 실시되고 있는 언론사의 대학평가로는 중앙일보의 대학종합평가 (학과평가 포함)와 동아일보의 대학정보화평가가 대표적인 예이다. 대학순위 평가는 학생의 장래를 결정해 줄 대학을 선택함에 있어서, 대학 및 학과(부) 들의 비교우위에 관한 가능한 정보를 교육수요자에게 제공하고자 하는 데 일차적인 목적이 있다. 따라서 대학을 선택함에 있어서 대학에 관한 정보를 올바로 알 수 있도록 해 주며, 안내역할을 할 수 있도록 하는 데 대학순위평 정은 유용한 기능을 한다. 중앙일보의 대학평가는 1994년 대학별 종합부문 평가를 실시한 이래, 1995년에는 학과부문의 평가를 병행하여 실시해 오고 있다. 상대평가기준을 적용하고 있으며, 전국 4년제 고등교육기관을 대상으 로 실시되나 특수목적대학(교육대, 산업대 등)은 제외된다. 기업평판도, 명성 도, 학생 만족도 등 주관적 가치를 중시하며 기업의 인사담당자, 학생 등 교 육수요자의 의견을 분석, 반영하고 있다. 대학 개혁도를 큰 배점으로 평가항 목에 추가하여 전산망 설치 등 학생정보화, 타 대학과의 교류 등 대외개방 도, 그리고 교육부 대학개혁평가결과를 포함한 평가를 실시하고 있다. 순위 점수 환산제 등 U.S. News & World Report가 사용한 방식을 많이 활용한 다. 이와 같이 중앙일보의 대학평가는 재정·경영 및 도서관, 교수, 연구 등 대학교육의 투입요소뿐만 아니라 인성, 품성, 선호도, 직무수행능력 및 발전 가능성 등 사회 평판도에 대한 점수가 배당되어 교육 수요자를 중요시하고 있다. 평가방법은 대학이 제출한 자료를 바탕으로 항목별 순위를 매기고 순 위에 따른 점수를 부여하여 가중치를 부여한 총점을 산출한다. 평가결과는 30위까지 순위별 대학명단을 총점, 영역별 등으로 발표하고 있다.

언론사의 대학순위평가는 엄격한 의미에서 평가라고 할 수 없다는 주장도 있으나(주삼환, 2000), 우리나라에서는 언론사라는 위력 때문에 그 영향력을 무시할 수 없는 실정이다. 언론사의 대학순위평가에 대해 제기되는 문제점은 다음과 같다(황정규, 2000). 첫째, 평가논리와 준거의 타당성 문제, 둘째, 순위의 허구성과 신화문제, 셋째, 임의적기준설정과 가중치의 비중 문제, 넷째, 대학의 획일화 조장 문제 등이다.

③ 대교협의 대학평가인정제

대학평가인정제도는 대학의 질적 수준을 체계적으로 평가하여 그 결과를 사회에 공표함으로써, 그에 관한 사회적 인정을 얻게 하는 제도로 대학의 운영 전반을 분석·평가함으로써 대학교육의 수월성을 추구하고 대학의 책무성을 향상시키는 것을 기본목적으로 한다. 현재 대학교육협의회가 주관하여 실시하고 있는 대학평가인정제도는 1992년도부터 시행되고 있는 학과(학문계열)평가인정제와 1994년부터 실시되고 있는 대학종합평가인정제로 구분되어 진다.

대학종합평가인정제는 전국 4년제 대학을 대상으로 학부에 대한 평가는 교육, 연구, 사회봉사, 교수, 시설·설비, 재정·경영의 6개 영역에 대하여 평가하고 있으며, 대학원은 교육과정, 수업 및 논문지도, 교수, 시설·설비, 재정·경영의 5개 영역에 대하여 평가하고 있다. 학과(학문계열)평가인정제는 대학의 개별 학과의 교육 및 연구활동의 여건과 상태를 평가하여, 그 결과를 해당학과의 발전을 위한 기초 자료로 활용하는 데 목적이 있다. 학과(부)평가는 대학수가 10개교 이상으로서 대학원이 개설되고 졸업생이 배출된 학과를 대상으로 대학목표, 교육과정, 학생, 교수, 시설·설비, 행·재정의 6개 영역에 대해 평가하고, 평가에 소요되는 재정은 교육부의 국고지원을 통해 확보된다. 평가와 관련된 제반 의사결정은 대학, 교육부 관계자 등이 참여하는 병설독립기구인 대학평가인정위원회와 기획위원회의 심의와 의결을 거치게 된다. 평가절차와 방법은 대교협이 회원대학으로부터 평가신청을 받아 해당연도 평가대학을 정하고, 이들 대학에 대교협이 개발한 대학종합평가기준과 편람을 제시한다. 그 다음 대학은 대학자체평가 연구를 하고 그 보고서를 대교협에 제출하고, 대교협은 대학평가위원회를 구성하여 서면평가와 현지방문 평가를 실시하여 그 결과를 대학평가인정위원회에 제출한다. 대학평가인정위원회는 평가결과에 따른 인정여부를 결정하고, 그 결과를 교육부에 제출한다. 평가인정결과 인정이 안 된 경우, 해당 대학은 재심을 요구할 수 있고 이 경우 재심위원회가 구성되어 재심을 하게 된다. 평가결과는 평가인정의 판단 근거가 되며 대학발전을 위한 자료로 활용될 수 있다.

(5) 대학평가제도의 평가체제 변화

해방 이후 우리나라의 대학평가제도를 10년 기간 단위로 설정하여, 1950년대, 1960년대, 1970년대, 1980년대, 1990년대의 대학평가체제를 비교해 보면 〈표 Ⅲ-2〉과 같이 나타낼 수 있다. 우리나라 대학평가제도의 평가주체는 교육부가 주관하던 것이 평가주도는 정부가 하고 실제 평가는 실험대학평가위원회가 하는 관학 협동에 의해 이루어졌으며, 그 이후 대교협에서 실시하고 있으며, 1990년대 중반 이후에는 교육부, 언론사 등이 대학평가를 실시하고 있다. 평가목적은 대학의 양적 팽창을 억제하기 위한 평가에서 대학운영에 있어서 자율성을 부여하기 위한 평가로 전환되었다가 1980년대 접어들면서 대학교육의 발전이나 대학운영의자주성 향상을 위해 평가하게 되었다. 그리고 1990년대에는 교육부는 교육경쟁력을 제고하기 위한 목적으로, 대교협은 대학의 여건과 질적 수준향상을 위한 목적으로, 그리고 언론사는 수요자에 대한 정보제공을 목적으로 평가를 수행하고 있다. 평가기준은 1950년대에는 대학설치에 대한 양적, 외형적 기준을 평가하였고, 1960년대에는 실험대학사업에 대한 실천여부를 평가하였으며 1980년대에는 대학기관, 학문영역, 대학원에 대한 평가를 하였다. 그리고 1990년대 들어서 교육부는 대학개혁추진평가, 지방대학특성화사업평가, 사범대학평가, 교육대학원 평가 등을 실시하였고, 대교협은 대학종합평가와 학문계열평가를 실시하고 있으며, 언론사 또한 대학기관평가와 학과평가를 하고 있다. 평가방법은 1950년대는 규정에 의한 평가였으며, 1960년대는 행정감사를 통해 이루어졌으며, 1970년대는 해당 대학의 제출 보고서를 검토하고 현지방문 평가하였으며, 1980년대는 서면평가, 현지방문평가를 통해 이루어졌다. 1990년대 접어들면서 교육부는 평가사업별로 다양한 방법으로 평가하였고, 대교협은 자체평가. 서면평가, 현지방문평가를 통해 평가하고 있으며, 언론사는 자체평가해당 대학의 제출보고서 검토와 설문조사에 의해서 평가하고 있다. 그리고 평가결과의 활용은 1950년대는 대학을 정비하는 데 활용되었으며, 1960년대는 대학에 대한 국가관리차원에서 활용되었고, 1970년대는 개별대학의 개혁을 위한 자료로 활용되었다. 1980년대는 대학발전계획 수립에 기초 자료로 활용되었으며, 1990년대 들어서 교육부는 행·재정적 지원의 근거로 활용하고 있으며, 대교협은 사회적 인정과 대학발전을 위한 자료로 활용하고, 언론사는 수요자에 대한 정보를 제공하는 데 평가결과를 활용하고 있다.

〈표 Ⅲ-2〉 대학평가체제의 변화

연 대	평가주체	평가목적	평가내용	평가방법	평가결과의 활용
1950년대	교육부	-대학의 양적 팽창 억제 -대학교육의 질 관리	-대학설치에 대한 양적, 외형적 기준	-규정작업	-대학정비
1960년대	교육부	-대학교육의 질 향상 -대학운영의 정상화	-관련학사의 운영, 회계 및 재정 -교육부 행정지시 및 관련법규 준수여부	-행정감사 중심	-고등교육에 대한 국가관리
1970년대	관학협동	-대학교육의 질 향상과 유지 -대학운영에 대한 자율성 부여	-실험대학사업에 대한 실천여부	-해당 대학의 제출 보고서 검토 -현지방문	-대학발전계획 수립의 기초 자료개별대학의 개혁을 독려
1980년대	대교협	-대학교육의 발전 -대학운영의 자주성 향상	-대학기관 -학문영역 -대학원	-서면평가 -현지방문 평가	-대학에 대한 행·재정적 지원 자료로 활용되지 않음 -대학의 자체평가능력을 제고
1990년대	교육부	-수행점검 및 통제 -교육경쟁력 제고	-대학개혁추진평가 -지방대학특성화사업평가 -사범대학평가 -교육대학원 평가 등	-평가사업별로 다양	-행·재정적 지원의 근거 -교육수요자들에게 대학에 대한 정보제공
1990년대	대교협	-대학의 여건과 질적 수준 향상	-대학종합평가 -학문계열평가	-자체평가 -서면평가 -현지방문 평가	-사회적 공인, 인정 -대학발전을 위한 자료로 활용
1990년대	언론사	-수행점검 및 통제 -홍보	-재정·경영, 도서관, 교수, 연구 등 대학교육의 투입요소 -인성, 품성, 선호도, 직무수행능력 및 발전 가능성 등 사회평판도	-해당 대학의 제출보고서 검토 -설문조사	-수요자에 대한 정보제공(대학별 순위) -대학 간 선의의 경쟁 유도

2. 외국의 대학평가제도

대학교육이 국가경쟁력을 결정하는 가장 중요한 요소로 인식되면서 세계 각국에서는 대학의 질 관리를 위한 수단으로 대학에 대한 평가, 평가인정 활동을 강화하고 있다. 각국에서 실시하고 있는 대학평가의 형태는 다양하다. 따라서 외국의 다양한 고등교육 기관평가를 비교·분석을 통해서 국가별 평가체제의 근본 논리를 이해할 수 있다. 본 절에서는 대학 자율화를 강조하는 미국, 대학재정의 상당부분을 지원하는 영국, 두 가지 특성이 병존하는 일본의 대학평가제도에 대해 고찰하고, 마지막으로 우리나라의 대학종합평가인정제와 비교·분석한다.

1) 미국의 대학평가제도

미국에서는 중등교육 이후의 모든 유형과 수준의 고등교육에 대하여 대학평가인정제도를 실시하고 있으며(이성호, 1983), 이 제도는 20세기 초에 개발되기 시작하여 20세기 중반에 현행 제도로 정착되었다. 대학교육의 질을 개선하고 사회에 대한 대학의 책무성을 보장할 목적으로 개발된 대학평가인정제는 정부 혹은 사회의 직접적 통제를 지양하고 대학의 자율성을 보장하는 제도로 정착되어 왔다.

(1) 평가주체

미국 대학평가주체는 대학(기관)평가이든 학문 분야 평가이든 원칙적으로 비정부기관으로서의 독립된 자율적 정체성을 가지고 있다. 그러나 정부의 보조금 지원과 공무원 시험 등에 있어 대학의 평가인정과 평가인정된 특정 프로그램의 이수가 요구되고 있어, 실질적으로는 완전히 독립적인 비정부기관이 아닌 준정부기관으로 이해되고 있다(정진위, 2000). 미국은 지역별 평가인정기관 및 분야별 평가인정기구 등 평가인정사업을 실시하는 기구나 조직이 수적으로나 질적으로 매우 다양하다. 대학평가기관으로서 6개의 지역협의회가 있으며, 영리적 비학위 수여기관과 신학, 경영학, 원격교육 등의 분야에 대한 평가를 위해서 8개의 전국평가인정기구가 존재한다. 또한 학문 분야 평가기관으로서는 약 70개의 평가기관이 활동하고 있는 실정이다.

미국의 평가기관은 비정부기관으로서 정부정책의 영향력에서 벗어나 자율성을 바탕으로 공정성과 객관성을 유지할 수 있으며, 또한 지역·분야 별로 다양화하고 전문화된 많은 평가기관이 존재함으로써 실무적 현실성을 바탕으로 사회·경제적 시대 상황이 요구하는 구체적 평가업무의 역할을 다할 수 있다. 다양화되고 전문화된 평가기관의 인정기구이자 통합기구로서 CHEA라는 전국 규모의 기구가 존재하여, 평가내용(기준)과 방법을 규제, 조정함으로써 평가기관이 가질 수 있는 자율성의 남용과 부작용이 방지되어, 결국 미국 평가체제의 발전이 이루어지고 있다. 또한 미국에서는 평가받는 대학의 자발적인 신청, 참여로 이루어지는 관계로 평가비용은 신청대학에서 부담하고 있다. 그러나 이러한 평가비용의 부담은 자발적인 신청, 참여의 대학당국의 자체 필요성에 기인함으로써 평가결과에는 영향을 미치지 않는다.

(2) 평가목적

미국의 대학평가인정제도의 기본적인 목적은 네 가지로 나누어 볼 수 있다(이성호, 1983). 첫째, 고등교육의 최저 질적 수준을 설정하여 그것을 계속 유지하고 높여 나가는 데 있다. 고등교육의 범국가적인 기준과 교육의 효율성 평가지침을 개발하여 최대한으로 교육적 탁월성과 효율성을 신장하고자 하는 데 목적이 있다. 둘째, 각 고등교육기관으로 하여금 자신의 교육목적과 목표, 교육프로그램의 편성과 시행, 교육효과의 성취 등을 자체적으로 연속 연구 검토하도록 촉진함으로써 자율적 개선을 도모하는 데 또 다른 목적이 있다. 셋째, 대학평가인정제도는 부당한 내적·외적 압력으로부터 고등교육기관을 보호할 뿐 아니라 질적으로 부실한 고등교육기관들의 잠식으로 인하여 피해를 받게 되는 질적으로 우수한 고등교육기관을 보호해 주는 방벽으로서의 목적을 갖고 있다. 넷째, 학생은 물론 학부모나 공공대중으로부터 그 고등교육기관의 교육의 질에 대한 신뢰와 지원을 계속 받을 수 있도록 도와주는 데 그 목적이 있다.

(3) 평가기준

미국의 각 평가인정협의회는 대학교육의 질을 향상시키고 보장하기 위한 평가기준을 개발하였다. 이 기준에는 대학헌장, 입학기준, 교양교육 등의 기본 인정기준과 대학의 설립 목적, 교육목표, 행정직원의 책무, 재정, 교수의 급료, 교수의 수업과 연구부담, 학생 수, 시설 및 발전계획과 같은 평가인정 기준이 포함되어 있다(MSA, 1995; NCA, 1994).

20세기 초의 평가인정기준은 도서관의 장서 수, 기부금 액수, 교수 수와 교수의 학위 소지율과 같이 매우 구체적이고 정량적이었다. 그러나 1934년부터 미국 중북부지역 평가인정기구(North Central Association: NCA)가 각 대학이 제시한 목적과 이 목적의 달성 가능성을 정성적으로 판단하는 질적 표준을 채택한 것을 기점으로 하여 정성적으로 바뀌어왔다. 이러한 평가기준의 변화는 다양화되는 미국 고등교육기관의 유형을 수용하고 지원할 수 있는 융통성을 증가시켜 주었다. 최근에는 교육에 대한 투입요인보다 산출요인에 대한 강조가 이루어지고 있다. 이에 따라 도서관의 장서 수보다는 데이터 베이스의 이용자 수, 또 교수의 학력이나 교수 수보다는 학생의 학업성취도를 강조하는 방향으로 변화하고 있다(Crow, 1994; 강경석, 이화국, 1998).

(4) 평가 절차

미국의 대학평가인정제도는 ① 평가인정기구의 평가기준 개발, ② 대학의 기관평가나 프로그램 평가인정 신청, ③ 평가인정기구의 편람 및 기준에 따른 개별 대학의 자체평가연구 실시, ④ 평가단의 자체평가 연구보고서에 대한 서면평가, ⑤ 평가단의 대학 현지방문평가, ⑥ 평가단의 평가보고서 작성, ⑦ 평가인정결과 발표, ⑧ 평가인정 기간 경과 후의 주기적인 재평가 등의 절차를 거쳐 이루어진다(강경석, 이화국, 1998). 이러한 절차 중에서 대학의 자체평가연구보고서 작성과 동료에 의한 현지방문평가가 가장 특징적인 평가인정 절차이다. 자체평가연구는 해당 대학별로 6개월에서 2년간에 걸쳐 실시되며, 평가인정의 근거마련과 함께 각 대학의 발전을 촉진하기 위한 수단으로 활용되고 있다. 현지방문평가는 미국의 오랜 전통인 자원주의(Volunteerism)와 연방정부의 개입에 대한 두려움, 주정부의 주도권 행사 미비 등의 요인이 복합적으로 작용하여 20세기 초에 프로그램 평가에서부터 도입되었고, 기관평가의 경우 1960년대 초 모든 평가대상 대학에 대한 주기적인 현지방문평가를 평가인정 절차의 핵심적인 요소로 포함되었다.

(5) 평가의 결과활용

미국의 대학평가인정제도에서는 현지방문 평가단의 평가보고서가 평가인정기구에 제출되면, 각 평가인정기구에 설치된 평가인정위원회에 의하여 평가인정 여부의 심의가 이루어지고, 이 심의결과에 따라 각 평가대상 대학이나 프로그램은 인정 또는 불인정 판정을 받게 된다. 평가인정의 유효 기간은 대개 5-10년으로, 평가인정기구에 따라서 다르다. 현재 미국에서는 평가인정을 받지 못하는 대학이 거의 없으며, 이로 인해 대학평가인정제의 기능과 효율성에 관한 논란이 일고 있다. 먼저, 대학평가인정제도의 기능과 관련하여 대학에 대한 평가인정제도가 교육의 질을 보장하기에 충분한 가에 대해 논쟁이 일고 있다. 1993년에 개최된 "Cambridge conference on quality assurance in medical education"은 평가인정제도에 의한 고등교육의 질 보장 방법이 충분하지 않다고 결론을 내리고 있는 반면에(Hamilton, 1995), Gelmon(1996)은 평가인정제도는 사회적 변화에 따라 그 강조점이 변화되고 미래지향적인 평가체제를 구축하고 있기 때문에 교육의 질 증진을 위한 지속적인 과정이라는 점을 강조하였다. 또한 평가인정제도의 효율성에 대한 논쟁으로 Simpson *et al.*(1998)은 평가인정과정에서 대학이 수행하는 자체평가의 비용과 이익에 대한 연구결과 평가인정과정에서 대학이 투자한 비용과 노력에 비해 비효율적인 제도라고 주장하였다. 그러나 Kassebaum *et al.*(1998)은 Simpson *et al.*(1998)의 연구는 대학의 자체평가가 갖는 장점을 제한적으로 고찰하였다고 비판하면서 대학의 자체평가는 ① 자체평가에 참가한 사람들의 관심과 견해를 모을 수 있다는 점, ② 평가인정 후의 바람직한 수행정도를 알 수 있는 점, ③ 자체평가는 기관의 리더십과 교수들 사이의 분할된 가치와 목적을 통합하는 장점이 있으며, ④ 자체평가는 학교가 다른 사람들의 관심과 멀어져 있는지, 과정이 적절하게 이루어지고 있는지에 대한 정보를 제공한다는 점에서 그 효용성은 충분하다고 지적하였다(양은배, 2000 재인용).

2) 영국의 대학평가제도

영국의 대학은 국가로부터 독립한 법인으로서 대학은 추밀원(Privy Council)의 제안에 기초하여 국왕의 칙허장(Charter)에 의해 설립된다. 영국은 국가가 대학교육에 대한 재정지원을 위한 근거자료를 확보하기 위해 대학평가제도를 운영해 오고 있는데, 1919년 창설된 대학교보조금위원회(University Grants Committee: UGC)로부터 대학평가제도의 기원을 찾을 수 있다(이성호, 1987).

(1) 평가주체

정부의 재정지원을 대학에 배분하는 역할을 담당하여 온 UGC는 영국 정부의 대학에 대한 재정지원 정책의 변화로 1989년 UFC(University Funding Committee)로 바뀌었고, 이는 1993년 4월 다시 HFFC(Higher Education Funding Council)로 개편되었다. HEFC는 각 지역별로 설립되어 정부의 대학보조금을 배정하는 기구로서, 재정지원을 위한 대학평가기구로서 HEFC 내에 질 평가위원회(Quality Assessment Committee)를 설치하고 대학이 신청한 재정을 지원하기 위한 평가를 수행하였다. HEFC의 조직운영비는 정부로부터 지원되었으며, 운영을 위한 위원회의 인사권 또한 정부 조직인 교육·문화부 장관에게 부여되어 있었다. 그러나 정부는 특정한 대학에 대한 재원 배분에 관여할 수 없으며, 학생이나 교직원 선발 기준에 대해서도 간섭할 수 없다. 아울러 이사회에 참석하는 관계 공무원도 이사회의 정책 결정에는 참여하지 못한다.

HEFC와 별도로 영국정부는 대학교육의 질 관리를 위해 HEQC(Higher Education Quality Council)를 독립적으로 설치하고 대학평가인정사업을 본격적으로 수행하였다. HEFC의 평가가 학과/학문 분야별 평가임에 비하여, HEQC는 대학 단위의 교육의 질 - 학위수여자격 - 을 평가하는 기구로서, 1992년 5월에 설립된 비정부적인 대학 간 협의체로서, 대학총장위원회(Committee of Vice-Chancellors and Principles: CVCP) 산하에 있다. HEQC는 대학교육의 질적 보장을 위해 대학의 조직과 절차의 효율성을 강조하면서 대학의 자치권 보호에도 주안점을 두고 있으나, 그 평가결과는 정부의 재정 배분에 적용되지 않았다(조석훈, 1998). 이처럼 정부주도의 재정지원을 위한 평가와 민간주도의 인정평가가 병행되어 왔던 영국의 대학평가는 1997년부터 영국 전역에 걸친 통합적인 고등교육기관의 질 관리 서비스를 제공하기 위하여 대학평가인정사업을 수행하던 HEQC와 재정지원기관인 HEFC의 평가기능을 통합한 QAA(Quality Assurance Agency for Higher Education)가 주관하고 있다(이용남 외, 1999). 즉 QAA의 설립으로 두 개의 기관에 중복적으로 수행하던 대학평가기능이 한 기구로 통합되었으며, 대학평가기구와 재정지원 기구의 기능이 명확히 구분되었다. 즉 평가활동은 민간기구인 QAA가 수행하고, 국가는 그 평가결과를 활용하여 대학에 대한 차등적 재정지원을 실시하는 방향으로 재정립하게 되었다. QAA가 주관하는 영국의 대학기관평가는 'Academic quality audit'라고 하며, 이는 'The first academic quality audit'와 'Continuation audit'로 구분된다.

　미국의 경우와 달리 영국은 대학 평가기관이 유일함으로써, 각 대학 기관의 지역별, 분야별 특성을 파악할 수 있는 좀 더 다양하고 전문성 있는 평가가 어렵지만, QAA는 비정부기관으로서 독립적으로 자율성을 바탕으로 한 사회, 경제적 시대 상황이 요구하는 유연성 있는 평가를 실시할 수 있다는 장점을 갖고 있다. 한편, QAA의 운영은 정부보조금과 대학의 회비로 운영되고 있어 회원 대학에 대한 평가의 공정성 문제가 제기될 수 있다.

(2) 평가목적

　영국의 대학평가는 대부분의 대학이 공립의 형태로 운영되는 영국의 특성에 기인하여 대학에 대한 정부의 재정지원의 기준을 설정하기 위해 발전되었다. QAA의 대학평가 목적은 영국 전역에 걸친 통합적인 고등교육기관의 질적 수준인정 서비스를 제공하며, 학생, 산업체, 고등교육 관련자, 재정지원자 등에게 유용한 정보를 제공해 주는 데 있다. 이러한 목적 수행을 위한 QAA의 주된 업무는 ① 대학의 질과 수준의 지속적 향상 도모, ② 학생, 고용자, 일반사회 등에 개별 대학에 대한 정보 제공, ③ 대학의 학위 수여와 관련된 시스템 개발·운영, ④ 학위 수여·대학 명칭에 관련된 자문, ⑤ 대학평가기준·지표 개발, ⑥ 대학 발전 사례 종합, ⑦ 각 대학·학과의 성취 수준 검토와 평가이다(정진위 외, 2000).

(3) 평가기준

　영국의 전문학문 분야에 대한 평가에서 다루는 영역은 ① 교육과정 설계,

내용, 조직, ② 교수, 학습, 평가, ③ 학생의 성취와 발달, ④ 학생지원 및 상담, ⑤ 학습자원, ⑥ 질 인정과 향상에 관한 내용으로 모든 학문 분야 평가에 공통적으로 적용된다. 영국의 경우 전문 학문 분야 평가 시 교수의 연구업적은 평가하지 않으며,4) 각각의 프로그램들이 스스로 표방한 교육목적을 어느 정도 달성하는지를 평가한다(황정규 외, 2000).

(4) 평가절차 및 방법

QAA의 대학평가절차는 ① 대학 자체의 평가연구보고서 작성 및 제출, ② 평가단의 평가연구보고서 검토, ③ 평가단의 사전회의, ④ 평가단의 대학현지 방문평가, ⑤ 평가보고서 발표, ⑥ 대학의 추후보고서(Follow-up report) 제출과 같은 과정으로 이루어지며(황정규 외, 2000), 영국의 대학평가의 평가주기는 5-6년이다.

영국의 대학평가제도의 평가방법과 절차는 미국과 큰 차이가 없으며, 대학과 정부 간의 관계, 성취지표의적용, 재정지원 연계 등에 있어서 독특성을 지니고 있으나, 양대 평가기구의 중복, 평가기준의 타당성 문제, 대학 간 경쟁 등 상당한 과제를 안고 있다.

(5) 평가의 결과활용

영국의 대학평가제도는 평가결과는 사회에 공개되며, 정부의 대학재정 지원의 매우 긴요한 주요 지표로 활용되고 있다. QAA의 재정지원과 관련된 평가는 HEFC에서 실시하던 학문 분야 평가이며, HEQC의 대학평가가 계승된 인정평가는 재정지원과 직접적인 관련이 없다. 대학종합평가는 재정지원과 관계없이 종합적인 질 관리를 위한 시스템으로 작용하고 있다. 이와 같이

---

4) 교수의 연구업적은 RAE(Research Assessment Exercise)를 통하여 별도로 평가되어 발표되고 있다.

학문 분야 평가에 대한 평가는 국가의 보조금 지원과 연계되기 때문에 1995-1996년 평가의 이전에는 3-4단계로 나누어 등급을 발표하였으나, 1995-1996년 평가부터는 프로그램 전체에 대해 인정/불인정만을 발표하고, 대신 6개 평가영역 각각에 대한 등급을 4단계로 제시하고 있다.

영국은 고등교육기관에 대한 평가결과, 연구업적평가결과, 재정지원 현황을 자료를 필요로 하는 당사자들에게 적극적으로 제공하고 있다. 이 자료는 Web을 통하여 제공되며 프로그램 평가의 경우 개별 프로그램에 대한 결과보고서 또한 Web을 통하여 제공하고 있다.

3) 일본의 대학평가제도

일본은 1996년부터 대학의 발전과 대학교육의 국제적 협력을 위해 회원자격 심사와 더불어 대학평가인정제도를 도입하여 시행하고 있다.

(1) 평가주체

일본의 대학평가는 1947년 7월 8일에 창설된 대학기준협회를 중심으로 이루어지고 있다(권기욱, 1997). 대학기준협회는 국·공·사립의 4년제 대학을 회원교로 하고 있는 자율적인 대학단체로 협회의 회원 자격 심사를 통하여 대학의 교육 및 연구의 질적 향상과 개선을 추구하는 평가활동을 전개한다. 일본 대학기준협회의 변천과정과 역할을 요약하면 다음과 같다(이용남 외, 1999).

① 1947년: 대학의 설치인가를 위한 기준인 「대학설치기준령(문부성령 제28호)」이 설정되었다. 대학설치기준은 학부의 조직 및 학과의 설치, 학과목제, 강좌제 및 교육조직, 교원자격, 학생정원, 수업과목 설치의 기준 및 구분, 각 수업과목의 단위 수와 계산방법, 수업 일수 및 수업 방법, 졸업의 요건, 교지와 교사 등의 시설, 기타 설비 및 부속시설, 사무조직과 같은 광범위한

내용을 포함하고 있다(김란수, 1989). 이와 같이 비교적 구체적이고 다양한 학사요건 및 외형적인 기준을 제시함으로써 대학의 무계획적인 양적 팽창을 통제하고 있다.

② 1956년(昭和 31년): 대학기준을 대학평정협의회의 정회원교로서 요구되어지는 기준으로의 개정을 거듭해 왔다.

③ 1991년(평성 3년): 문부성의 대학설립인가 기준이 대폭 완화됨에 따라 대학설치기준에 의하여 일정 수준의 교육과 연구의 질을 보장하던 것과는 달리 대학 스스로 교육, 연구의 질을 유지해야 하는 필요성이 증대하게 되면서 평가활동이 강화되었다.

④ 1996년(평성 8년): 대학기준협회는 회원의 자주적 노력과 상호원조에 의해 국·공·사립이라는 구분을 넘어 대학전체의 발전과 대학교육의 국제협력에 공헌하기 위해 대학평가인정제를 도입하였고, 대학기준을 비롯한 기준의 설정·개정, 국내외의 대학에 대한 조사연구활동, 홍보활동 등 다양한 활동을 전개하고 있다.

(2) 조직체제

대학기준협회의 대학평가는 회원 미가입 대학이 협회의 회원이 되려고 할 때 반드시 받아야 하는 가맹 판정 심사와 이미 회원이 된 대학을 중심으로 매 10년마다 정기적으로 실시하는 상호평가로 구분된다. 대학기준협회의 대학평가 중 가맹 판정 심사에 대해서는 판정위원회와 그 하부조직으로 설치되어 있는 대학심사분과회, 전문심사분과회가 심사를 실시하고, 상호평가에 대해서는 상호평가위원회와 그 하부조직으로 설치되어 있는 대학평가분과회, 전문평가분과회가 평가를 실시하고 있다(이용남 외, 1999). 판정위원회와 상호평가위원회는 조직체제의 중추가 되는 위원회로서 가맹 판정 심사, 상호평가의 기본방침을 결정함과 동시에 각각의 위원회 아래에 설치된 분과회에서 심사·평가 결과를 바탕으로 위원회로서의 최종적인 결론을 내린다. 이들 위원회의 위원은 유지 회원교가 추천한 위원 후보자 중에서 유지 회원 전원의 투표로 선출된다.

대학심국·공·사립사분과회, 대학평가분과회는 판정위원회, 상호평가위원회의 하부조직으로 대학 전체에 관련된 사항의 심사·평가를 담당한다. 전문심사분과회, 전문평가분과회도 같은 모양으로 이들 위원회의 하부조직으로 각 대학의 교육연구활동이나 조건정비의 상황 등에 관련된 사항의 심사평가를 담당한다. 이들 분과회의 위원은 판정위원회, 상호평가위원회의 위원과 이외에도 유지회원교의 교원 중에서 경력 등을 바탕으로 임명되고 그 수는 100명이 넘는다.

(3) 평가목적

일본의 대학평가는 비교적 구체적이고 다양한 학사요건 및 외형적인 기준을 제시함으로써 대학교육의 목적과 정상화 여부를 평가하기 위한 목적으로 실시되었다. 그 후에는 대학교육에 있어서 국제협력을 도모하기 위해 대학기준협회가 재단형태로 개편되어 각종 학술 교류 등을 추진하는 이외에 대학의 질적 발전을 위한 대학평가기준을 제정하여 평가하였다. 최근에는 국·공·사립이라는 설치자의 구분을 넘어 대학전체의 발전과 대학교육의 국제협력에 공헌하기 위해 대학평가인정제를 도입하였고, 대학기준을 비롯한 기준의 설정·개정, 국내외의 대학에 대한 조사연구활동, 홍보활동 등 다양한 활동을 전개하고 있다.

대학기준협회는 대학평가인정제도를 통하여 달성하고자 하는 목표를 다음과 같이 설정하고 있다. 첫째, 대학으로서 적합한 요건을 갖추며, 대학 스스로 자기 평가를 통하여 교육이념과 교육목적의 실현에 노력하도록 하며, 객관적인 자기 점검과 평가체제가 대학 내에 정착되는 것을 도와 평가인정을 받은 대학이 사회로부터 폭넓은 지지를 받을 수 있도록 보장한다. 둘째, 대학의 교육이념, 교육목적을 실현하고, 문제점을 파악하며, 이를 개선하기 위한 자문과

충고를 함으로써 대학교육의 질을 개선한다. 셋째, 대학평가가 그 대학의 개성이나 특징을 충분히 발휘할 수 있도록 자기 점검 및 평가체제를 확립하고 이것을 대학 스스로 실행에 옮기는 계기를 마련한다. 넷째, 대학평가제도를 채택하고 있는 외국의 다른 대학들과 상호 인정 및 교류를 가능하게 한다.

(4) 평가기준

1947년 일본대학기준협회의 설립 당시 대학의 교수단, 학생비율, 입학자격, 교과과정, 학점단의 학위요건, 교육시설, 그리고 대학을 유지하고 관리하기 위한 재산의 기준을 설정하였다. 이 기준은 대학 설립 목적이 명확히 진술되고 있는지의 여부, 목적 달성을 위한 조건의 개선 및 연구 교수 개선노력 여부, 교수의 임용에 있어서 공정성과 교직원의 복지, 안전 조치여부, 정확한 입학 정원의 고려 여부, 재정 확보 방안과 합리적 관리 여부, 대학 자체의 시설 운용 및 인사관리 계획 수립 여부 등으로 구성되었다.

1949년에는 대학원의 평가기준도 정하였는데, 이 기준은 주로 석·박사 학위의 필수조건을 규정하고 더 나아가 대학원 교육을 수행해 나가는 데 필요한 교수진과 교육시설에 대해서도 명시하였다. 이러한 대학설치기준은 대학기준협회 정회원교의 자격 기준으로 개정을 거듭하여 왔다. 1990년대 접어들면서 문부성의 대학설립인가 기준이 대폭 완화됨에 따라 자기점검차원의 기존활동이 강화되었다. 따라서 그때까지 대학설치기준에 의해 일정 정도의 교육·연구의 질이 확보되었던 것이 각각의 대학이 스스로 교육·연구의 질을 유지해 나가지 않으면 안 되게 되었다.

대학기준협회의 대학평가인정기준은 다음과 같다(양은배, 2000). 첫째, 대학은 교육이념과 교육목적을 명확하게 하고 가장 적절한 교육, 연구활동을 수행하여야 하며 교육 연구상의 조직과 제도, 인적, 물적, 재정적 조건을 충실하게 정비하여야 한다. 또한 충분한 교육, 연구 성과를 올리기 위해 적절한 배려를 하여야 한다. 둘째, 대학은 학생의 다양한 개성과 능력을 향상시키고 자질 향상을 도모하며 학생 교육지도를 위해 배려를 해야 한다. 대학은 학생이 안심하고 학업에 전념하며 충실한 대학생활을 통하여 인간성을 기르는 것이 가능하도록 학생생활에 대해서도 충분한 배려를 하여야 한다. 셋째, 대학은 대학의 관리, 운영, 및 인사를 적절하게 하고 특별히 교수에 대해서는 그 직책에 적합한 지위와 신분을 보장하여야 한다. 또한 재정 운영을 적절하게 하여야 하며 충분한 재정적 기반의 확립을 위해 노력하여야 한다. 넷째, 대학은 교육, 연구활동을 향상시키기 위해 대학의 조직·활동에 관하여 부단히 점검하고 평가하여야 한다.

(4) 평가절차

① 제1단계: 대학에 의한 자기점검 평가의 실시와 보고서 등의 제출, ② 제2단계: 각 분과회에 의한 심사평가의 실시, ③ 제3단계: 판정위원회의 상호평가위원회에 의한 최종 판정 평가와 결과의 통지, ④ 제4단계: 대학평가에 대해 협회로부터의 권고에 대한 대학의 대응과 같은 단계로 이루어진다(오성삼 외, 1999).

(5) 평가의 결과발표 및 활용

1대학기준협회는 가맹 판정 심사에 합격한 대학명과, 상호평가는 상호평가의 인정을 받은 대학명을 협회의 간행물이나 다양한 언론매체를 통해서 공표하고 있으며, 대학기준협회가 가입하고 있는 국제적 대학 평가 단체와 미국의 평가인정기관 등에 가맹 판정 심사나 상호평가의 결과인 회원교 명부를 보내고 있다. 또한 대학기준협회는 회원 대학의 입학 안내, 대학 요람에 협회의 회원교라는 사실과 상호평가에서 인정받은 사실을 적극적으로 사회에 홍보할 것을 장려하고 있다. 그러나 대학평가를 받기 위해 평가대상 대학들이 대학기준협회에 제출한 보고서, 협의회가 대학에 제시한 조언이나 권고, 기타 자료 등의 내용은 협회에서 공표하지 않고 학교의 자주적인 판단에 맡긴다.

4) 대학평가제도의 비교

앞에서 살펴본 미국, 영국, 일본의 대학평가제도와 우리나라의 대학종합평
가인정제를 평가주체, 평가목적, 평가내용, 평가방법 및 절차, 평가결과의 활
용 면에서 비교·분석한다.

(1) 평가주체

각국의 고등교육 기관평가 주체기관은 비정부기관으로 독립된 자율적 정
체성을 가지고 있었다. 정부기관이 아닌 독립적 기관에 의한 기관평가는 중
앙 정부의 일방적 정책의도에서 자유로울 수 있는 충분한 자율성을 바탕으
로 한 사회, 경제적 시대 상황이 요구하는 지역 분권적 교육기관의 교육과
업무파악에 적절하고 유리하다. 그러니 기관 자체 내의 일방적인 주관적 의
도가 개입될 수 있고, 또한 재정상의 부담을 안게 되어 그 자율성의 남용과
부작용의 가능성을 갖는다. 그러므로 이러한 비정부기관에 의한 평가는 객관
성과 공정성을 위한, 그리고 평가방법의 적절성과 효율성을 위한 국가수준의
일정 기준과 방향을 제시하는 규제적 발전책을 필요로 하게 된다.

(2) 평가목적

각국의 대학평가의 평가목적은 대학의 질 향상, 자발적 자기 통제, 책무성
을 보장하기 위한 것으로 대학의 자기통제 능력을 존중하는 등 대학의 자율
성을 최대한 인정하는 방향으로 설정되어 있다.

(3) 평가내용

평가내용, 항목의 선정은 평가의 핵심이며, 선정 여부에 따라 평가결과가

달라질 수 있는 주요 사항이다. 이러한 평가내용은 평가기관에 따라, 특히 각 나라의 특성에 따라 차이가 있다. 그러나 대체로 평가인정기준은 계량적인 것에서 질적인 평가까지 포함하는 경향을 나타내고 있다.

(4) 평가절차 및 방법

각국의 대학평가 절차는 일본에서 행하여지고 있는 자기점검·자체평가의 경우를 제외하고는 일반적으로 평가대상 대학에서의 준비과정(자체평가), 준비과징 이후 평가기관의 방문평가, 그리고 평가기관 내에서의 최종적 심의 후 평가보고서 발행의 절차를 거친다.

(5) 평가결과의 활용

각국의 대학기관평가의 평가결과는 두 가지로 구분되고 있다. 한국과 미국은 인정, 불인정의 이원적 평가로 평가결과를 결정한다. 이는 서열 평가와 평가결과를 전혀 비교하지 않는 순수평가의 중간적 형태이다. 영국과 일본은 평가대상기관인 대학에 대한 장·단점 및 문제점을 파악, 제시하는 순수의미에서의 평가를 하고 있다. 또한 순수의미에서 평가를 하는 국가든, 중간적 형태를 취하는 국가이든 간에 대부분의 국가에서 대학기관에 대한 평가결과를 재정지원과 연계시키지 않고 있다. 다만 국가에서 지원하는 기본 보조금의 지급여부와 학생 정원 몰수 등의 근거로만 활용되고 있다. 영국의 학문영역별 평가는 재정지원과 연계되고 있다.

(6) 외국의 대학평가제도를 통해서 본 시사점

외국의 대학평가제도와 대학종합평가인정제를 비교해 보면, 〈표 Ⅲ-3〉과 같이 나타낼 수 있다. 각국의 대학종합평가는 대학정책의 방향과 평가목적에 따라 평가방법이 달라지는 경향이 있다. 그러나 전체적으로 볼 때 몇 가지 공통적인 요소들을 발견할 수 있다. 첫째, 고등교육의 질을 평가하기 위하여 전문적인 평가기구를 운영하고 있다는 점이다. 이 기구는 법적 근거를 두고 정부의 정책으로부터 독립적으로 운영된다. 즉 해당 기관들이 자체평가에서 활용할 수 있는 절차와 양식을 개발하고 조정자로서 역할을 담당한다. 둘째, 각국의 대학종합평가는 대학의 자체평가를 중시하고 있다는 점이다. 대학이 변화를 수용하고 이를 시행하기 위해서는 대학 구성원들이 대학종합평가의 과정에 주체로 참여하는 것이 바람직하다는 관점이다. 셋째, 외부전문가가 현지방문평가를 수행하고 있다는 점이다. 외부 전문가는 평가대상 기관에 의해 공정한 평가자로 인정을 받아야 한다. 넷째, 평가결과는 대학에 신속·정확하게 보고된다는 점이다. 또한 보고된 평가결과를 대학에 제공하여 문제해결에 유용한 정보로 활용될 수 있도록 하고 있다.

〈표 Ⅲ-3〉 외국의 대학평가제도와 대학종합평가인정제도의 비교

국 명	평가 주체	평가목적	평가내용	평가절차와 방법	평가결과활용
한 국	대교협	-수월성제고 -효율성제고 -책무성 향상 -자율성 신장 -협동성 진작 -재정 지원 확충	-교육, 연구, 사회봉사, 교수, 시설·설비, 재정·경영	-자체평가 -서면평가 -현지방문평가	-인정여부로만 판정, 서열화되지 않음 -행·재정 지원과 직접적 연계성 없음
미 국	CHEA	-대학교육의 질적 수준 향상, -대학의 자율적 개선 (voluntary self regulation) -책무성 향상 -고등교육기관의 질 보장	-대학목적 기관평가 -자원의 효과적 조직 -목적달성 -교육적 효과성 강화 -대학의 완전성 (integrity)	-자체평가 -서면평가 -현지방문평가	-인정여부로만 판정, 서열화되지 않음 -행·재정 지원과 직접적 연계성 없음 -연방정부의 연구비 등 확득에 기초자격으로 기능
영 국	QAA	-고등교육기관의 질적 수준 인정 -이해 당사자들에게 정보제공	-대학의 질적 보증 과정과 정책	-자체평가 -동료평가 -현지방문평가	-재정 지원과 직접적 연계성 없음
일 본	대학기준협회	-고등교육의 질적 평가를 위한 국내·외 조사, 연구 및 국제 협력 촉진	-교 수 -연 구	-자체평가 -정기적 평가	-자체평가에 역점을 두고, 행·재정 지원과 직접적 연계성 없음

Ⅳ. 조사연구의 방법

이 장에서는 대학종합평가인정제의 평가체제를 연구하기 위하여 대학종합
평가인정과정에 직접 참여한 평가위원들의 인식을 조사한 방법을 기술한다.
먼저 평가체제를 연구하기 위한 절차를 기술하고, 조사대상, 조사도구, 조사
방법 및 자료분석방법, 그리고 연구의 제한점 순으로 기술한다.

1. 연구절차

본 연구는 1994년부터 2000년까지 시행된 대학종합평가인정제의 평가체제
를 구성하고 있는 요소, 즉 평가목적, 평가주체, 평가기준, 평가절차, 그리고
결과활용 등의 적절성을 평가함으로써 대학교육의 질 향상을 위한 하나의
기제로서 시행된 대학종합평가인정제의 평가체제를 분석하기 위한 목적으로
이루어졌다.

이러한 목적을 달성하기 위하여 국내외 문헌자료, 인터넷자료, 선행 연구
등을 수집·분석하여 대학평가에 관한 이론적 연구를 하였으며, 이론적 연구
결과를 바탕으로 대학종합평가인정제의 필요성과 목적, 운영관리, 평가기준,
평가절차, 평가활용 등을 포함하는 평가체제 전반에 대한 질문지를 작성하
여, 자체평가나 방문평가에 직접 참여한 평가위원들을 대상으로 그 적절성에
대한 인식을 조사하였다.

대학종합평가인정제의 평가체제에 대한 인식조사는 질적인 방법과 양적인
방법을 병행하여 이루어졌다. 양적인 방법으로는 질문지를 작성·배포·회수
하는 질문지 조사방법을 사용하였고, 질적인 방법으로 질문지 조사의 응답
내용을 보완하기 위해 심층면접조사를 실시하였다. 연구문제 해결을 위해 이

루어진 문헌 연구와 질문지조사 및 심층면접 조사내용은 다음과 같다.

첫째, 대학교육의 질 개념과 질에 대한 관점 등을 대학평가를 배경으로 분석하고, 대학평가의 개념, 목적, 모형과 유형 등의 개념 및 이론적 성격을 분석·제시하였다. 둘째, 평가체제를 구성하고 있는 요소와 그 요소들 간의 관계에 대해 고찰하였다. 셋째, 대학종합평가인정제의 평가인정현황, 성과 및 평가체제에서의 문제점들을 분석하였다. 넷째, 우리나라 대학평가제도의 발전과정을 평가주체를 중심으로 고찰하였다. 다섯째, 외국의 대학평가제도는 미국, 영국, 일본의 대학평가제도의 평가주체, 평가목적, 평가기준, 평가절차, 그리고 평가결과의 활용방안 등을 중심으로 분석하고 우리나라에 주는 시사점을 추출하였다. 여섯째, 질문지와 심층면접조사를 통하여 1994년에서 2000년까지 시행된 대학종합평가인정제의 평가체제 즉, 평가주체, 평가목적, 평가기준, 평가절차, 평가결과의 활용 등의 적절성을 평가하였다. 마지막으로 문헌연구와 질문지 조사 및 심층면접조사 결과를 근거로 대학종합평가의 평가체제모형을 탐색해 보았다.

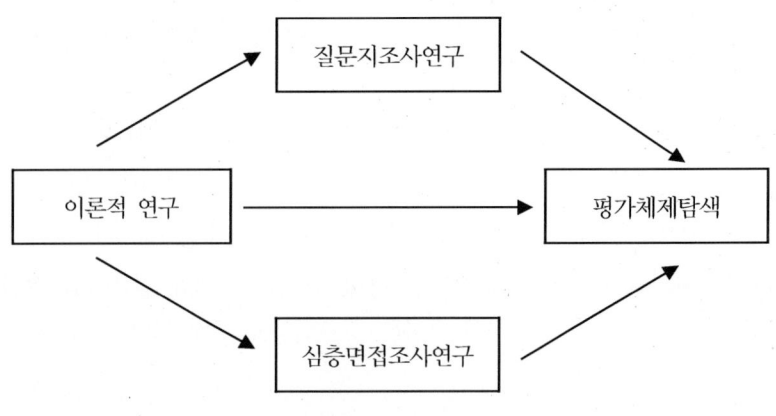

〈그림 Ⅳ-1〉 평가체제에 관한 연구절차

2. 조사대상

본 연구에서는 연구문제의 해결을 위해 질문지 조사와 심층면접조사를 실시하였다. 질문지 조사대상은 1994년에서 2000년까지 실시된 대학종합평가인정제에 직접 참여한 자체평가위원과 현지방문평가위원이다. 자체평가연구위원은 전국 4년제 대학에 재직 중이면서 재직하고 있는 대학의 자체평가에 참여한 교수들을 말하며, 현지방문평가위원은 대교협의 평가위원 선정기준에 따라 현지방문평가위원으로 위촉된 교수들을 말한다. 본 연구의 조사대상인 현지방문평가위원 (287명)과 자체평가 연구위원(1,461명)의 연도별 평가 참가 현황은 〈표 Ⅳ-1〉과 같다.

〈표 Ⅳ-1〉 방문평가위원 및 자체평가위원

년 도		방문평가위원	자체평가위원	계
1994		24	66	90
1995		37	224	261
1996		16	101	117
1997	일반 대학	22	164	186
	교육계 대학	16	76	92
1998	일반 대학	44	296	340
	신학계 대학	27	147	174
1999	일반 대학	38	112	150
	산업계 대학	23	56	79
2000	일반 대학	24	151	175
	산업 및 신학계 대학	16	68	84
계		287	1461	1748

질문의 응답자를 소재지별로 구분하여 보면, 서울 83명(19.8%)과 지방 336명(80.2%)으로 총 419명이 응답하였고, 설립유형별 분포를 살펴보면, 국·공립 120명(28.6%)과 사립 299명(71.4%)으로 총 419명이 응답하였다. 질문에 응답한 교수의 직위는 교수 247명(59.1%), 부교수 102명(24.4%), 조

교수 65명(15.6%), 전임강사 4명(1.0%)이었고, 교수의 경력은 5-10년 미만의 경력을 가진 교수가 106명(20.1%)으로 가장 많았고, 그 다음이 15-20년 미만 84명(20.1%), 15-20년 미만과 20-25년 미만 각각 77명(18.5%), 25년 이상 42명(10.1%), 그리고 5년 미만 31명(7.4%)이었다.

〈표 Ⅳ-2〉 연구 대상자 분포

구 분		소재지		설립유형		직 위				교수경력						소속대학 학생 규모				참여유형		
		서울	지방	국·공립	사립	교수	부교수	조교수	전임강사	5년미만	5-10년미만	10-15년미만	15-20년미만	20-25년미만	25년이상	1만5천명이상	1만-1만5천명미만	5천-1만명미만	5천명미만	자체평가	방문평가	자체및방문평가
사례수	명	83	336	120	299	247	102	65	4	31	106	84	77	77	42	95	70	141	107	307	45	62
	%	19.8	80.2	28.6	71.4	59.1	24.4	15.6	1.0	7.4	25.4	20.1	18.5	18.5	10.1	23.0	16.9	34.1	25.9	74.2	10.9	15.0
합계	명	419		419		418				417						413				414		
	%	100.0		100.0		100.0				100.0						100.0				100		

질문의 응답자를 재직하고 있는 대학의 학생 수 규모로 볼 때는 5천-1만 명 미만의 학생 수를 가진 대학에 재직하고 계신 평가위원이 141명(34.1%), 5천 명 미만의 학생 수를 가진 대학에 재직하고 계신 평가위원이 107명(25.9%), 1만 5천 명 이상의 학생 수를 가진 대학에 재직하고 계신 평가위원이 95명(23.0%), 그리고 1만-1만 5천 명 미만의 학생 수를 가진 대학에 재직하고 계신 평가위원이 70명(16.9%)이었다. 또한 질문에 응답한 평가위원들의 대학종합평가 참여유형을 살펴보면, 자체평가위원 307명(74.2%), 방문평가위원 45명(10.9%), 자체평가 및 방문평가위원 62명(15.0%)으로 총 414명의 자료를 분석하였다. 최종분석에 포함된 연구 대상자 분포는 〈표 Ⅳ-2〉과 같다. 또한 자체평가위원과 현지방문평가위원의 참여연도별 분포는 〈표 Ⅳ-3〉과 같다.

〈표 Ⅳ-3〉 자체평가 및 방문평가 참여연도별 분포

유 형 연 도	자체평가		방문평가	
	빈 도	%	빈 도	%
1994	9	2.5	4	3.7
1995	41	11.5	6	5.6
1996	34	9.5	10	9.3
1997	43	12.0	10	9.3
1998	117	32.8	28	26.2
1999	36	10.1	25	23.4
2000	77	21.6	18	16.8
계	357	100.0	101	94.4

한편, 심층면접 조사대상은 1994년에서 2000년까지 시행된 대학종합평가에 참여한 평가위원 가운데 자체평가위원 4명, 방문평가위원 4명, 자체평가와 현지방문평가 모두 참여한 평가위원 2명을 선정하였다. 심층면접 조사대상은 총 10명으로 질문지 응답자의 약 2.5%에 해당한다. 심층면접 조사대상은 〈표 Ⅳ-4〉와 같이 자체평가위원은 재직하고 있는 대학의 학생 수 규모를 고려하여 선정하였고, 방문평가위원은 평가 참여 년도가 중복되지 않도록 하여 선정하였다. 따라서 자체평가위원 4명은 학생 수 규모가 1만 5천 명 이상인 대학 재직 교수 1명, 1만-1만 5천 명 미만인 대학 재직 교수 1명, 5천 명-1만 명 미만인 대학 재직 교수 1명, 그리고 5천 명 미만인 대학 재직 교수 1명으로 구성하였고, 현지방문평가위원 4명은 1996년, 1997년, 1998년, 1999년에 참여한 위원으로 구성하였으며, 자체·방문 평가위원은 임의 선정하였다.

〈표 Ⅳ-4〉 심층면접 조사대상

조사대상 구 분	자체평가위원	방문평가위원	자체·방문 평가위원
고려요인	학생 수 규모	참여년도	임의선정
조사대상 수	4	4	2

3. 조사도구의 구성

본 연구에서는 1994년에서 2000년까지 시행된 대학종합평가인정제의 평가 체제를 검토하기 위하여 관련 문헌의 고찰과 선행연구5)의 설문지를 참고하 여 「대학종합평가인정제에 대한 의견 조사지」를 작성하였다. 질문지 조사도 구로 사용된 질문지는 〈부록 1〉로 첨부하였다. 질문지 조사도구는 평가전문 가를 통해 세 차례(2001년 3월 15일, 3월 20일, 3월 24일)에 걸쳐 수정·보 완 작업을 통하여 완성되었으며, 조사도구의 내용타당도를 확보하기 위하여 평가전문가와 관계 교수에게 의뢰하여 조사도구의 적절성을 점검하였다.

대학종합평가인정제에 자체평가위원이나 방문평가위원으로 참여한 평가위 원들의 경험을 통한 인식을 바탕으로 평가체제의 적절성을 평가하기 위해 작성된 조사도구의 내용은 크게 두 부분으로 구성되어 있다. 처음부분은 응 답자의 개인적 특성을 파악하기 위한 부분으로 평가위원들이 재직하고 있는 대학의 소재지역, 설립유형, 대학의 역사, 대학의 학생 수 규모와 평가위원들 의 직위, 교수경력, 참여한 대학종합평가 분야, 참여 년도 등 개인배경에 대 한 내용으로 이루어져 있다.

다음 부분은 대학종합평가인정제의 평가체제 분석을 위한 내용으로 대학종 합평가인정제의 필요성 및 목적, 평가의 운영관리, 평가영역 및 기준, 평가절차, 평가의 결과발표 및 활용 등 다섯 영역으로 나누어 구성하였다. 이들 다섯 영역 은 총 44개의 문항으로 구성되어 있는데, 대학종합평가인정제의 필요성과 목적 측면에서 대학종합평가인정제의 필요성은 무엇이며, 그 목적은 제대로 달성되 었는가와 관련된 6개 문항, 대학종합평가인정제의 운영관리 측면에서 대학종합 평가인정제의 평가주체, 평가주기, 평가경비의 부담 등은 적절하였는가와 관련 된 7개 문항, 대학종합평가인정제의 평가영역 및 평가기준 측면에서 대학종합 평가인정제의 평가영역, 평가항목, 가중치, 평가기준은 어떠하였는가와 관련된

---

5) 어윤배 외(1998), 1주기 평가실적 분석에 관한 연구, 서울: 한국대학교육협의회.

10개 문항, 대학종합평가인정제의 평가절차 측면에서 자체평가, 서면평가, 현지 방문평가 등 평가절차는 적절하였는가와 관련된 8개 문항, 그리고 대학종합평 가인정제의 평가결과 활용 측면에서 결과발표와 결과활용은 어떠하였는가와 관련된 5개 문항으로 이루어져 있다. 각 문항에 대한 응답 방법은 선택형 또는 서술형으로 이루어져 있다. 각 영역의 구체적인 조사내용은 〈표 Ⅳ-5〉와 같다.

〈표 Ⅳ-5〉 질문지 조사도구의 구성

구 분	조사영역	조사내용	문항수
일반사항	개인 배경	·대학의 소재지역·설립유형·직위·교수경력 ·대학의 역사·재직대학 학생 수 규모 ·참여 분야·참여 년도	8
대학종합평가 인정제	평가의 필요성 및 목적	·대학종합평가의 필요성 ·대학종합평가 필요이유 ·대학종합평가 불필요 이유 ·대학종합평가의 목적달성 여부 ·대학종합평가의 목적달성 저해요인 ·대학종합평가의 차기 중점 목적	6
	평가의 운영관리	·대학종합평가 운영주체 ·대학평가전담기구 설립의 필요성 ·대학평가전담기구의 설립 필요 이유 ·대학평가전담기구설립 불필요 이유 ·평가주기·평가 경비·경비 평가대상 대학 부담	7
	평가기준	·대학종합평가 평가영역 ·대학종합평가 평가항목의 수 ·대학종합평가 평가항목의 구성비율 ·적절한 평가항목의 구성비율 ·대학종합평가 평가총점·평가영역별 가중치 ·평가항목의 특성·보완되어야 할 항목 ·평가기준·평가기준의 방향	10
	평가절차	·평가절차의 적절성·자체평가의 신뢰성 ·자체평가의 평가주체·서면평가의 공정성 ·현지방문평가의 평가기간 ·현지방문평가위원의 구성원 ·방문평가위원의 평가활동 ·추후평가 도입의 필요성	8
	평가결과발표 및 활용	·평가결과의 발표방식 ·평가결과와 재정지원과의 연계 ·재정지원과의 연계 방법 ·재정지원과의 연계 반대 이유 ·평가결과의 활용도	5
합 계			44

한편, 심충면접의 조사내용은 질문지 조사 내용을 재구성하여 조사하였으며, 특히 질문지 조사결과에서 참여유형별 의견의 차이가 많이 나타나는 항목을 중심으로 심충적인 의견을 조사하였다. 또한 1994년에서 2000년까지 시행된 대학종합평가인정제의 문제점과 그 개선 방안에 대한 평가위원들의 의견도 함께 조사하였다. 심충면접 조사내용은 〈표 Ⅳ-6〉과 같다.

〈표 Ⅳ-6〉 심충면접 조사내용

조 사 영 역	조 사 내 용
평가의 필요성 및 목적	· 대학종합평가의 필요성과 그 이유 · 대학종합평가의 목적 달성 여부 · 차기 대학종합평가의 중점목적
평가의 운영관리	· 대학종합평가의 운영주체 · 대학평가전담기구 설립의 필요성 · 평가주기 · 평가경비부담
평가기준	· 대학종합평가의 평가영역 · 평가항목의 구성비율 · 평가항목의 수 · 보완해야 할 평가항목 · 평가기준의 전반적인 문제
평가절차	· 평가절차의 적절성 · 자체평가의 문제 · 현지방문평가의 문제 · 사후평가 도입의 필요성
평가결과발표 및 활용	· 평가결과 발표방식 · 평가결과의 활용 · 평가결과와 재정지원과의 연계
기 타	· 평가체제에서의 문제점 및 개선방안

4. 조사방법 및 자료분석방법

본 연구에서는 1994년에서 2000년까지 시행된 대학종합평가인정제가 그 목적 달성을 위해 얼마나 적절한 평가체제를 갖추고 있는가를 평가하기 위하여 대학종합평가에 참여한 평가위원들의 의견을 조사하였다. 평가위원들의 의견은 주로 질문지 조사를 통해서 수렴하였고, 질문지 조사를 보완하기 위하여 심층면접을 실시하였다.

질문지 조사는 대학종합평가인정제에 자체평가위원이나 방문평가위원으로 직접 참여한 평가위원들을 대상으로 2001년 4월 1일에서 4월 27일까지 우편 또는 방문을 통해 이루어졌다. 대학종합평가인정제의 평가체제를 구성하고 있는 요소들의 적절성을 평가하기 위한 질문지는 1994년에서 2000년까지 시행된 대학종합평가인정제에 직접 참여한 평가위원 1,748명에게 발송되었으며, 자료의 회수율을 높이기 위해 전화로 협조를 요청하기도 하였으나, 419명이 조사도구에 응답하여 24%의 회수율을 보였다. 심층면접은 질문지 조사 응답자의 2.5%에 해당하는 자체평가위원 4명과 현지방문평가위원 4명, 그리고 자체평가와 방문평가에 모두 참여한 평가위원 2명을 선정하여 2001년 9월 20일에서 10월 15일까지 연구자가 직접 방문하여 실시하였다. 심층면접의 내용은 질문조사 내용을 재구성하여, 평가체제의 적절성에 대한 인식뿐만 아니라 평가체제에서의 문제점을 개선할 수 있는 방안에 대한 의견도 함께 조사하였다.

본 연구에서 수집된 자료는 다음과 같은 절차로 분석하였다.

첫째, 응답자의 개인 배경과 대학종합평가의 필요성, 운영 관리, 평가기준, 평가절차 및 평가결과의 활용 등으로 설계된 질문지에 의해 조사된 기초 자료에서 각 항목들의 응답 빈도가 전체 사례 수에서 차지하는 비율을 통해 응답의 경향을 분석하였다. 둘째, 응답 경향에 대한 조사대상 집단의 구체화를 위해 질문지의 각 영역별 조사 내용과 항목들에 대해 평가위원들이 재직하고 있는 대학의 소재지와 대학의 설립유형, 평가위원의 참여 분야를 기준으로 전체 집단을 재편성한 후 비교·분석하였다. 통계 분석과정에서 응답자의 경력, 대학의 역사, 대학의 학생 수 규모, 참여 연도에 따른 결과의 차이는 거의 없었기 때문에 통계 처리에서 제외하였다. 평가위원이 재직하고 있는 대학의 소재지의 경우 서울인 집단, 지방인 집단 간의 차이를 살펴보았다. 대학의 설립유형의 경우 국공립대학 재직 집단과 사립대학 재직 집단 간의 차이를 살펴보았으며, 참여유형별로는 자체평가위원, 현지방문평가위원, 그리고 자체평가와 현지방문평가에 모두 참여한 평가위원 집단 간의 차이를 살펴보았다. 질문지의 분석은 대학 소재지 및 설립유형, 참여유형에 따라 응답의 차이가 통계적으로 의의가 있는가를 밝히기 위해 SPSS를 이용하여 집단들의 반응의 빈도와 백분율을 구하고, χ^2검정을 실시하였으며, 분석과정에서 해당 문항에 대하여 응답하지 않았거나 잘못된 응답은 제외하였다.

5. 연구의 제한점

본 연구의 방법과 연구결과를 일반화하는 데 있어서 제한점은 다음과 같다.

첫째, 본 연구는 대학종합평가인정제의 평가체제에 대한 참여 평가위원들의 의견을 조사하기 위하여 질문지를 작성하여 평가위원 1,748명에게 배포하였으나, 419명으로부터 질문지가 회수되어 24%의 회수율을 보였다. 비교적 낮은 회수율로 인해 연구결과를 일반화하여 해석하는 데 주의를 기울여야 한다.

둘째, 1994년에서 2000년까지 대교협에서 실시한 대학종합평가인정제에서 총 196개 대학이 평가를 받았고, 평가받은 모든 대학이 평가인정을 받았다. 본 연구에서는 총 196개 대학 중 125개 일반대학에 대한 영역별 평가결과만을 분석하였다. 교육대학(1997), 신학계대학(1998), 그리고 산업대학(1999)에 대한 평가결과는 분석에서 제외하였기 때문에, 본 연구의 결과를 교육대학, 신학계 대학, 산업대학에 확대 해석하기는 어렵다.

V. 결과의 분석 및 논의

이 장에서는 1994년에서 2000년까지 시행된 대학종합평가인정제의 평가체제에 대한 평가위원들의 인식을 조사하기 위하여 실시된 질문지조사와 심층면접조사의 결과를 분석하고, 그에 따른 종합적 논의를 한다.

1. 대학종합평가인정제의 필요성과 목적

1) 대학종합평가의 필요성

대학종합평가인정제는 대학평가인정기구가 회원대학들의 합의로 결정된 교육의 목표·내용·방법의 적절성, 교육·연구·사회봉사활동의 질과 산출, 학생, 교직원, 시설 및 행·재정에 관한 기준에 개별대학이 충족하고 있는지를 자율적이고 객관적으로 평가하여, 합리적인 절차에 따라 공식적 인정을 하고, 그 결과에 상응하는 사회적 인정과 행·재정적 지원을 유도하는 제도이다. 이러한 대학종합평가인정제에 대한 대학·학생·정부·사회적 측면에서 필요성을 살펴보면 다음과 같다(어윤배 외, 1998).

첫째, 대학 측면에서는 대학의 질이 열악하다는 문제 인식을 하고 있음에도 불구하고 대학의 자율개선 의지와 자치능력이 그 효과를 거두지 못하고, 대학교육의 질적 수월성의 절대 수준에 대한 객관적인 합의가 없기 때문에 대학경영의 추구 목표가 불명료하여, 이에 대한 대학의 사회적 공신력을 높이고 자체 발전을 위한 대학종합평가인정제가 필요하게 되었다. 둘째, 학생 측면에서는 열악한 교육조건과 부실한 교육의 질 속에서 대학교육을 받으면서 비싼 등록금을 내야 하는 학생들을 보호할 필요가 있고, 대학이 제공하는 교육프로그램에 대한 공인된 결과가 없기 때문에 단순한 사회적 평판이나 입학자의 성적에 의해 결정되는 모순을 시정할 필요가 있다. 셋째, 정부 측 면에서는 지방화 시대에 정부의 권한을 대학에 대폭 이양하기 위해 자율능력이 있는 대학을 선별해야 하는 필요성에 직면하고 있다. 넷째, 사회적 측 면에서는 대학교육의 질을 입학 시 학생들의 성적에 의하여 평가하여 대학의 질 향상을 위한 학생과 대학 및 재단의 노력을 경시하는 사회적 인식을 타파할 필요가 있다.

<표 V-1> 대학종합평가인정제의 필요성에 대한 반응

단위: 명(%)

필요성	전 체	소재지		설립유형		참여유형		
		서 울	지 방	국공립	사 립	자 체	방 문	자체·방문
매우 높다	84 (20.2)	19 (22.9)	65 (19.5)	16 (13.4)	68 (22.9)	47 (15.5)	13 (28.9)	23 (37.1)
높 다	219 (52.6)	46 (55.4)	173 (52.0)	61 (51.3)	158 (53.2)	164 (53.9)	25 (55.6)	29 (46.8)
보통이다	70 (16.8)	12 (14.5)	58 (17.4)	27 (22.7)	43 (14.5)	59 (19.4)	3 (6.7)	7 (11.3)
낮 다	38 (9.1)	6 (7.2)	32 (9.6)	15 (12.6)	23 (7.7)	31 (10.2)	3 (6.7)	3 (4.8)
매우 낮다	5 (1.2)	0 (0.0)	5 (1.5)	0 (0.0)	5 (1.7)	3 (1.0)	1 (2.2)	0 (0.0)
계	416 (100.0)	83 (100.0)	333 (100.0)	119 (100.0)	297 (100.0)	304 (100.0)	45 (100.0)	62 (100.0)
χ^2		2.530		11.423*		22.768**		

*p<.05, **p<.01

이러한 필요성에 의해 제도화된 대학종합평가인정제가 계속 시행되어야 할 필요성과 그 이유에 대한 조사결과, <표 V-1>에서와 같이 대학종합평가인정제의 필요성에 관하여 응답자 전체에서 '높다'가 52.6%로 가장 높고, '매우 높다'가 20.2%이고, '보통'이 16.8%로 나타났으며, '낮다'와 '매우 낮다'의 의견이 약 10%로 대부분의 교수들은 대학종합평가인정제의 필요성에 공감하고 있는 것으로 나타났다. 소재지역에 따른 유의미한 의견의 차이는 보이지 않았으나, 설립유형과 참여유형에 따라서는 통계적으로 각각 5%와 1% 수준에서 유의한 것으로 나타났다. 설립유형에 따른 차이를 살펴보면, 국·공립대학 재직 평가위원(64.7%)보다는 사립대학재직 평가위원들(76.1%)이 대학종합평가의 필요성을 더 많이 인식하고 있었다. 참여유형에 따른 차이를 살펴보면 자체평가위원(69.4%)보다 자체·방문 평가위원(83.9%), 방문평가위원(84.5%)이 그 필요성을 더 많이 인식하고 있는 것을 알 수 있다. 한편, 대학종합평가인정제의 필요성이 높다라고 응답한 경우 그 이유에 대한 조사결과, 〈표 V-2〉에서와 같이 '대학교육의 질적 수준 및 서비스 향상'이라고 응답한 비율이 전체의 83%이고, '대학의 책무성 향상'이 13.7%, '대학의 특성화유도'가 3.3%로 나타나 대부분의 교수들이 대학교육의 질적 향상 및 서비스를 개선하기 위해 대학종합평가인정제가 계속 실시되어야 한다고 생각하는 것으로 나타났다. 변인에 따른 유의미한 의견의 차이는 발견하지 못하였다.

〈표 V-2〉 대학종합평가인정제의 필요 이유에 대한 반응

단위: 명(%)

이 유	전 체	소재지		설립유형		참여유형		
		서 울	지 방	국공립	사 립	자 체	방 문	자체·방문
질적 수준 및 서비스향상	249 (83.0)	54 (83.1)	195 (83.0)	58 (77.3)	191 (84.9)	174 (83.3)	32 (86.5)	41 (78.8)
대학의 책무성 향상	41 (13.7)	9 (13.8)	32 (13.6)	12 (16.0)	29 (12.9)	27 (12.9)	5 (13.5)	9 (17.3)
대학의 특성화 유도	10 (3.3)	2 (3.1)	8 (3.4)	5 (6.7)	5 (2.2)	8 (3.8)	0 (0.0)	2 (3.8)
계	300 (100.0)	65 (100.0)	235 (100.0)	75 (100.0)	225 (100.0)	209 (100.0)	37 (100.0)	52 (100.0)
χ^2		.018		4.119		2.166		

대학종합평가인정제의 필요성이 '낮다'라고 응답한 경우, 〈표 V-3〉에서와 같이 불필요한 이유에 대해 전체의 75%(30명)가 '비용과 노력에 비해 그 효과가 적기 때문'이라고 응답하였으며, '최저 수준의 질 유지에는 기여하고 있지만 최고 수준의 질 향상을 이루게 하지는 못하기 때문이다'에 6명(15%)이 응답하였다. 또한 설립유형과 참여유형에 따른 유의미한 의견의 차이는 발견되지 않았으나, 소재지역에 따라 통계적으로 5%의 유의 수준에서 의견의 차이가 있었다. 서울 지역의 평가위원보다 지방의 평가위원들이 '비용과 노력에 비해 그 효과가 적기 때문'에 대학종합평가인정제를 불필요하게 생각하고 있는 것으로 나타났다.

〈표 V-3〉 대학종합평가인정제의 불필요 이유에 대한 반응

단위: 명(%)

이 유	전 체	소재지		설립유형		참여유형		
		서 울	지 방	국공립	사 립	자 체	방 문	자체·방문
평가가 질을 저하시키므로	2 (5.0)	0 (0.0)	2 (5.7)	1 (6.7)	1 (4.0)	1 (3.2)	1 (25.0)	0 (0.0)
자체평가가 더 효과적	1 (2.5)	1 (20.0)	0 (0.0)	0 (0.0)	1 (4.0)	1 (3.2)	0 (0.0)	0 (0.0)
비용보다 효과가 적다	30 (75.0)	2 (40.0)	28 (80.0)	14 (93.3)	16 (64.0)	24 (77.4)	3 (75.0)	1 (33.3)
최고수준의 질 향상 못 이룸	6 (15.0)	2 (40.0)	4 (11.4)	0 (0.0)	6 (24.0)	4 (12.9)	0 (0.0)	2 (66.7)
기 타	1 (2.5)	0 (0.0)	1 (2.9)	0 (0.0)	1 (4.0)	1 (3.2)	0 (0.0)	0 (0.0)
계	40 (100.0)	5 (100.0)	35 (100.0)	15 (100.0)	25 (100.0)	31 (100.0)	4 (100.0)	3 (100.0)
χ^2		10.743*		6.009		10.250		

*p<.05

2) 대학종합평가의 목적

대학종합평가인정제를 도입하여 실시한 목적은 대학교육의 수월성, 효율성, 책무성, 자율성, 협동성을 제고하고 아울러 대학재정 지원확대를 통하여 대학을 발전시키는 데 있었다(대교협, 1994). 이러한 목적으로 도입되어 시행된 대학종합평가인정제는 그 목적을 제대로 달성하였는지, 달성하지 못하였다면 그 이유는 무엇이었는지, 그리고 앞으로 시행될 대학종합평가인정제에서는 어떤 목적에 더 중점을 두어야 할 것인가 대한 의견을 조사하였다.

〈표 V-4〉에서 보면, 대학종합평가인정제가 소기의 목적을 달성하였는가에 대하여 52.1%가 '어느 정도 목적을 달성하였다'고 응답하였으며, '그렇지 않다'가 20.1%, '보통이다'가 27.8%인 것으로 나타났다. 재직 대학의 소재지역에 따른 평가위원들 간의 유의미한 의견 차이는 발견하지 못하였으나, 서울지역 대학 재직 평가위원이 지방대학 재직 평가위원보다 다소 긍정적으로 응답한 것을 알 수 있다. 설립유형과 참여유형에 따라 통계적으로 각각 5%와 1% 수준에서 유의한 차이가 나타났다. 설립유형에 따른 차이를 살펴보면, 사립대학(56.1%)에 재직하고 있는 평가위원들이 국공립대학(41.9%)에 재직하고 있는 평가위원보다 긍정적으로 응답한 비율이 유의미하게 높게 나타났다. 참여유형에 따른 차이를 살펴보면, 전반적으로 '매우 그렇다'라고 응답하였으나, 부정적으로 응답한 평가위원 가운데 자체평가위원이 23%로, 방문평가위원(14%)이나 자체·방문 평가위원(4.8%)에 비해 다소 높게 나타났다. 이것으로 보아 자체평가위원들이 대학종합평가인정제의 목적달성에 대해 부정적으로 생각하는 경향이 다른 참여유형에 비해 높은 것을 알 수 있다.

〈표 Ⅴ-4〉 대학종합평가인정제의 목적 달성에 대한 반응

단위: 명(%)

목적달성	전 체	소재지		설립유형		참여유형		
		서 울	지 방	국공립	사 립	자 체	방 문	자체·방문
매우 그렇다	21 (5.1)	4 (4.9)	17 (5.1)	2 (1.7)	19 (6.4)	13 (4.3)	3 (7.0)	5 (8.1)
대체로 그렇다	194 (47.0)	44 (54.3)	150 (45.2)	47 (40.2)	147 (49.7)	132 (43.6)	25 (58.1)	35 (56.5)
보통이다	115 (27.8)	25 (30.9)	90 (27.1)	37 (31.6)	78 (26.4)	87 (28.7)	9 (20.9)	19 (30.6)
다소 그렇지 않다	69 (16.7)	7 (8.6)	62 (18.7)	29 (24.8)	40 (13.5)	62 (20.5)	4 (9.3)	2 (3.2)
매우 그렇지 않다	14 (3.4)	1 (1.2)	13 (3.9)	2 (1.7)	12 (4.1)	9 (3.0)	2 (4.7)	1 (1.6)
계	413 (100.0)	81 (100.0)	332 (100.0)	117 (100.0)	296 (100.0)	303 (100.0)	43 (100.0)	62 (100.0)
χ^2		6.796		13.841**		17.312*		

*p<.05, **p<.01

한편, 대학종합평가인정제가 소기의 목적달성을 하지 못했다고 응답한 경우에 한하여 대학종합평가의 목적 달성을 저해한 요인에 대하여 조사하였다. 조사결과 〈표 Ⅴ-5〉에서와 같이 응답자 전체의 38.6%가 '평가내용 및 기준의 타당성 결여'가 가장 큰 요인이라고 응답하였다. 그 다음으로 '평가결과의 활용 미흡'이 25.3%, '평가절차상 공정성 및 객관성이 부족'하다는 응답이 18.1%이었으며, 평가인정기구의 효율성·전문성이 부족하다는 의견도 12%로 나타났다. 소재지, 설립유형, 그리고 참여유형에 따른 평가위원들 간의 유의미한 의견 차이는 발견할 수 없었다.

〈표 V-5〉 대학종합평가인정제의 목적달성 저해요인에 대한 반응

단위: 명(%)

저해요인	전 체	소재지		설립유형		참여유형		
		서 울	지 방	국공립	사 립	자 체	방 문	자체·방문
대학평가인정제에 대한 인식 부족	5 (6.0)	0 (0.0)	5 (6.7)	1 (3.2)	4 (7.7)	4 (5.6)	0 (0.0)	1 (33.3)
평가인정기구의 효율성·전문성부족	10 (12.0)	3 (37.5)	7 (9.3)	3 (9.7)	7 (13.5)	10 (14.1)	0 (0.0)	0 (0.0)
평가내용 및 기준의 타당성 결여	32 (38.6)	2 (25.0)	30 (40.0)	11 (35.5)	21 (40.4)	23 (32.4)	5 (83.3)	1 (33.3)
평가질사싱 공정성·객관성 부족	15 (18.1)	1 (12.5)	14 (18.7)	9 (29.0)	6 (11.5)	14 (19.7)	0 (0.0)	1 (33.3)
평가결과의 활용 미흡	21 (25.3)	2 (25.0)	19 (25.3)	7 (22.6)	14 (26.9)	20 (28.2)	1 (16.7)	0 (0.0)
계	83 (100.0)	8 (100.0)	75 (100.0)	31 (100.0)	52 (100.0)	71 (100.0)	6 (100.0)	3 (100.0)
χ^2		5.868		4.429		11.772		

앞으로 시행할 대학종합평가인정제에서 가장 중점을 두어야 할 목적에 대해서 조사한 결과, 〈표 V-6〉에서와 같이 '대학의 자율성 신장'이 30.3%로 가장 높게 나타났으며, 다음으로 '대학의 수월성 제고'가 22.5%, '대학경영의 효율성'이 18.8%, '대학의 책무성 향상'이 14.3%, '대학재정지원 확충'이 13.3% 순으로 나타났다. '대학 간 협력 증대'는 1%로 다른 항목에 비하여 그 중요성을 적게 느끼고 있는 것을 알 수 있다. 변인들 간의 유의미한 의견 차이는 발견되지 않았으나, 방문평가위원과 자체·방문 평가위원들의 경우는 '대학의 수월성 제고'를 중점사항으로 응답하였으며, 다른 모든 변인에서는 '대학의 자율성 신장'을 중점 목적으로 지적하고 있었다.

<표 Ⅴ-6> 중점 목적사항에 대한 반응

단위: 명(%)

중점 목적	전 체	소재지		설립유형		참여유형		
		서 울	지 방	국공립	사 립	자 체	방 문	자체·방문
대학의 수월성 제고	90 (22.5)	23 (30.3)	67 (20.7)	20 (17.2)	70 (24.6)	55 (18.8)	12 (27.3)	22 (36.7)
대학경영의 효율성	75 (18.8)	11 (14.5)	64 (19.8)	19 (16.4)	56 (19.7)	56 (19.2)	8 (18.2)	9 (15.0)
대학의 자율성 신장	121 (30.3)	26 (34.2)	95 (29.3)	38 (32.8)	83 (29.2)	98 (33.6)	8 (18.2)	14 (23.3)
대학 간 협력 증대	4 (1.0)	0 (0.0)	4 (1.2)	2 (1.7)	2 (.7)	3 (1.0)	0 (0.0)	1 (1.7)
대학의 책무성 향상	57 (14.3)	6 (7.9)	51 (15.7)	23 (19.8)	34 (12.0)	40 (13.7)	8 (18.2)	9 (15.0)
대학재정 지원의 확충	53 (13.3)	10 (13.2)	43 (13.3)	14 (12.1)	39 (13.7)	40 (13.7)	8 (18.2)	5 (8.3)
계	400 (100.0)	76 (100.0)	324 (100.0)	116 (100.0)	284 (100.0)	292 (100.0)	44 (100.0)	60 (100.0)
χ^2		7.513		7.433		15.315		

2. 대학종합평가인정제의 운영관리

1) 평가주체

대학종합평가인정제를 어떻게 운영관리할 것인가와 관련하여 대학종합평가의 평가주체, 대학평가전담기구의 설립, 평가주기, 그리고 평가경비에 대한 의견을 수렴하였다. 먼저, 대학종합평가를 시행하기에 적절한 평가주체에 대한 조사한 결과, <표 Ⅴ-7>에서와 같이 대교협과 대학자율협의체가 적절하다는 의견이 전체 응답자의 43.5%로 나타났으며, 그 다음 대학평가전담기구

42.3%, 전문가단체 7.4%, 교육인적자원부 4.8%, 언론기관 1.9% 순으로 나타
났다. 소재지와 설립유형에 따른 유의미한 의견 차이는 발견하지 못하였으
나, 참여유형에 따라서는 5% 수준에서 유의한 차이가 나타났다. 자체평가위
원들은 대학평가전담기구가 평가주체이어야 한다는 의견이 높게 나타났고
(45.3%), 방문평가위원(61.4%)나 자체·방문 평가위원(58.1%)의 경우는 대
교협과 같은 대학자율협의체가 적절하다는 의견이 높게 나타났다.

〈표 Ⅴ-7〉 대학종합평가인정제의 평가주체에 대한 반응

단위: 명(%)

평가주체	전 체	소재지		설립유형		참여유형		
		서 울	지 방	국공립	사 립	자 체	방 문	자체·방문
교육인적자원부	20 (4.8)	3 (3.7)	17 (5.1)	7 (5.9)	13 (4.3)	18 (5.9)	1 (2.3)	0 (0.0)
대학자율협의체	182 (43.5)	33 (40.2)	149 (44.3)	54 (45.4)	128 (42.8)	119 (38.8)	27 (61.4)	36 (58.1)
평가전담기구	177 (42.3)	38 (46.3)	139 (41.4)	46 (38.7)	131 (43.8)	139 (45.3)	12 (27.3)	22 (35.5)
전문가단체	31 (7.4)	7 (8.5)	24 (7.1)	10 (8.4)	21 (7.0)	24 (7.8)	3 (6.8)	4 (6.5)
언론기관	8 (1.9)	1 (1.2)	7 (2.1)	2 (1.7)	6 (2.0)	7 (2.3)	1 (2.3)	0 (0.0)
계	418 (100.0)	82 (100.0)	336 (100.0)	119 (100.0)	299 (100.0)	307 (100.0)	44 (100.0)	62 (100.0)
χ^2		1.340		1.348		17.404*		

*p<.05

2) 대학평가전담기구 설립의 필요성

현재 우리나라에서는 여러 평가기관[6]들에 의해 다양한 목적으로 대학평

---

[6] 대학을 대상으로 이루어지는 평가는 교육부평가, 언론사 평가, 정보통신부 등의 정부
기관 평가, 대교협평가, 한국교육개발원의 사범대학 및 교육대학원 평가 등이 있다.

가가 이루어지고 있다. 그러나 이들 기관들 간의 상호협의가 이루어지지 않은 채 평가를 실시함으로써 평가대상인 대학은 과중한 평가업무로 인해 대학이 본래 수행하여야 할 교수와 연구 및 학생들에 대한 서비스 질을 저하시키는 결과를 초래하고 있다(오성삼, 1999). 그리하여 최근 들어 대학평가 전담기구 설립의 필요성이 제기되고 있음에 따라 그에 관한 의견을 조사하였다. 〈표 V-8〉에서 보면 응답자 전체의 58.7%가 대학평가 전담기구의 설립이 '필요하다'고 응답하였으며, '필요치 않다'는 의견이 24.5%, '보통이다'는 의견이 16.8%로 나타났다. 변인들에 따른 통계적으로 유의미한 의견의 차이는 발견할 수 없었다.

〈표 V-8〉 대학평가전담기구 설립의 필요성에 대한 반응

단위: 명(%)

필요성	전 체	소재지		설립유형		참여유형		
		서 울	지 방	국공립	사 립	자 체	방 문	자체·방문
매우 필요	83 (19.9)	20 (24.4)	63 (18.8)	14 (11.8)	69 (23.2)	62 (20.3)	8 (18.2)	12 (19.4)
필요하다	162 (38.8)	33 (40.2)	129 (38.5)	46 (38.7)	116 (38.9)	124 (40.5)	13 (29.5)	22 (35.5)
보통이다	70 (16.8)	14 (17.1)	56 (16.7)	22 (18.5)	48 (16.1)	49 (16.0)	12 (27.3)	8 (12.9)
필요치 않다	80 (19.2)	12 (14.6)	68 (20.3)	30 (25.2)	50 (16.8)	56 (18.3)	7 (15.9)	17 (27.4)
전혀 필요치 않다	22 (5.3)	3 (3.7)	19 (5.7)	7 (5.9)	15 (5.0)	15 (4.9)	4 (9.1)	3 (4.8)
계	417 (100.0)	82 (100.0)	335 (100.0)	119 (100.0)	298 (100.0)	306 (100.0)	44 (100.0)	62 (100.0)
χ^2		2.696		9.099		8.853		

대학평가전담기구 설립이 필요하다고 응답한 경우, 설립되어야 할 가장 중요한 이유에 대하여 조사하였다. 〈표 V-9〉에서와 같이 응답자 전체의 46.1%가 '대학평가의 전문성을 확보하기 위해서'라고 응답하였고, 응답자의 39.1%는 '대학평가 업무를 종합하고 이에 대한 전반적인 체계 정립을 위해서'라고 응답하였으며, '대학평가기구의 독립성을 유지하기 위한 목적으로 설립해야 한다'는 항목에 대해서도 14.4%가 응답하였다. 변인들 간의 유의미한 차이는 발견하지 못하였으며, 모든 하위변인들에서 '대학평가의 전문성 확보'가 대학평가전담기구의 설립 필요성의 가장 중요한 원인으로 응답한 것으로 나타났다.

〈표 V-9〉 대학평가전담기구 설립 필요 이유에 대한 반응

단위: 명(%)

필요성	전 체	소재지		설립유형		참여유형		
		서 울	지 방	국공립	사 립	자 체	방 문	자체·방문
대학평가 종합 및 체제정립	95 (39.1)	21 (39.6)	74 (38.9)	22 (36.7)	73 (39.9)	71 (38.6)	10 (47.6)	12 (35.3)
대학평가기구 독립성 유지	35 (14.4)	8 (15.1)	27 (14.2)	9 (15.0)	26 (14.2)	27 (14.7)	1 (4.8)	7 (20.6)
대학평가의 전문성 확보	112 (46.1)	24 (45.3)	88 (46.3)	29 (48.3)	83 (45.4)	85 (46.2)	10 (47.6)	15 (44.1)
안정적 재정확보	1 (.4)	0 (0.0)	1 (.5)	0 (0.0)	1 (.5)	1 (.5)	0 (0.0)	0 (0.0)
계	243 (100.00)	53 (100.0)	190 (100.0)	60 (100.0)	183 (100.0)	184 (100.0)	21 (100.0)	34 (100.0)
χ^2		.316		.555		3.088		

또한 대학평가전담기구의 설립이 불필요하다고 응답한 경우에 한하여 불필요하다고 생각하는 이유에 대해서 조사하였다. 그 결과 〈표 V-10〉에서와 같이 응답자 전체의 51%가 '평가기관이 유일하게 존재하면 그에 따른 폐단이 반드시 있기 때문'이라고 응답하였고, 18.8%는 '대학평가 전담기구는 절

대평가가 아닌 상대적인 서열을 정하는 상대평가를 전제로 하게 될 것이기 때문'이라고 대답하였으며, '다양한 기관이나 단체에 의한 다양한 대학평가체제를 갖추어야 한다'는 의견에도 16.7%가 응답하였다. 각 하위변인들에 따른 통계적으로 유의미한 의견의 차이는 발견하지 못하였으며, 모든 하위변인집단에서 대학평가전담기구의 설립이 불필요한 이유에 대해 평가기관이 유일하게 존재할 경우 발생할 폐단 때문이라고 생각하는 것으로 나타났다.

〈표 Ⅴ-10〉 대학평가전담기구 설립 불필요 이유에 대한 반응

단위: 명(%)

불필요성	전 체	소재지		설립유형		참여유형		
		서 울	지 방	국공립	사 립	자 체	방 문	자체·방문
다양한 평가 체제 갖추기	16 (16.7)	4 (26.7)	12 (14.8)	5 (14.7)	11 (17.7)	11 (16.2)	1 (10.0)	4 (22.2)
다른 기관에 의해 보완	5 (5.2)	1 (6.7)	4 (4.9)	2 (5.9)	3 (4.8)	2 (2.9)	2 (20.0)	1 (5.6)
폐단 발생 우려	49 (51.0)	5 (33.3)	44 (54.3)	21 (61.8)	28 (45.2)	34 (50.0)	6 (60.0)	9 (50.0)
상대평가를 전제로	18 (18.8)	3 (20.0)	15 (18.5)	5 (14.7)	13 (21.0)	15 (22.1)	1 (10.0)	2 (11.1)
기 타	8 (8.3)	2 (13.3)	6 (7.4)	1 (2.9)	7 (11.3)	6 (8.8)	0 (0.0)	2 (11.1)
계	96 (100.0)	15 (100.0)	81 (100.0)	34 (100.0)	62 (100.0)	68 (100.0)	10 (100.0)	18 (100.0)
x^2		2.780		3.649		8.047		

3) 평가주기

일반적으로 대학은 1년 동안에 급격히 변모하고 발전하기 어렵기 때문에 대학을 평가하기 위해서는 주기를 정하여 일정 시점에 평가하는 것이 바람직하다. 그러나 평가주기에 대한 절대적인 원칙이나 공식이 없기 때문에 평

가주기를 얼마로 할 것인가는 매우 어려운 문제이다. 외국의 경우 평가주기는 일반적으로 5년에서 10년 사이이며, 평가주기에 대한 논의는 평가결과의 활용목적이나 철학에 따라 달라질 수밖에 없는 것이므로 대학종합평가인정제의 평가 또한 대학환경의 변화나 사회적인 요구 그리고 평가내용이나 대상에 따라 적절히 조정될 수 있는 것이다. 현재 7년을 주기로 하여 실시되고 있는 대학종합평가의 평가주기가 적절한가에 대한 조사결과, 〈표 V-11〉에서와 같이 응답자 전체의 63.9%가 '적절하다'고 보았으며, '너무 길다'는 의견이 29.3%로 나타났다. 변인별로 의견에 대한 유의미한 차이는 발견하지 못하였으며, 모든 하위집단에서 7년 주기가 적절하다고 응답하였다. 그러나 참여유형에서 자체·방문 평가위원들의 경우 41%가 너무 길다고 응답한 것으로 나타났다.

〈표 V-11〉 평가주기의 적절성에 대한 반응

단위: 명(%)

평가주기	전 체	소재지		설립유형		참여유형		
		서 울	지 방	국공립	사 립	자 체	방 문	자체·방문
너무 길다	121 (29.3)	20 (24.4)	101 (30.5)	33 (28.2)	88 (29.7)	82 (26.9)	12 (27.9)	25 (41.0)
적절하다	264 (63.9)	54 (65.9)	210 (63.4)	75 (64.1)	189 (63.9)	201 (65.9)	29 (67.4)	33 (54.1)
너무 짧다	28 (6.8)	8 (9.8)	20 (6.0)	9 (7.7)	19 (6.4)	22 (7.2)	2 (4.7)	3 (4.9)
계	413 (100.0)	82 (100.0)	331 (100.0)	117 (100.0)	296 (100.0)	305 (100.0)	43 (100.0)	61 (100.0)
χ^2		2.238		.268		5.353		

4) 평가경비

대학종합평가인정제에서는 평가에 소요되는 경비를 정부지원에 의존하고 있다. 평가경비를 정부의 지원에 의존할 경우 공정한 평가활동을 보장받기

134

어려우며 평가의 독립성 또한 보장받기 힘들다는 문제가 제기되고 있다. 따라서 평가에 소요되는 경비를 정부지원에 의존하는 것에 대해 조사해 본 결과, 〈표 V-12〉에서와 같이 전체 응답자의 71.2%가 '적절하다'고 응답하였으며, '부적절하다'는 11.8%로 평가위원 대부분이 정부가 경비를 부담하는 것에 대해 긍정적으로 생각하고 있는 것으로 나타났다. 변인별로 볼 때 소재지역에 따라서 5% 수준에서 유의미한 의견의 차이가 나타났는데, 서울지역에 소재하고 있는 대학의 평가위원들(65.8%)보다는 지방지역에 소재하고 있는 대학의 평가위원(72.5%)들이 정부의 재정지원을 더 찬성하는 것으로 나타났다. 설립유형과 참여유형에 따른 유의미한 차이는 발견하지 못하였다.

〈표 V-12〉 평가경비의 정부지원에 대한 반응

단위: 명(%)

정부지원	전 체	소재지		설립유형		참여유형		
		서 울	지 방	국공립	사 립	자 체	방 문	자체·방문
매우 적절	92 (22.3)	16 (19.5)	76 (23.0)	20 (16.9)	72 (24.4)	70 (23.1)	11 (25.0)	9 (14.5)
대체로 적절	202 (48.9)	38 (46.3)	164 (49.5)	63 (53.4)	139 (47.1)	146 (48.2)	22 (50.0)	32 (51.6)
보통	70 (16.9)	14 (17.1)	56 (16.9)	23 (19.5)	47 (15.9)	50 (16.5)	5 (11.4)	15 (24.2)
다소 부적절	39 (9.4)	8 (9.8)	31 (9.4)	9 (7.6)	30 (10.2)	32 (10.6)	4 (9.1)	3 (4.8)
매우 부적절	10 (2.4)	6 (7.3)	4 (1.2)	3 (2.5)	7 (2.4)	5 (1.7)	2 (4.5)	3 (4.8)
계	413 (100.0)	82 (100.0)	331 (100.0)	118 (100.0)	295 (100.0)	303 (100.0)	44 (100.0)	62 (100.0)
χ^2		10.629*		3.999		9.601		

*p<.05

한편, 평가에 소요되는 경비를 정부지원에 의존하는 것이 부적절하다고 응답한 경우, 평가대상 대학이 부담하는 방안에 대한 조사하였다. 그 결과 〈표 V-13〉에서와 같이 평가위원의 56.3%가 '대학이 평가경비를 부담하는 것에 대해 적절하다'고 응답하였으며, 25%는 '부적절하다'고 응답하였다. 소재지와 설립유형에 따른 유의미한 차이는 발견할 수 없었으나, 참여유형에 따라 5% 수준에서 유의한 의견 차이를 보였다. 방문평가위원(66.6%)과 자체·방문 평가위원(66.7%)이 자체평가위원(52.8%)보다 평가경비를 대학이 부담하는 것이 적절하다고 생각하는 것으로 나타났다.

<표 V-13> 평가경비의 대학부담에 대한 반응

단위: 명(%)

대학부담	전 체	소재지		설립유형		참여유형		
		서 울	지 방	국공립	사 립	자 체	방 문	자체·방문
매우 적절	6 (12.5)	4 (30.8)	2 (5.7)	2 (18.2)	4 (10.8)	1 (2.8)	2 (33.3)	3 (50.0)
대체로 적절	21 (43.8)	5 (38.5)	16 (45.7)	4 (36.4)	17 (45.9)	18 (50.0)	2 (33.3)	1 (16.7)
보 통	9 (18.8)	1 (7.7)	8 (22.9)	2 (18.2)	7 (18.9)	9 (25.0)	0 (0.0)	0 (0.0)
다소 부적절	6 (12.5)	1 (7.7)	5 (14.3)	1 (9.1)	5 (13.5)	4 (11.1)	1 (16.7)	1 (16.7)
매우 부적절	6 (12.5)	2 (15.4)	4 (11.4)	2 (18.2)	4 (10.8)	4 (11.1)	1 (16.7)	1 (16.7)
계	48 (100.0)	13 (100.0)	35 (100.0)	11 (100.0)	37 (100.0)	36 (100.0)	6 (100.0)	6 (100.0)
χ^2		6.485		1.050		16.476*		

*p<.05

3. 대학종합평가인정제의 평가기준

평가기준은 단순히 평가로서의 가치판단 이외에 대학교육의 미래관을 형성시켜 주며, 대학다운 대학을 형성하는 데 중요한 방향을 제시해 준다고 할 수 있다. 따라서 평가기준과 관련하여 평가영역 구분, 평가항목 수, 평가항목의 구성비율, 가중치의 적절성, 평가항목의 속성, 보완해야 할 평가항목, 그리고 평가기준의 방향에 대한 인식을 조사하였다.

1) 평가영역 구분의 적절성

대학종합평가인정제에서 학부는 교육, 연구, 사회봉사, 교수, 시설·설비, 재정·경영 등의 6개 영역에 대해서 평가하고, 대학원은 교육과정, 수업 및 논문지도, 교수, 시설·설비, 재정·경영의 5개 영역으로 나누어 평가하고 있다. 이러한 평가영역의 구분이 적절한가에 대한 조사결과, 〈표 V-14〉에서와 같이 전체 응답자의 80.5%가 '적절하다'고 응답하였으며, 11.8%는 '보통이다', 7.7%는 '부적절하다'고 생각하는 것으로 나타났다. 이러한 경향은 응답자의 배경에 따라서도 유사하게 나타났다. 그러나 특이한 점은 부적절하다는 응답에서 자체평가위원(9.2%)이 방문평가위원(2.2%)보다 약 4배 정도 높게 나타났다. 이것으로 보아 평가영역의 적절성을 둘러싸고 상당한 의견 차이가 있는 것을 알 수 있으나, 전체적으로 볼 때 평가영역의 구분에 대해서 대체로 적절하게 생각하는 것으로 나타났다.

〈표 V-14〉 평가영역 구분의 적절성에 대한 반응

단위: 명(%)

평가영역	전 체	소재지		설립유형		참여유형		
		서 울	지 방	국공립	사 립	자 체	방 문	자체·방문
매우 적절	45 (10.8)	9 (10.8)	36 (10.8)	13 (10.8)	32 (10.8)	28 (9.2)	9 (20.0)	8 (12.9)
대체로 적절	290 (69.7)	59 (71.1)	231 (69.4)	79 (65.8)	211 (71.3)	213 (69.8)	29 (64.4)	45 (72.6)
보 통	49 (11.8)	9 (10.8)	40 (12.0)	19 (15.8)	30 (10.1)	36 (11.8)	6 (13.3)	6 (9.7)
다소 부적절	28 (6.7)	6 (7.2)	22 (6.6)	8 (6.7)	20 (6.8)	24 (7.9)	1 (2.2)	3 (4.8)
매우 부적절	4 (1.0)	0 (0.0)	4 (1.2)	1 (.8)	3 (1.0)	4 (1.3)	0 (0.0)	0 (0.0)
계	416 (100.0)	83 (100.0)	333 (100.0)	120 (100.0)	296 (100.0)	305 (100.0)	45 (100.0)	62 (100.0)
χ^2		1.140		2.747		8.695		

2) 평가항목의 수

대학종합평가인정제에서 학부를 평가하는 데 있어서 교육영역은 4개 평가부문, 23개의 평가항목, 연구영역은 3개의 평가부문에 11개의 평가항목, 사회봉사영역은 2개의 평가부문에 8개의 평가항목, 교수영역은 4개의 평가부문에 16개의 평가항목, 시설·설비 영역은 4개의 평가부문에 20개의 평가항목, 그리고 재정·경영 영역은 5개의 평가부문에 22개의 평가항목으로 이루어져있다. 따라서 대학종합평가인정제에서는 6개 영역에 걸쳐 총 100개 항목으로 평가를 실시하고 있다. 평가문항의 수는 영역에 따라 다르며 각 문항에는 가중치가 주어져 있다. 이에 대하여 일부에서는 평가항목이 너무 많다는 지적과 계량적인 평가에 치중하고 있다는 비판을 제기하고 있다(대교협, 1998). 이에 따라 대학종합평가인정제의 평가항목 수가 적절하였는가에 대한 조사하였다. 그 결과 〈표 V-15〉에서와 같이 전체 응답자의 50.7%가 '적절하다', 40.9%는 '평가항목이 줄어야 한다', 그리고 8.4%는 '평가항목이 늘어야 한다'고 응답하였다. 변인별로 유의미한 의견 차이는 발견하지 못하였으나, 모든 하위 집단에서 100개의 평가항목을 적절하게 생각하고 있는 것으로 나타났다.

〈표 V-15〉 평가항목의 수에 대한 의견

단위: 명(%)

평가항목 수	전 체	소재지		설립유형		참여유형		
		서 울	지 방	국공립	사 립	자 체	방 문	자체·방문
평가항목이 줄어야 한다	170 (40.9)	39 (47.0)	131 (39.3)	51 (42.9)	119 (40.1)	134 (44.1)	14 (31.1)	21 (33.9)
적절하다	211 (50.7)	41 (49.4)	170 (51.1)	63 (52.9)	148 (49.8)	144 (47.4)	26 (57.8)	37 (59.7)
평가항목이 늘어야 한다	35 (8.4)	3 (3.6)	32 (9.6)	5 (4.2)	30 (10.1)	26 (8.6)	5 (11.1)	4 (6.5)
계	416 (100.0)	83 (100.0)	333 (100.0)	119 (100.0)	297 (100.0)	304 (100.0)	45 (100.0)	62 (100.0)
χ^2		3.825		3.838		5.303		

3) 평가항목의 비율

대학종합평가인정제에서 총 100개의 평가항목 가운데 65%는 정성적 항목, 35%는 정량적 항목으로 구성되어 있다. 현행 평가항목 구성비율이 적절한가에 대한 조사결과, 〈표 V-16〉에서와 같이 '적절하다'는 의견이 전체의 39.7%로 가장 높게 나타났으나, '부적절하다'는 의견이 35.2%, '보통이다'가, 25.1%로, 평가항목의 구성비율에 대한 적절성에 대한 평가위원들의 견해가 다양한 것을 알 수 있다. 소재지와 설립유형에 따른 유의미한 차이는 발견하지 못하였으나, 참여유형에서는 1% 유의 수준에서 유의미한 차이가 나타났다. 자체평가위원들은 '부적절하다'는 생각이 40.1%로 가장 높았고, '적절하다'는 의견이 33.2%이었으나, 방문평가위원과 자체·방문 평가위원들의 경우 각각 53.2%, 59.7%의 평가위원들이 적절하다고 생각하는 것으로 나타나 참여유형에 따른 의견이 차이가 있음을 확인할 수 있었다.

〈표 V-16〉 평가항목 구성비율에 대한 반응

단위: 명(%)

구성비율	전 체	소재지		설립유형		참여유형		
		서 울	지 방	국공립	사 립	자 체	방 문	자체·방문
매우 적절	5 (1.2)	0 (0.0)	5 (1.5)	1 (.8)	4 (1.3)	3 (1.0)	1 (2.2)	1 (1.6)
대체로 적절	161 (38.5)	38 (45.8)	123 (36.7)	42 (35.0)	119 (39.9)	99 (32.2)	23 (51.1)	36 (58.1)
보 통	105 (25.1)	21 (25.3)	84 (25.1)	39 (32.5)	66 (22.1)	82 (26.7)	7 (15.6)	15 (24.2)
다소 부적절	134 (32.1)	23 (27.7)	111 (33.1)	33 (27.5)	101 (33.9)	112 (36.5)	13 (28.9)	9 (14.5)
매우 부적절	13 (3.1)	1 (1.2)	12 (3.6)	5 (4.2)	8 (2.7)	11 (3.6)	1 (2.2)	1 (1.6)
계	418 (100.0)	83 (100.0)	335 (100.0)	120 (100.0)	298 (100.0)	307 (100.0)	45 (100.0)	62 (100.0)
χ^2		4.479		6.070		22.449**		

**p<.01

평가항목의 구성비율이 부적절하다고 생각하는 경우 적절한 구성비율에 관한 조사결과, 〈표 V-17〉에서와 같이 75.9%가 '정량적 평가항목의 비중을 더 낮추고, 정성적 평가항목의 비중을 더 높이는 것이 좋다'고 응답하였으며, '정량적 평가항목의 비중을 더 높이고, 정성적 평가항목의 비중을 더 낮추는 것이 좋다'는 의견은 13.1%로 나타났다. 소재지 및 참여유형에 따른 유의미한 의견의 차이는 없었으나, 설립유형에 따라 1% 수준에서 통계적으로 유의한 차이가 나타났다. 사립대학 재직 평가위원들이 국공립대학 재직 평가위원들에 비해 정성적 평가항목의 비중을 높이는 방안에 대해 더 적극적으로 나타났으며, 국공립대학의 평가위원의 경우, 정성적 평가항목만으로 평가하는 방안에 대해 13.2%가 응답하였고, 사립대학의 평가위원에서는 정량적 평가항목만으로 평가하는 방안에 대해 6.5%가 응답하였다. 전체적으로 볼 때, 평가위원들은 대부분 정성적 문항을 늘리고, 정량적 문항을 줄여야 한다고 생각하고 있으며(75.9%), 특히 자체평가위원(76%)과 서울지역 평가위원(87.5%)들이 그렇게 생각하는 경향이 높은 것으로 나타났다.

〈표 V-17〉 정량적 항목과 정성적 항목의 구성비율에 대한 반응

단위: 명(%)

구성비율	전 체	소재지		설립유형		참여유형		
		서 울	지 방	국공립	사 립	자 체	방 문	자체·방문
정성적 항목비중을 높이는 것	110 (75.9)	21 (87.5)	89 (73.6)	25 (65.8)	85 (79.4)	92 (76.0)	11 (78.6)	7 (70.0)
정량적 항목비중을 높이는 것	19 (13.1)	3 (12.5)	16 (13.2)	6 (15.8)	13 (12.1)	15 (12.4)	1 (7.1)	3 (30.0)
정성적 평가 항목만으로 평가	5 (3.4)	0 (0.0)	5 (4.1)	5 (13.2)	0 (0.0)	5 (4.1)	0 (0.0)	0 (0.0)
정량적 평가 항목만으로 평가	8 (5.5)	0 (0.0)	8 (6.6)	1 (2.6)	7 (6.5)	7 (5.8)	1 (7.1)	0 (0.0)
기 타	3 (2.1)	0 (0.0)	3 (2.5)	1 (2.6)	2 (1.9)	2 (1.7)	1 (7.1)	0 (0.0)
계	145 (100.0)	24 (100.0)	121 (100.0)	38 (100.0)	107 (100.0)	121 (100.0)	14 (100.0)	10 (100.0)
χ^2		3.695		15.907**		6.340		

**p<.01

4) 가중치

대학종합평가인정제의 학부평가내용과 기준에 의하면, 교육영역에 120점, 연구영역에 65점, 사회봉사영역에 35점, 교수영역에 80점, 시설·설비 영역에 100점, 그리고 재정·경영 영역에 100점이 부여되어 있으며, 총 500점의 가중치가 평가항목의 비중에 따라 배정되어 있다. 그리고 각 항목은 -2에서 +2까지 5단계 평정척도로 평가하게 되어 있다. 따라서 여기서 얻어진 점수의 총합은 -1000점에서 +1000점까지의 범위에 들어간다. 100개 항목 모두 독립적으로 중요한 의미와 가치를 갖는 것이고, 평가항목별로 각기 최소한의 일정한 수준을 갖춘 경우만이 "인정"받을 만한 가치가 있다고 전제한다면, 평가항목을 서로 상쇄시켜 총합에 의해 처리하는 평정방식은 타당하지 못하다. 이러한 문제를 보완하고 항목별 중요성의 차이를 고려하여 평가항목별 가중치를 두었지만 가중치가 근본문제를 해결하지는 못한다.

〈표 Ⅴ-18〉 가중치에 대한 반응

단위: 명(%)

가중치	전 체	소재지		설립유형		참여유형		
		서 울	지 방	국공립	사 립	자 체	방 문	자체·방문
매우 적절하다	6 (1.5)	1 (1.2)	5 (1.5)	2 (1.7)	4 (1.4)	5 (1.7)	0 (0.0)	1 (1.6)
대체로 적절하다	201 (48.8)	38 (46.9)	163 (49.2)	51 (43.6)	150 (50.8)	139 (46.0)	26 (59.1)	35 (56.5)
보통이다	109 (26.5)	19 (23.5)	90 (27.2)	38 (32.5)	71 (24.1)	82 (27.2)	9 (20.5)	16 (25.8)
다소 부적절하다	89 (21.6)	21 (25.9)	68 (20.5)	26 (22.2)	63 (21.4)	70 (23.2)	8 (18.2)	10 (16.1)
매우 부적절하다	7 (1.7)	2 (2.5)	5 (1.5)	0 (0.0)	7 (2.4)	6 (2.0)	1 (2.3)	0 (0.0)
계	412 (100.0)	81 (100.0)	331 (100.0)	117 (100.0)	295 (100.0)	302 (100.0)	44 (100.0)	62 (100.0)
χ^2		1.674		6.022		6.269		

따라서 평가항목의 중요도에 따라 가중치가 적절하게 부여되었는지를 조사한 결과, 〈표 Ⅴ-18〉에서와 같이 '적절하다'는 의견이 50.3%로 높게 나타났으며, '부적절하다'는 의견은 23.3%로 나타났다. 각각의 변인별로 의견의 차이는 발견하지 못하였으며, 방문평가 및 자체·방문 평가에서 가중치에 관해 각각 59.1%, 58.1%로 다른 하위집단보다 높게 '적절하다'고 응답하였다.

한편, 대학종합평가인정제에 있어서 평가항목 가중치 비율이 부적절하다고 응답한 경우에 한하여, 평가영역별 중요성을 고려하여 볼 때 적절한 평가영역별 가중치를 조사한 결과 〈표 Ⅴ-19〉과 같이 나타났다. 조사결과를 현행 대학종합평가인정제에서 적용되고 있는 가중치와 비교해 보면, 다른 영역에서는 큰 차이가 없었으나, 연구영역에 대한 가중치는 현재 적용되고 있는 가중치와 차이가 있었다. 현재 65로 설정되어 있는 가중치는 약 80 정도로 상향조정되어야 한다고 생각하는 것으로 나타났다.

〈표 Ⅴ-19〉 평가영역별 적절 가중치에 대한 반응

평가영역	사례 수	최소값	최대값	새로운 가중치 평균	표준편차	현재가중치
교 육	94	.00	200	116.3	32.4	120
연 구	94	.00	150	80.7	27.0	65
사회봉사	92	.00	100	36.4	19.7	35
교 수	95	20	200	87.2	22.9	80
시설·설비	90	20	200	95.7	28.4	100
재정·경영	90	30	200	94.2	32.3	100
합 계	82	100	650	502.4	51.1	500

5) 평가항목의 속성

대교협에서 대학종합평가인정제의 평가기준을 설정함에 있어서 유용성, 실현성, 적절성, 명료성 등을 고려하여 설정하였다(대교협, 1999). 이러한 평가항목의 속성 가운데 평가항목의 유용한 효용가치 측면에 대해 조사한 결과, 〈표 V-20〉에서와 같이 응답자 전체의 47.6%가 평가항목의 유용성이 '높다'고 응답하였으며, '보통이다'가 33.8%이고, '낮다'의 의견은 18.6%로 나타났다. 소재지에 따른 의견의 차이는 발견하지 못하였으나, 설립유형과 참여유형에 따라서 각각 통계적으로 5% 수준에서 유의한 것으로 나타났다. 사립대학 재직 평가위원이 국공립대학 재직 평가위원에 비하여 유용성이 높다고 인식하고 있으며, 참여유형별로는 자체·방문 평가위원, 방문평가위원, 자체평가위원 순으로 평가항목의 유용성을 높게 평가하는 것으로 나타났다.

〈표 V-20〉 평가항목의 유용성에 대한 반응

단위: 명(%)

유용성	전 체	소재지		설립유형		참여유형		
		서 울	지 방	국공립	사 립	자 체	방 문	자체·방문
매우 낮다	13 (3.2)	3 (3.8)	10 (3.0)	3 (2.6)	10 (3.4)	12 (4.0)	1 (2.3)	0 (0.0)
낮 다	63 (15.4)	10 (12.7)	53 (16.1)	15 (12.8)	48 (16.5)	55 (18.4)	3 (7.0)	4 (6.6)
보통이다	138 (33.8)	20 (25.3)	118 (35.9)	54 (46.2)	84 (28.9)	103 (34.4)	16 (37.2)	17 (27.9)
높 다	168 (41.2)	36 (45.6)	132 (40.1)	41 (35.0)	127 (43.6)	112 (37.5)	18 (41.9)	36 (59.0)
매우 높다	26 (6.4)	10 (12.7)	16 (4.9)	4 (3.4)	22 (7.6)	17 (5.7)	5 (11.6)	4 (6.6)
계	408 (100.0)	79 (100.0)	329 (100.0)	117 (100.0)	291 (100.0)	299 (100.0)	43 (100.0)	61 (100.0)
χ^2		9.236		12.047*		18.078*		

*p<.05

평가항목의 현실적 성취 가능성 측면에서는 〈표 V-21〉에서와 같이 '보통이다'의 의견이 36.8%로 가장 높게 나타났으며, 36.6%가 '높다'고 응답하였고 현실성이 '낮다'라는 의견도 25.6%로 나타나 평가항목의 현실성에 관해서는 비교적 의견이 다양함을 알 수 있었다. 변인들에 따른 의견의 유의미한 차이는 발견하지 못하였으나, 참여유형별로 볼 때 자체·방문 평가위원

(49.2%)이 평가항목의 현실성 측면에 대해 가장 긍정적으로 인식하고 있으며, 소재지별로 볼 때 서울지역의 평가위원(43.8%)이 현실성에 대해 높게 인식하고 있는 것으로 나타났다.

〈표 V-21〉 평가항목의 현실성에 대한 반응

단위: 명(%)

현실성	전 체	소재지		설립유형		참여유형		
		서 울	지 방	국공립	사 립	자 체	방 문	자체·방문
매우 낮다	14 (3.4)	1 (1.3)	13 (3.9)	3 (2.5)	11 (3.8)	12 (4.0)	1 (2.3)	1 (1.6)
낮 다	95 (23.2)	15 (18.8)	80 (24.2)	31 (26.3)	64 (21.9)	74 (24.6)	9 (20.9)	10 (16.4)
보통이다	151 (36.8)	29 (36.3)	122 (37.0)	47 (39.8)	104 (35.6)	114 (37.9)	16 (37.2)	20 (32.8)
높 다	134 (32.7)	34 (42.5)	100 (30.3)	36 (30.5)	98 (33.6)	90 (29.9)	15 (34.9)	27 (44.3)
매우 높다	16 (3.9)	1 (1.3)	15 (4.5)	1 (.8)	15 (5.1)	11 (3.7)	2 (4.7)	3 (4.9)
계	410 (100.0)	80 (100.0)	330 (100.0)	118 (100.0)	292 (100.0)	301 (100.0)	43 (100.0)	61 (100.0)
χ^2		6.934		5.664		6.462		

평가항목의 적절성에 관한 의견 조사결과, 〈표 V-22〉에서와 같이 '보통이다'가 38.9%, '높다'라는 의견은 32.8%이고, 적절성이 '낮다'라는 의견은 28.4%로 나타났다. 소재지와 설립유형에 따른 응답의 차이는 발견하지 못하였으나, 참여유형별로는 5% 수준에서 통계적으로 유의한 의견 차이를 보였다. 자체·방문 평가위원(50.8%)이 방문평가위원(37.2%)과 자체평가위원(28.6%)보다 평가항목의 적절성을 더 높게 인식하고 있는 것으로 나타났다.

〈표 Ⅴ-22〉 평가항목의 적절성에 대한 반응

단위: 명(%)

적절성	전 체	소재지		설립유형		참여유형		
		서 울	지 방	국공립	사 립	자 체	방 문	자체·방문
매우 낮다	13 (3.2)	2 (2.5)	11 (3.3)	6 (5.1)	7 (2.4)	11 (3.7)	1 (2.3)	1 (1.6)
낮 다	103 (25.2)	21 (26.6)	82 (24.8)	32 (27.4)	71 (24.3)	83 (27.7)	10 (23.3)	8 (13.1)
보통이다	159 (38.9)	28 (35.4)	131 (39.7)	43 (36.8)	116 (39.7)	120 (40.0)	16 (37.2)	21 (34.4)
높 다	126 (30.8)	25 (31.6)	101 (30.6)	35 (29.9)	91 (31.2)	79 (26.3)	15 (34.9)	31 (50.8)
매우 높다	8 (2.0)	3 (3.8)	5 (1.5)	1 (.9)	7 (2.4)	7 (2.3)	1 (2.3)	0 (0.0)
계	409 (100.0)	79 (100.0)	330 (100.0)	117 (100.0)	292 (100.0)	300 (100.0)	43 (100.0)	61 (100.0)
χ^2		2.222		3.514		17.046*		

. *p<.05

〈표 Ⅴ-23〉 평가항목의 명료성에 대한 반응

단위: 명(%)

명료성	전 체	소재지		설립유형		참여유형		
		서 울	지 방	국공립	사 립	자 체	방 문	자체·방문
매우 낮다	18 (4.4)	4 (5.1)	14 (4.2)	6 (5.1)	12 (4.1)	16 (5.3)	2 (4.7)	0 (0.0)
낮 다	133 (32.5)	22 (27.8)	111 (33.6)	35 (29.9)	98 (33.6)	110 (36.7)	8 (18.6)	11 (18.0)
보통이다	146 (35.7)	26 (32.9)	120 (36.4)	48 (41.0)	98 (33.6)	98 (32.7)	20 (46.5)	27 (44.3)
높 다	102 (24.9)	23 (29.1)	79 (23.9)	26 (22.2)	76 (26.0)	67 (22.3)	13 (30.2)	22 (36.1)
매우 높다	10 (2.4)	4 (5.1)	6 (1.8)	2 (1.7)	8 (2.7)	9 (3.0)	0 (0.0)	1 (1.6)
계	409 (100.0)	79 (100.0)	330 (100.0)	117 (100.0)	292 (100.0)	300 (100.0)	43 (100.0)	61 (100.0)
χ^2		4.397		2.690		20.671**		

**p<.01

평가항목의 명료성에 대한 조사결과, 〈표 V-23〉에서와 같이 '낮다'는 의견이 36.9%로 가장 높고, '보통이다' 35.7%, '높다'는 의견은 27.3%로 평가항목의 명료성에 관하여는 의견이 비교적 다양함을 알 수 있다. 소재지와 설립유형에 따른 유의미한 차이는 발견할 수 없었으나, 참여유형에 따라서는 통계적으로 1% 수준에서 유의한 차이가 나타났다. 자체평가위원보다 자체·방문 평가위원이 평가항목의 명료성을 더 높게 인식하고 있는 것을 알 수 있다. 한편, 평가항목에 보완해야 할 점은 무엇인가에 대해 조사하였다. 그 결과 〈표 V-24〉에서와 같이 '대학의 다양성과 특수성을 반영할 수 있는 항목'이 전체 응답자의 57.7%로 가장 높게 나타났으며, '대학의 규모 차이에 따른 항목'을 반영해야 한다는 의견이 19.1%, '대학의 유형에 따른 평가항목을 추가해야 한다'는 의견이 9.9%, '대학원에 대한 평가항목'이 2.2%로 나타났다. 변인별로 유의미한 의견의 차이는 발견할 수 없었으며 각각의 하위변인에서도 '대학의 다양성과 특수성'을 반영할 수 있는 평가항목을 보완해야 한다는 의견이 가장 높게 나타났다

〈표 V-24〉 평가항목 보완점에 대한 반응

단위: 명(%)

보완점	전 체	소재지		설립유형		참여유형		
		서 울	지 방	국공립	사 립	자 체	방 문	자체·방문
대학의 다양성 특수성 항목	239 (57.7)	44 (53.7)	195 (58.7)	74 (62.2)	165 (55.9)	171 (56.6)	27 (60.0)	38 (61.3)
대학의 유형에 따른 평가항목	46 (11.1)	12 (14.6)	34 (10.2)	15 (12.6)	31 (10.5)	32 (10.6)	6 (13.3)	8 (12.9)
질적인 측면에 대한 평가항목	41 (9.9)	12 (14.6)	29 (8.7)	10 (8.4)	31 (10.5)	26 (8.6)	6 (13.3)	8 (12.9)
대학 규모차이에 따른 항목	79 (19.1)	11 (13.4)	68 (20.5)	16 (13.4)	63 (21.4)	66 (21.9)	6 (13.3)	6 (9.7)
대학원에 대한 평가항목	9 (2.2)	3 (3.7)	6 (1.8)	4 (3.4)	5 (1.7)	7 (2.3)	0 (0.0)	2 (3.2)
계	414 (100.0)	82 (100.0)	332 (100.0)	119 (100.0)	295 (100.0)	302 (100.0)	45 (100.0)	62 (100.0)
χ^2		6.504		5.153		8.480		

6) 평가기준

대학종합평가인정제에서는 대학을 설립유형, 목적 등에 따라 일반대학, 교육대학, 산업대학, 신학대학 등 4가지 유형으로 분류하고, 그 특성에 따라 서로 다른 평가기준을 적용하였으나, 대학의 특성이 고려되지 않은 채, 획일화된 평가기준의 적용과 동일한 평가절차 및 방법의 적용으로 평가대상 대학의 특성이 획일화되고, 이에 따라 평가결과의 타당성에 대한 문제가 제기되었다. 이에 따라 대학종합평가인정제의 평가기준이 적절하였는가에 대한 조사결과, 〈표 V-25〉에서와 같이 전체 응답자의 54.4%가 '적절하다'고 응답하였으며, '부적절하다'는 의견은 27.8%로 나타났다. 소재지와 설립유형에 따른 유의미한 의견의 차이는 발견할 수 없었으나, 참여유형별로는 통계적으로 5% 수준에서 유의한 차이가 발견되었다. 자체평가위원이 방문평가위원과 자체·방문평가위원보다 평가기준을 더 부적절하게 인식하는 것으로 나타났다.

<표 V-25> 평가기준에 대한 반응

단위: 명(%)

평가기준	전 체	소재지		설립유형		참여유형		
		서 울	지 방	국공립	사 립	자 체	방 문	자체·방문
매우 적절	37 (8.9)	9 (10.8)	28 (8.4)	8 (6.7)	29 (9.7)	21 (6.9)	8 (17.8)	8 (12.9)
대체로 적절	190 (45.5)	31 (37.3)	159 (47.5)	64 (53.3)	126 (42.3)	131 (42.8)	25 (55.6)	34 (54.8)
보 통	75 (17.9)	19 (22.9)	56 (16.7)	19 (15.8)	56 (18.8)	55 (18.0)	6 (13.3)	10 (16.1)
다소 부적절	104 (24.9)	20 (24.1)	84 (25.1)	25 (20.8)	79 (26.5)	87 (28.4)	6 (13.3)	10 (16.1)
매우 부적절	12 (2.9)	4 (4.8)	8 (2.4)	4 (3.3)	8 (2.7)	12 (3.9)	0 (0.0)	0 (0.0)
계	418 (100.0)	83 (100.0)	335 (100.0)	120 (100.0)	298 (100.0)	306 (100.0)	45 (100.0)	62 (100.0)
χ^2		4.770		4.857		19.698*		

*p<.05

대학종합평가인정제의 평가기준이 부적절하다고 응답한 경우에 한하여, 앞으로 평가기준의 방향에 대해 조사하였다. 그 결과 〈표 V-26〉에서와 같이 '모든 대학에 보편 공통적으로 적용될 수 있는 것과 대학의 유형에 따라 달리 적용될 수 있는 것으로 구분하여 적용되어야 한다'는 의견이 전체 응답자 중 46.8%로 가장 높게 나타났으며, '모든 대학에 적용될 수 있는 핵심적 요소 부분과 유사한 대학군별 부분요소 그리고 개별대학별 항목 등으로 재조정하여야 한다'는 의견이 30.2%, '대학의 유형을 다양화'해야 한다는 의견이 21.4%로 나타났다. 각각의 변인들 간의 유의한 차이는 발견하지 못하였으며 모든 하위집단에서 공통적으로 적용될 수 있는 것과 대학의 유형에 따라 달리 적용될 수 있는 것으로 구분하여 적용되어야 한다는 의견이 가장 높게 나타났다.

〈표 V-26〉 평가기준의 방향에 대한 반응

단위: 명(%)

평가기준	전 체	소재지		설립유형		참여유형		
		서 울	지 방	국공립	사 립	자 체	방 문	자체·방문
대학유형 다양화	25 (22.4)	6 (25.0)	20 (21.7)	7 (24.1)	19 (21.8)	21 (21.2)	2 (33.3)	2 (20.0)
구분적용	53 (45.7)	14 (58.3)	39 (42.4)	10 (34.5)	43 (49.4)	45 (45.5)	3 (50.0)	5 (50.0)
세 부분으로 재조정	35 (30.2)	4 (16.7)	31 (33.7)	12 (41.4)	23 (26.4)	31 (31.3)	1 (16.7)	3 (30.0)
기 타	2 (1.7)	0 (0.0)	2 (2.2)	0 (0.0)	2 (2.3)	2 (2.0)	0 (0.0)	0 (0.0)
계	116 (100.0)	24 (100.0)	92 (100.0)	29 (100.0)	87 (100.0)	99 (100.0)	6 (100.0)	10 (100.0)
χ^2		3.500		3.390		1.182		

4. 대학종합평가인정제의 평가절차

1) 평가절차의 적절성

대학종합평가인정제에서 이루어지고 있는 평가절차의 적절성에 대한 의견 조사 결과, 〈표 V-27〉에서와 같이 평가신청과 평가대상 대학의 선정, 개별 대학의 자체평가연구의 수행, 서면평가 및 현지방문평가의 실시, 인정여부의 판정 및 판정결과의 공표로 이어지는 평가절차에 대해 응답자의 80.1%가 '적절하다'고 생각하고 있는 것으로 나타났으며, '부적절하다'는 의견은 7.9% 였다. 이것으로 보아 대부분의 평가위원들은 대학종합평가의 평가절차에 대해 적절하게 인식하고 있다는 것을 알 수 있다. 소재지와 설립유형에 따른 의견 차이는 발견할 수 없었으나, 참여유형에 따라 통계적으로 5% 수준에서 유의한 차이가 나타났다. 자체·방문 평가위원(82.3%)이 자체평가위원 (80.4%)과 방문평가위원(77.8%)보다 현재 시행되고 있는 대학종합평가인정 제의 평가절차를 더 적절하게 인식하는 것으로 나타났다.

〈표 V-27〉 평가절차의 적절성에 대한 반응

단위: 명(%)

평가절차	전 체	소재지		설립유형		참여유형		
		서 울	지 방	국공립	사 립	자 체	방 문	자체·방문
매우 적절	49 (11.7)	12 (10.0)	37 (12.4)	12 (14.5)	37 (11.0)	27 (8.8)	7 (15.6)	15 (24.2)
대체로 적절	286 (68.4)	81 (67.5)	205 (68.8)	55 (66.3)	231 (69.0)	219 (71.6)	28 (62.2)	36 (58.1)
보 통	50 (12.0)	20 (16.7)	30 (10.1)	8 (9.6)	42 (12.5)	34 (11.1)	7 (15.6)	9 (14.5)
다소 부적절	31 (7.4)	7 (5.8)	24 (8.1)	7 (8.4)	24 (7.2)	25 (8.2)	3 (6.7)	2 (3.2)
매우 부적절	2 (.5)	0 (0.0)	2 (.7)	1 (1.2)	1 (.3)	1 (.3)	0 (0.0)	0 (0.0)
계	418 (100.0)	120 (100.0)	298 (100.0)	83 (100.0)	335 (100.0)	306 (100.0)	45 (100.0)	62 (100.0)
χ^2		2.485		4.936		15.609*		

*p<.05

2) 자체평가

개별대학의 자체평가는 대교협에서 제시한 평가기준에 따라 각 대학의 전반적인 교육, 연구, 사회봉사, 교수, 시설·설비, 재정·경영 실태 등을 심층적으로 분석·평가하는 활동이다. 따라서 자체평가연구보고서가 정확하게 이루어지지 않는다면 평가의 효과는 반감될 수밖에 없다. 이러한 점에서 자체평가의 신뢰성에 대한 의견을 조사하였다. 그 결과 〈표 V-28〉에서와 같이 대학에서 이루어지는 자체평가에 관하여 '충실하게 이루어지고 있다'는 의견이 62.9%로 가장 높게 나타났으며, '충실하지 않다'는 의견은 10.1%로 대학에서 이루어지는 자체평가가 대부분 충실하게 이루어지고 있음을 알 수 있다. 자체평가의 신뢰성에 있어서 변인에 따른 의견의 차이는 발견하지 못하였으나, 부정적으로 응답한 경우는 방문평가위원(15.6%), 국·공립 대학(12.5%), 서울지역(13.3%)이 보다 높게 나타났다.

〈표 V-28〉 자체평가의 신뢰성에 대한 반응

단위: 명(%)

자체평가	전 체	소재지		설립유형		참여유형		
		서 울	지 방	국공립	사 립	자 체	방 문	자체·방문
매우 충실	44 (10.5)	7 (8.4)	37 (11.0)	10 (8.3)	34 (11.4)	40 (13.1)	1 (2.2)	3 (4.8)
충 실	219 (52.4)	44 (53.0)	175 (52.2)	57 (47.5)	162 (54.4)	158 (51.6)	24 (53.3)	35 (56.5)
보 통	113 (27.0)	21 (25.3)	92 (27.5)	38 (31.7)	75 (25.2)	78 (25.5)	13 (28.9)	20 (32.3)
불충실	40 (9.6)	11 (13.3)	29 (8.7)	15 (12.5)	25 (8.4)	28 (9.2)	7 (15.6)	4 (6.5)
매우 불충실	2 (.5)	0 (0.0)	2 (.6)	0 (0.0)	2 (.7)	2 (.7)	0 (0.0)	0 (0.0)
계	418 (100.0)	83 (100.0)	335 (100.0)	120 (100.0)	298 (100.0)	306 (100.0)	45 (100.0)	62 (100.0)
χ^2		2.517		5.191		10.934		

한편, 자체평가가 효과를 거두기 위해서는 폭넓은 대학구성원의 참여와 협의가 있어야 함에도 불구하고 대부분의 대학에서 자체평가는 평가대상 대학에 재직하고 있는 소수의 보직교수를 중심으로 이루어지고 있다. 이러한 점에서 자체평가의 평가주체에 누가 적절한가에 대하여 조사하였다. 그 결과 〈표 V-29〉에서와 같이 '재직교수와 외부전문가가 함께 평가해야 한다'는 의견이 40.3%, '현행과 같이 재직교수가 평가주체이어야 한다'는 의견이 24.1%, '전문적 식견을 갖춘 공정한 외부전문가가 평가주체이어야 한다'는 의견이 15.8%, '교수, 행정직원이 함께 평가해야 한다'는 의견이 11%, 그리고 '교수, 행정직원, 학생이 함께 해야 한다'는 의견이 8.8% 순으로 나타났다. 자체평가의 평가주체에 대해서 변인간의 유의미한 차이는 발견되지 못하였다.

〈표 V-29〉 자체평가의 평가주체에 대한 반응

단위: 명(%)

평가주체	전 체	소재지		설립유형		참여유형		
		서 울	지 방	국공립	사 립	자 체	방 문	자체·방문
재직교수	101 (24.1)	22 (26.5)	79 (23.5)	35 (29.2)	66 (22.1)	73 (23.8)	11 (24.4)	16 (25.8)
외부전문가	66 (15.8)	14 (16.9)	52 (15.5)	15 (12.5)	51 (17.1)	47 (15.3)	9 (20.0)	7 (11.3)
교수, 외부전문가	169 (40.3)	30 (36.1)	139 (41.4)	46 (38.3)	123 (41.1)	122 (39.7)	18 (40.0)	28 (45.2)
교수, 행정직원	46 (11.0)	9 (10.8)	37 (11.0)	18 (15.0)	28 (9.4)	35 (11.4)	4 (8.9)	7 (11.3)
교수, 행정직원, 학생	37 (8.8)	8 (9.6)	29 (8.6)	6 (5.0)	31 (10.4)	30 (9.8)	3 (6.7)	4 (6.5)
계	419 (100.0)	83 (100.0)	336 (100.0)	120 (100.0)	299 (100.0)	307 (100.0)	45 (100.0)	62 (100.0)
χ^2		.858		8.354		2.926		

3) 서면평가의 공정성

각 대학에서 작성한 자체평가보고서에 대한 서면평가는 자체평가보고서의
타당성을 검토하고, 나아가 현지방문평가활동에서 확인하고 보충할 사항을
파악하게 하는 과정이다. 따라서 서면평가는 대학 종합평가의 결과를 결정하
는 데 중요한 역할을 한다. 이러한 점에서 각 대학에서 작성한 자체평가보고
서가 공정하게 평가받았는가에 대한 의견을 조사하였다. 그 결과 〈표 V-30〉
에서와 같이 응답자의 66.2%가 '그렇다'라고 응답하였으며, '보통이다'가
24.3%, '그렇지 않다'가 9.4%로, 많은 응답자가 서면평가가 공정하였다고 생
각하고 있는 것으로 나타났다. 소재지, 설립유형, 그리고 참여유형에 따른 평
가위원들 간의 의견의 차이는 발견하지 못하였으나, 자체평가위원(9.6%)보
다는 방문평가위원(18.2%)이 더 부정적으로 생각하는 경향이 있는 것으로
나타났다.

〈표 V-30〉 서면평가의 공정성에 대한 반응

단위: 명(%)

서면평가	전 체	소재지		설립유형		참여유형		
		서 울	지 방	국공립	사 립	자 체	방 문	자체·방문
매우 그렇다	25 (6.0)	5 (6.0)	20 (6.0)	3 (2.5)	22 (7.4)	22 (7.2)	2 (4.5)	1 (1.6)
대체로 그렇다	250 (60.2)	48 (57.8)	202 (60.8)	69 (58.0)	181 (61.1)	180 (59.0)	27 (61.4)	41 (66.1)
보통이다	101 (24.3)	20 (24.1)	81 (24.4)	36 (30.3)	65 (22.0)	74 (24.3)	7 (15.9)	18 (29.0)
다소 그렇지 않다	37 (8.9)	8 (9.6)	29 (8.7)	10 (8.4)	27 (9.1)	27 (8.9)	8 (18.2)	2 (3.2)
매우 그렇지 않다	2 (.5)	2 (2.4)	0 (0.0)	1 (.8)	1 (.3)	2 (.7)	0 (0.0)	0 (0.0)
계	415 (100.0)	83 (100.0)	332 (100.0)	119 (100.0)	296 (100.0)	305 (100.0)	44 (100.0)	62 (100.0)
χ^2		8.163		6.432		12.263		

4) 현지방문평가

현지방문평가는 자체평가연구보고서의 내용을 현지에서 직접 확인하는 과정이다. 대학교수에 의한 동료평가는 이해당사자라는 측면에서 주관적인 평가에 치우칠 가능성이 많고, 객관적 시각에서 평가를 수행하기 위해서는 충분한 시간적 여유가 있어야 한다는 점이 문제로 지적되었다. 이러한 점에서 현지방문평가기간의 적절성에 대한 조사결과, 〈표 V-31〉에서와 같이 응답자의 44.4%는 '현재 2박 3일로 시행되고 있는 현지방문평가기간은 대학의 특성, 유형 및 크기 등에 따라 조정될 수 있어야 한다', 38.4%는 '적절하다', 11.3%는 '더 길어져야 한다', 5.8%는 '더 짧아져야 한다'고 응답하였다. 소재지와 설립유형에 따른 유의미한 차이는 발견되지 않았으나, 참여유형에 따라 통계적으로 1% 수준에서 유의미한 차이를 보였다. 자체·방문 평가위원과 방문평가위원이 자체평가위원보다 현행 2박 3일의 평가기간을 더 적절하게 인식하고 있는 것으로 나타났다.

〈표 V-31〉 현지방문 평가기간에 대한 반응

단위: 명(%)

현지방문 평가기간	전 체	소재지		설립유형		참여유형		
		서 울	지 방	국공립	사 립	자 체	방 문	자체·방문
짧아져야 한다	24 (5.8)	5 (6.0)	19 (5.7)	9 (7.5)	15 (5.1)	23 (7.5)	0 (0.0)	0 (0.0)
적절하다	160 (38.4)	37 (44.6)	123 (36.8)	41 (34.2)	119 (40.1)	109 (35.7)	19 (42.2)	29 (46.8)
길어져야 한다	47 (11.3)	7 (8.4)	40 (12.0)	14 (11.7)	33 (11.1)	27 (8.9)	11 (24.4)	9 (14.5)
특성, 유형, 크기에 따라	185 (44.4)	34 (41.0)	151 (45.2)	56 (46.7)	129 (43.4)	145 (47.5)	15 (33.3)	24 (38.7)
기 타	1 (.2)	0 (0.0)	1 (.3)	0 (0.0)	1 (.3)	1 (.3)	0 (0.0)	0 (0.0)
계	417 (100.0)	83 (100.0)	334 (100.0)	120 (100.0)	297 (100.0)	305 (100.0)	45 (100.0)	62 (100.0)
χ^2		2.313		2.295		21.617**		

**p<.01

또한, 현지방문평가위원의 구성원으로 누가 적합한가에 대한 의견 조사 결과, 〈표 V-32〉에서와 같이 '방문평가위원은 교수로 구성되어야 한다'는 의견이 50.7%, '평가전문가로 구성되어야 한다'는 의견이 43.3%로 대다수의 응답자가 교수와 평가전문가가 현지방문평가위원으로 참여해야 한다고 생각하는 것으로 나타났다. 소재지와 설립유형에 따른 유의미한 의견의 차이는 발견되지 않았으나, 참여유형에 따라 통계적으로 1% 수준에서 유의한 차이가 나타났다. 자체평가위원의 경우 42.7%가 현지방문위원으로 교수가 참여하여야 한다고 응답한 반면, 방문평가위원과 자체·방문 평가위원의 경우 각각 75%, 75.4%가 교수가 참여하여야 한다고 응답하였다.

〈표 V-32〉 현지방문평가위원의 구성원에 대한 반응

단위: 명(%)

구성원	전 체	소재지		설립유형		참여유형		
		서 울	지 방	국공립	사 립	자 체	방 문	자체·방문
교 수	209 (50.7)	41 (50.6)	168 (50.8)	67 (56.3)	142 (48.5)	129 (42.7)	33 (75.0)	46 (75.4)
평가전문가	178 (43.2)	37 (45.7)	141 (42.6)	48 (40.3)	130 (44.4)	151 (50.0)	11 (25.0)	13 (21.3)
정부인사	2 (.5)	0 (0.0)	2 (.6)	0 (0.0)	2 (.7)	2 (.7)	0 (0.0)	0 (0.0)
시민단체	12 (2.9)	2 (2.5)	10 (3.0)	0 (0.0)	12 (4.1)	10 (3.3)	0 (0.0)	2 (3.3)
기업 및 산업체 인사	11 (2.7)	1 (1.2)	10 (3.0)	4 (3.4)	7 (2.4)	10 (3.3)	0 (0.0)	0 (0.0)
계	412 (100.0)	81 (100.0)	331 (100.0)	119 (100.0)	293 (100.0)	302 (100.0)	44 (100.0)	61 (100.0)
χ^2		1.479		7.329		35.184**		

**p<.01

대학종합평가인정제에서 방문평가위원의 공정성, 전문성, 객관성, 세밀성, 신뢰성, 현실성에 대해 조사한 결과, 〈표 V-33〉에서와 같이 현지방문평가위원의 평가활동 중 공정성에 관하여 전체 응답자의 57.3%가 높게 인식하고 있으며,

'보통이다'가 29.6%, '낮다'는 13.1%로 나타났다. 소재지에 따른 의견의 차이는 발견하지 못하였으나, 설립유형과 참여유형별로는 통계적으로 각각 5%와 1% 수준에서 유의한 차이가 나타났다. 설립유형별로 사립대학재직 평가위원(60.1%)이 국공립대학 재직 평가위원(50.4%)보다 평가위원들의 공정성을 높게 평가하고 있으며, 참여유형별로는 방문평가(70.4%), 자체·방문 평가(69.4%)위원이 자체평가위원(52.9%)보다 평가위원들의 공정성을 높게 평가하고 있었다.

〈표 Ⅴ-33〉 현지방문평가위원의 공정성에 대한 반응

단위: 명(%)

공정성	전 체	소재지		설립유형		참여유형		
		서 울	지 방	국공립	사 립	자 체	방 문	자체·방문
매우 낮다	2 (.5)	1 (1.2)	1 (.3)	2 (1.7)	0 (0.0)	1 (.3)	0 (0.0)	0 (0.0)
낮 다	52 (12.6)	11 (13.3)	41 (12.5)	17 (14.3)	35 (11.9)	45 (15.0)	5 (11.4)	2 (3.2)
보통이다	122 (29.6)	23 (27.7)	99 (30.1)	40 (33.6)	82 (28.0)	96 (31.9)	8 (18.2)	17 (27.4)
높 다	169 (41.0)	33 (39.8)	136 (41.3)	49 (41.2)	120 (41.0)	123 (40.9)	17 (38.6)	29 (46.8)
매우 높다	67 (16.3)	15 (18.1)	52 (15.8)	11 (9.2)	56 (19.1)	36 (12.0)	14 (31.8)	14 (22.6)
계	412 (100.0)	83 (100.0)	329 (100.0)	119 (100.0)	293 (100.0)	301 (100.0)	44 (100.0)	62 (100.0)
χ^2		1.517		11.266*		20.864**		

*p<.05, **p<.01

현지방문평가위원의 전문성에 대한 조사결과, 〈표 Ⅴ-34〉에서와 같이 전체 응답자의 47.7%가 '전문성이 높다'라고 응답하였으며, '보통이다'가 33%, '낮다'는 19.2%로 나타났다. 소재지와 설립유형에 따른 유의한 차이는 발견하지 못하였으나, 참여유형에 따라서는 통계적으로 1% 수준에서 유의한 의견 차이가 있었다. 자체·방문 평가위원(66.2%)과 방문평가위원(63.7%)이 자체평가위원(41.6%)에 비해 평가위원의 전문성을 높게 평가하는 것으로 나타났다.

〈표 V-34〉 현지방문평가위원의 전문성에 대한 반응

단위: 명(%)

전문성	전 체	소재지		설립유형		참여유형		
		서 울	지 방	국공립	사 립	자 체	방 문	자체·방문
매우 낮다	11 (2.7)	5 (6.0)	6 (1.8)	4 (3.4)	7 (2.4)	9 (3.0)	1 (2.3)	1 (1.6)
낮 다	68 (16.5)	12 (14.5)	56 (17.0)	23 (19.3)	45 (15.4)	57 (18.9)	4 (9.1)	6 (9.7)
보통이다	136 (33.0)	25 (30.1)	111 (33.7)	40 (33.6)	96 (32.8)	110 (36.5)	11 (25.0)	14 (22.6)
높 다	153 (37.1)	30 (36.1)	123 (37.4)	42 (35.3)	111 (37.9)	104 (34.6)	20 (45.5)	29 (46.8)
매우 높다	44 (10.7)	11 (13.3)	33 (10.0)	10 (8.4)	34 (11.6)	21 (7.0)	8 (18.2)	12 (19.4)
계	412 (100.0)	83 (100.0)	329 (100.0)	119 (100.0)	293 (100.0)	301 (100.0)	44 (100.0)	62 (100.0)
χ^2		5.579		2.091		22.608**		

**$p<.01$

〈표 V-35〉 현지방문평가위원의 신뢰성에 대한 반응

단위: 명(%)

신뢰성	전 체	소재지		설립유형		참여유형		
		서 울	지 방	국공립	사 립	자 체	방 문	자체·방문
매우 낮다	6 (1.5)	4 (4.8)	2 (.6)	2 (1.7)	4 (1.4)	5 (1.7)	1 (2.3)	0 (0.0)
낮 다	60 (14.6)	15 (18.1)	45 (13.7)	18 (15.1)	42 (14.3)	50 (16.6)	4 (9.1)	5 (8.1)
보통이다	132 (32.0)	22 (26.5)	110 (33.4)	45 (37.8)	87 (29.7)	101 (33.6)	9 (20.5)	21 (33.9)
높 다	160 (38.8)	30 (36.1)	130 (39.5)	42 (35.3)	118 (40.3)	117 (38.9)	20 (45.5)	23 (37.1)
매우 높다	54 (13.1)	12 (14.5)	42 (12.8)	12 (10.1)	42 (14.3)	28 (9.3)	10 (22.7)	13 (21.0)
계	412 (100.0)	83 (100.0)	329 (100.0)	119 (100.0)	293 (100.0)	301 (100.0)	44 (100.0)	62 (100.0)
χ^2		10.282*		3.544		17.063*		

*$p<.05$

현지방문평가위원의 신뢰성에 대한 조사결과, 〈표 V-35〉에서와 같이 전체 응답자의 51.9%가 신뢰성의 '높다'라고 인식하고 있으며 '보통이다'가 32%, '낮다'라고 인식하는 비율은 16.1%로 나타났다. 설립유형에 따른 의견의 차이는 발견할 수 없었으나, 소재지와 참여유형에 따라서 각각 5% 수준에서 통계적으로 유의한 차이를 확인할 수 있었다. 소재지별로 서울지역 대학 재직 평가위원(22.9%)이 지방대학 재직 평가위원(14.3%)보다 평가위원의 신뢰성을 낮게 인식하고 있는 것으로 나타났다. 또한 참여유형별로 자체·방문 평가위원(58.1%)과 방문평가위원(68.2%)이 자체평가위원(48.%)보다 평가위원의 신뢰성을 보다 높게 인식하고 있는 것으로 나타났다. 현지방문평가위원의 객관성에 대한 조사결과, 〈표 V-36〉에서와 같이 전체 응답자의 50.2%가 '높다'라고 인식하였으며 '보통이다'가 32.3%, '낮다'라고 인식하는 경우가 17.5%로 나타났다. 소재지에 따른 의견의 차이는 발견할 수 없었으나, 설립유형과 참여유형별로 각각 5%와 1% 수준에서 통계적으로 유의한 의견 차이가 나타났다. 설립유형별로 사립대학 재직 평가위원(54.9%)이 국공립대학 재직 평가위원(38.7%)보다 현지방문평가위원의 객관성을 조금 더 높게 인식하고 있었으며, 참여유형별로는 방문평가위원(66%)과 자체·방문 평가위원(61.2%)이 자체평가위원(45.1%)에 비해 평가위원의 객관성을 좀 더 높게 인식하고 있는 것으로 나타났다. 현지방문평가위원의 세밀성에 대한 조사결과, 〈표 V-37〉에서와 같이 전체 응답자의 37.7%가 '높다'라고 인식하였으며, '보통이다'가 36.9%, '낮다'라고 인식한 경우가 25.5%로 다른 항목에 비하여 세밀성에 관하여 비교적 다양하게 인식하는 것으로 나타났다. 각각의 변인들 간의 유의한 차이는 발견할 수 없었으나, 자체·방문 평가위원(50%)과 방문평가위원(45.5%)이 자체평가위원(33.6%)보다 평가위원의 세밀성을 좀 더 높게 인식하고 있는 것으로 나타났다. 현실성에 대한 조사결과, 〈표 V-38〉에서와 같이 42.7%가 '보통이다', 39%는 '높다', 18.3%는 '낮다'고 응답하였다. 소재지와 설립유형에 따른 유의미한 의견의 차이는 발견하지 못하였으나 참여유형별로 통계적으로 1% 수준에서 유의한 의견 차이가 있었다. 자체·방문 평가위원(56.5%)과 방문평가위원(55.8%)이 자체평가위원

(32.7%)에 비해 방문평가위원의 현실성을 높이 평가하는 것으로 나타났다.

〈표 V-36〉 현지방문평가위원의 객관성에 대한 반응

단위: 명(%)

객관성	전 체	소재지		설립유형		참여유형		
		서 울	지 방	국공립	사 립	자 체	방 문	자체·방문
매우 낮다	6 (1.5)	3 (3.6)	3 (.9)	3 (2.5)	3 (1.0)	3 (1.0)	2 (4.5)	0 (0.0)
낮 다	66 (16.0)	12 (14.5)	54 (16.4)	22 (18.5)	44 (15.0)	57 (18.9)	3 (6.8)	6 (9.7)
보통이다	133 (32.3)	30 (36.1)	103 (31.3)	48 (40.3)	85 (29.0)	105 (34.9)	10 (22.7)	18 (29.0)
높 다	158 (38.3)	28 (33.7)	130 (39.5)	39 (32.8)	119 (40.6)	110 (36.5)	20 (45.5)	27 (43.5)
매우 높다	49 (11.9)	10 (12.0)	39 (11.9)	7 (5.9)	42 (14.3)	26 (8.6)	9 (20.5)	11 (17.7)
계	412 (100.0)	83 (100.0)	329 (100.0)	119 (100.0)	293 (100.0)	301 (100.0)	44 (100.0)	62 (100.0)
χ^2		4.542		11.742*		20.958**		

*p<.05, **p<.01

〈표 V-37〉 현지방문평가위원의 세밀성에 대한 반응

단위: 명(%)

세밀성	전 체	소재지		설립유형		참여유형		
		서 울	지 방	국공립	사 립	자 체	방 문	자체·방문
매우 낮다	19 (4.6)	5 (6.0)	14 (4.3)	7 (5.9)	12 (4.1)	16 (5.3)	1 (2.3)	2 (3.2)
낮 다	86 (20.9)	20 (24.1)	66 (20.1)	20 (16.8)	66 (22.5)	69 (22.9)	5 (11.4)	11 (17.7)
보통이다	152 (36.9)	23 (27.7)	129 (39.2)	55 (46.2)	97 (33.1)	115 (38.2)	18 (40.9)	18 (29.0)
높 다	121 (29.4)	25 (30.1)	96 (29.2)	31 (26.1)	90 (30.7)	83 (27.6)	15 (34.1)	22 (35.5)
매우 높다	34 (8.3)	10 (12.0)	24 (7.3)	6 (5.0)	28 (9.6)	18 (6.0)	5 (11.4)	9 (14.5)
계	412 (100.0)	83 (100.0)	329 (100.0)	119 (100.0)	293 (100.0)	301 (100.0)	44 (100.0)	62 (100.0)
χ^2		5.177		8.573		12.228		

<표 V-38> 현지방문평가위원의 현실성에 대한 반응

단위: 명(%)

현실성	전 체	소재지		설립유형		참여유형		
		서 울	지 방	국공립	사 립	자 체	방 문	자체·방문
매우 낮다	9 (2.2)	3 (3.7)	6 (1.8)	3 (2.5)	6 (2.1)	9 (3.0)	0 (0.0)	0 (0.0)
낮 다	66 (16.1)	12 (14.6)	54 (16.5)	21 (17.6)	45 (15.5)	55 (18.3)	5 (11.6)	5 (8.1)
보통이다	175 (42.7)	34 (41.5)	141 (43.0)	54 (45.4)	121 (41.6)	138 (46.0)	14 (32.6)	22 (35.5)
높 다	130 (31.7)	26 (31.7)	104 (31.7)	34 (28.6)	96 (33.0)	83 (27.7)	17 (39.5)	29 (46.8)
매우 높다	30 (7.3)	7 (8.5)	23 (7.0)	7 (5.9)	23 (7.9)	15 (5.0)	7 (16.3)	6 (9.7)
계	410 (100.0)	82 (100.0)	328 (100.0)	119 (100.0)	291 (100.0)	300 (100.0)	43 (100.0)	62 (100.0)
χ^2		1.380		1.608		24.157**		

**p<.01

5) 추후평가의 도입여부

대학종합평가인정제에서는 평가인정을 받으면 다음 평가까지 추후평가가 없기 때문에 자체평가를 통한 지속적인 개선노력을 소홀하게 만들 우려가 있다. 따라서 평가과정에서 마련된 구성원들의 자세와 대학의 운영에 대한 생각 및 투자들을 지속적으로 유지하기 위한 방안으로 평가인정 기간 중 일정 시점에서 대학의 발전 노력을 점검하는 추후평가의 도입의 필요성이 제기되고 있다. 이러한 점에서 추후평가의 도입에 대한 의견 조사 결과, <표 V-39>에서와 같이 추후평가를 도입하는 것에 대해 '찬성한다'라고 응답이 46.4%에 이르며, '반대한다'는 의견도 31.8%인 것으로 나타났다. 소재지와 참여유형에 따른 의견의 차이는 발견할 수 없었으나, 설립유형별에 따라서 통계적으로 5% 수준에서 유의한 차이가 나타났다. 사립대학 재직 평가위원이 국·공립 대학 재직 평가위원보다 추후평가의 도입을 더 찬성한다는 것을 알 수 있다.

〈표 V-39〉 추후평가 도입에 대한 반응

단위: 명(%)

추후평가	전 체	소재지		설립유형		참여유형		
		서 울	지 방	국공립	사 립	자 체	방 문	자체·방문
매우 찬성	40 (9.6)	8 (9.8)	32 (9.5)	2 (1.7)	38 (12.7)	30 (9.8)	4 (9.1)	6 (9.7)
찬 성	154 (36.8)	27 (32.9)	127 (37.8)	44 (37.0)	110 (36.8)	107 (34.9)	17 (38.6)	27 (43.5)
보 통	91 (21.8)	14 (17.1)	77 (22.9)	30 (25.2)	61 (20.4)	71 (23.1)	11 (25.0)	8 (12.9)
반 대	110 (26.3)	29 (35.4)	81 (24.1)	36 (30.3)	74 (24.7)	82 (26.7)	10 (22.7)	18 (29.0)
매우 반대	23 (5.5)	4 (4.9)	19 (5.7)	7 (5.9)	16 (5.4)	17 (5.5)	2 (4.5)	3 (4.8)
계	418 (100.0)	82 (100.0)	336 (100.0)	119 (100.0)	299 (100.0)	307 (100.0)	44 (100.0)	62 (100.0)
χ^2		4.709		12.747*		4.340		

*$p<.05$

5. 대학종합평가인정제의 결과발표와 활용

1) 결과의 공개방식

현행 대학종합평가인정제에서는 평가결과를 '인정'과 '불인정'으로 판정하고, 개별 대학에 대해서는 강점과 약점 및 개선방안을 제시하여 평가가 그 대학의 발전을 가속화하기 위한 계기가 되도록 하였으나 사회에는 그 결과를 공표하지 않고 있다. 따라서 평가결과의 활용이 제대로 이루어지지 못하고 있는 실정이다. 평가결과를 활용하지 않는다면 그 평가는 미완성 평가라고 할 수 있으며, 평가결과를 교육과정에 환유하여 학문적 수월성 추구와 대학의 질 개선에 활용할 때 평가의 당위성이 성립된다. 또한 교육의 책무성 수행이라는 관점에서 볼 때 평가결과는 반드시 공개되어야 한다는 견해도 많다. 따라서 대학종합평가인정제의 평가결과의 공개방식과 평가결과의 활용에 대한 의견을 조사하였다.

평가결과의 공개방식에 대한 조사결과, 〈표 V-40〉에서와 같이 전체 응답자의 39.3%가 대학종합평가의 결과는 '대학별 순위보다 세부 영역별 평가결과를 집단별로 제시하는 것이 바람직하다'고 생각하고 있는 것으로 나타났으며, 다음으로 '대학별 인정여부·총점 및 평가 영역별 점수와 순위 등을 발표한다'는 의견에 27.1%가 응답하였고, 20.7%만이 '현행대로 인정/불인정 여부에 초점을 두고 발표한다'는 의견에 동의하였다. '공개발표에 따른 문제를 고려해서 해당 대학에만 통보해야 한다'는 의견은 11%, '평가결과를 요청하는 정당한 사유가 있는 이해당사자들에게만 알려주어야 한다'는 의견은 1.7%로 나타났다. 하위변인들 간의 유의한 차이는 없었으나, 자체평가위원(12.8%)이 방문평가위원(8.9%)나 자체·방문 평가위원(3.2%)보다 해당 대학에만 통보하여야 한다고 더 높은 비율로 응답한 것으로 보아 자체평가위원이 결과공개에 더 부정적인 것을 알 수 있다.

〈표 V-40〉 평가결과 공개방식에 대한 반응

단위: 명(%)

공개방식	전 체	소재지		설립유형		참여유형		
		서 울	지 방	국공립	사 립	자 체	방 문	자체·방문
현행대로 인정/불인정	87 (20.9)	20 (24.1)	67 (20.1)	26 (21.7)	61 (20.5)	59 (19.3)	9 (20.0)	19 (30.6)
인정여부, 총점, 평가 영역별 점수와 순위	113 (27.1)	26 (31.3)	87 (26.0)	24 (20.0)	89 (30.0)	80 (26.2)	13 (28.9)	19 (30.6)
세부 영역별 집단별	164 (39.3)	28 (33.7)	136 (40.7)	51 (42.5)	113 (38.0)	120 (39.3)	19 (42.2)	22 (35.5)
해당 대학에만 통보	46 (11.0)	7 (8.4)	39 (11.7)	16 (13.3)	30 (10.1)	39 (12.8)	4 (8.9)	2 (3.2)
이해당사자에게 알려줌	7 (1.7)	2 (2.4)	5 (1.5)	3 (2.5)	4 (1.3)	7 (2.3)	0 (0.0)	0 (0.0)
계	417 (100.0)	83 (100.0)	334 (100.0)	120 (100.0)	297 (100.0)	305 (100.0)	45 (100.0)	62 (100.0)
χ^2		2.990		5.102		10.853		

2) 결과활용

평가결과의 공개문제와 함께 평가결과의 활용문제도 고려해야 한다. 따라서 평가결과를 활용하는 방안 가운데 정부의 재정지원과 연계하는 방안에 대한 조사결과, 〈표 V-41〉에서와 같이 전체 응답자의 52.2%가 찬성하는 것으로 나타났으며, 35.8%는 반대하는 것으로 나타났다. 소재지, 설립유형, 참여유형에 따른 차이 없이 모든 변인에서 평가결과를 정부의 재정지원과 연계하는 방안에 대해 대체로 찬성하는 것으로 나타났으나, 사립대학(55.1%)이 국립대학(44.6%)보다 찬성하는 비율이 높았으며, 자체·방문 평가위원(59%)이 자체평가위원(50%)과 방문평가위원(53.3%)보다 높게 나타났다.

〈표 V-41〉 재정지원연계에 대한 반응

단위: 명(%)

재정지원 연계	전 체	소재지		설립유형		참여유형		
		서 울	지 방	국공립	사 립	자 체	방 문	자체·방문
매우 찬성	47 (11.3)	9 (10.8)	38 (11.4)	9 (7.6)	38 (12.8)	32 (10.5)	4 (8.9)	11 (18.0)
찬 성	170 (40.8)	32 (38.6)	138 (41.3)	44 (37.0)	126 (42.3)	121 (39.5)	20 (44.4)	25 (41.0)
보 통	51 (12.2)	11 (13.3)	40 (12.0)	19 (16.0)	32 (10.7)	35 (11.4)	8 (17.8)	8 (13.1)
반 대	117 (28.1)	24 (28.9)	93 (27.8)	36 (30.3)	81 (27.2)	90 (29.4)	11 (24.4)	15 (24.6)
매우 반대	32 (7.7)	7 (8.4)	25 (7.5)	11 (9.2)	21 (7.0)	28 (9.2)	2 (4.4)	2 (3.3)
계	417 (100.0)	83 (100.0)	334 (100.0)	119 (100.0)	298 (100.0)	306 (100.0)	45 (100.0)	61 (100.0)
χ^2		.335		5.340		8.030		

한편, 평가결과를 정부의 재정지원과 연계하는 방안을 반대하는 경우에 한하여 평가결과와 재정지원의 연계를 반대하는 이유에 대한 조사하였다. 그

결과 〈표 V-42〉에서와 같이 응답자의 52.4%가 '평가결과에 따라 차등적으로 재정지원을 하면 대학 간에 위화감이 조성된다'는 이유로 재정지원과 연계되는 것을 반대하였으며, 31.3%는 '대학발전보다는 평가기준에 단순히 맞추는 데 급급하게 되어 진정한 발전이나 계획이 이루어질 수 없다'는 이유로, 16.3%는 '대학평가의 본질적인 의의를 왜곡할 수 있다'는 이유에서 평가결과와 재정지원의 연계를 반대하는 것으로 나타났다.

〈표 V-42〉 재정지원 연계 반대 이유에 대한 반응

단위: 명(%)

재정지원 연계 반대이유	전 체	소재지		설립유형		참여유형		
		서 울	지 방	국공립	사 립	자 체	방 문	자체·방문
본질적 의의 왜곡	24 (16.3)	8 (25.8)	16 (13.8)	8 (17.4)	16 (15.8)	19 (16.4)	0 (0.0)	4 (23.5)
대학 간 위화감 조성	77 (52.4)	13 (41.9)	64 (55.2)	23 (50.0)	54 (53.5)	61 (52.6)	8 (61.5)	8 (47.1)
평가기준 맞추기 급급	46 (31.3)	10 (32.3)	36 (31.0)	15 (32.6)	31 (30.7)	36 (31.0)	5 (38.5)	5 (29.4)
계	147 (100.0)	31 (100.0)	116 (100.0)	46 (100.0)	101 (100.0)	116 (100.0)	13 (100.0)	17 (100.0)
χ^2		2.992		.156		3.256		

평가결과를 정부의 재정지원과 연계하는 것에 대해 찬성하는 경우에 한하여, 재정지원 연계방안에 대하여 조사하였다. 그 결과 〈표 V-43〉에서와 같이 '우수한 대학에는 보상적 지원을, 열악한 대학에는 조성적 지원이 이루어져야 한다'는 의견 57.1%, '평가결과가 우수한 대학에 한하여 보상적 지원이 이루어져야 한다'는 의견 33.3%, '열악한 대학에 한하여 조성적 지원이 이루어져야 한다'는 의견 6.7%, '우수한 대학보다 열악한 대학을 더 지원해야 한다'는 의견 2.4% 순으로 나타났다. 하위변인들 간의 유의미한 차이를 발견하지는 못하였으나, 모든 하위변인들에서 우수한 대학과 열악한 대학을 모두 지원해야 한다는 의견이 가장 높은 것으로 나타났다.

<표 V-43> 재정지원 연계방안에 대한 반응

단위: 명(%)

재정지원 연계방법	전 체	소재지		설립유형		참여유형		
		서 울	지 방	국공립	사 립	자 체	방 문	자체·방문
우수 대학 보상적 지원	70 (33.3)	17 (45.9)	53 (30.6)	13 (25.0)	57 (36.1)	52 (34.4)	7 (31.8)	10 (30.3)
열악한 대학 조성적 지원	14 (6.7)	0 (0.0)	14 (8.1)	2 (3.8)	12 (7.6)	11 (7.3)	1 (4.5)	2 (6.1)
둘 다 지원	120 (57.1)	20 (54.1)	100 (57.8)	34 (65.4)	86 (54.4)	82 (54.3)	14 (63.6)	21 (63.6)
열악한 대학을 더 지원	5 (2.4)	0 (0.0)	5 (2.9)	2 (3.8)	3 (1.9)	5 (3.3)	0 (0.0)	0 (0.0)
기 타	1 (.5)	0 (0.0)	1 (.6)	1 (1.9)	0 (0.0)	1 (.7)	0 (0.0)	0 (0.0)
계	210 (100.0)	37 (100.0)	173 (100.0)	52 (100.0)	158 (100.0)	151 (100.0)	22 (100.0)	33 (100.0)
χ^2		6.496		6.748		3.206		

대학종합평가인정제의 평가결과는 대학정책을 다루는 당국은 물론 대학, 기업체 및 민간단체와 학생·학부모들이 효율적으로 활용할 때 그 가치가 있다. 그러나 현행 대학종합평가인정제에서는 평가주관기구와 평가대상 대학, 평가수요자, 교육부 간의 평가관련 의사소통의 통로가 충분히 확보되지 못하였고, 평가와 관련된 제반 사항에 대한 요구사항의 수집과 반영이 원활하고 즉각적이지 못하였다는 문제가 제기되었다. 이러한 점에서 대학, 교육부, 기업 및 민간단체, 학생 및 학부모들의 대학평가결과의 활용 정도에 대한 인식수준을 조사하였다. 먼저, 대학은 대학종합평가인정제의 평가결과를 대학의 개선발전에 잘 활용하고 있는가에 대한 조사하였다. 그 결과 <표 V-44>에서와 같이 긍정적으로 인식하는 경우가 35.7%이고, 보통 31.9%, 부정적으로 인식하는 경우가 32.7%로 나타났다. 소재지와 참여유형에 따른 유의미한 차이는 발견하지 못하였으나, 설립유형에 따라 통계적으로 5% 수준에서 유의한 차이가 나타났다. 사립대학 재직 평가위원(38.5%)이 국공립대학

재직 평가위원(28.8%)보다 대학의 평가결과 활용에 대해 다소 긍정적으로 판단하고 있는 것을 알 수 있다.

〈표 Ⅴ-44〉 대학의 활용 정도에 대한 반응

단위: 명(%)

대학의 활용도	전 체	소재지		설립유형		참여유형		
		서 울	지 방	국공립	사 립	자 체	방 문	자체·방문
강한 긍정	29 (7.0)	9 (11.0)	20 (6.0)	4 (3.4)	25 (8.4)	20 (6.6)	5 (11.6)	4 (6.6)
약한 긍정	119 (28.7)	24 (29.3)	95 (28.6)	30 (25.4)	89 (30.1)	84 (27.5)	10 (23.3)	23 (37.7)
보 통	132 (31.9)	18 (22.0)	114 (34.3)	45 (38.1)	87 (29.4)	93 (30.5)	16 (37.2)	22 (36.1)
약한 부정	105 (25.4)	24 (29.3)	81 (24.4)	35 (29.7)	70 (23.6)	85 (27.9)	9 (20.9)	10 (16.4)
강한 부정	29 (7.0)	7 (8.5)	22 (6.6)	4 (3.4)	25 (8.4)	23 (7.5)	3 (7.0)	2 (3.3)
계	414 (100.0)	82 (100.0)	332 (100.0)	118 (100.0)	296 (100.0)	305 (100.0)	43 (100.0)	61 (100.0)
χ^2		6.433		10.016*		8.972		

*p<.05

교육부는 평가결과를 행·재정적 지원에 잘 활용하고 있는가에 대한 조사 결과, 〈표 Ⅴ-45〉에서와 같이 전체 응답자의 48.3%가 '부정적이다'고 응답하여 가장 높은 비율을 차지하고 있으며, '보통이다'가 35.9%이고, '긍정적이다'는 15.8%로 교육부의 대학종합평가인정제의 평가결과 활용에 대해서는 부정적으로 인식하고 있는 것으로 나타났다.

〈표 V-45〉 교육부의 활용 정도에 대한 반응

단위: 명(%)

교육부의 활용도	전 체	소재지		설립유형		참여유형		
		서 울	지 방	국공립	사 립	자 체	방 문	자체·방문
강한 긍정	5 (1.2)	3 (3.7)	2 (.6)	0 (0.0)	5 (1.7)	4 (1.3)	0 (0.0)	1 (1.6)
약한 긍정	60 (14.6)	8 (9.9)	52 (15.7)	19 (16.1)	41 (13.9)	38 (12.5)	11 (25.6)	10 (16.4)
보 통	148 (35.9)	31 (38.3)	117 (35.3)	41 (34.7)	107 (36.4)	108 (35.6)	12 (27.9)	27 (44.3)
약한 부정	137 (33.3)	30 (37.0)	107 (32.3)	38 (32.2)	99 (33.7)	107 (35.3)	14 (32.6)	14 (23.0)
강한 부정	62 (15.0)	9 (11.1)	53 (16.0)	20 (16.9)	42 (14.3)	46 (15.2)	6 (14.0)	9 (14.8)
계	412 (100.0)	81 (100.0)	331 (100.0)	118 (100.0)	294 (100.0)	303 (100.0)	43 (100.0)	61 (100.0)
χ^2		8.300		2.791		9.555		

〈표 V-46〉 기업체 및 민간단체의 활용 정도에 대한 반응

단위: 명(%)

기업체의 활용도	전 체	소재지		설립유형		참여유형		
		서 울	지 방	국공립	사 립	자 체	방 문	자체·방문
강한 긍정	6 (1.5)	2 (2.5)	4 (1.2)	1 (.9)	5 (1.7)	5 (1.7)	1 (2.4)	0 (0.0)
약한 긍정	39 (9.5)	8 (10.0)	31 (9.4)	11 (9.4)	28 (9.6)	24 (7.9)	5 (11.9)	9 (14.8)
보 통	115 (28.1)	24 (30.0)	91 (27.7)	34 (29.1)	81 (27.7)	82 (27.2)	12 (28.6)	21 (34.4)
약한 부정	156 (38.1)	28 (35.0)	128 (38.9)	49 (41.9)	107 (36.6)	125 (41.4)	12 (28.6)	19 (31.1)
강한 부정	93 (22.7)	18 (22.5)	75 (22.8)	22 (18.8)	71 (24.3)	66 (21.9)	12 (28.6)	12 (19.7)
계	409 (100.0)	80 (100.0)	329 (100.0)	117 (100.0)	292 (100.0)	302 (100.0)	42 (100.0)	61 (100.0)
χ^2		1.131		2.190		8.510		

   기업체 및 민간단체는 대학종합평가인정제의 평가결과를 직·간접적인 지원 자료로 활용하고 있는가에 대한 조사결과, 〈표 V-46〉에서와 같이 전체 응답자의 60.8%가 '부정적이다'에 응답하였으며, '보통이다'에 28.1%, '긍정적이다'에 11%가 응답하여 기업체 및 민간단체의 평가결과 활용 정도에 다소 부정적으로 인식하는 것으로 나타났다. 그리고 학생·학부모들은 대학종합평가인정제의 평가결과를 대학선택에 필요한 정보자료로 활용하는가에 대한 조사결과, 〈표 V-47〉에서와 같이 전체 응답자의 60.1%가 '부정적이다'에 응답하였으며 '보통이다'에 25.3%, '긍정적이다'에 14.6%가 응답하여 학생 및 학부모들의 평가결과 활용 정도에 대해 부정적으로 인식하고 있는 것을 알 수 있다. 이것으로 보아 평가위원들은 교육부, 대학, 기업체 및 민간단체, 그리고 학생 및 학부모는 대학종합평가의 결과를 제대로 활용하지 못하고 있다고 생각하고 있으며, 기업체 및 민간단체와 학생 및 학부모들이 평가결과를 더 활용하고 있지 못하다고 인식하는 것으로 나타났다.

〈표 V-47〉 학생·학부모의 활용 정도에 대한 반응

단위: 명(%)

학생의 활용도	전 체	소재지		설립유형		참여유형		
		서 울	지 방	국공립	사 립	자 체	방 문	자체·방문
강한 긍정	12 (2.9)	3 (3.8)	9 (2.7)	3 (2.6)	9 (3.1)	10 (3.3)	1 (2.4)	1 (1.6)
약한 긍정	48 (11.7)	10 (12.5)	38 (11.5)	9 (7.7)	39 (13.3)	35 (11.6)	4 (9.5)	9 (14.8)
보 통	104 (25.3)	19 (23.8)	85 (25.7)	30 (25.6)	74 (25.2)	74 (24.4)	14 (33.3)	14 (23.0)
약한 부정	149 (36.3)	29 (36.3)	120 (36.3)	46 (39.3)	103 (35.0)	112 (37.0)	13 (31.0)	24 (39.3)
강한 부정	98 (23.8)	19 (23.8)	79 (23.9)	29 (24.8)	69 (23.5)	72 (23.8)	10 (23.8)	13 (21.3)
계	411 (100.0)	80 (100.0)	331 (100.0)	117 (100.0)	294 (100.0)	303 (100.0)	42 (100.0)	61 (100.0)
χ^2		.387		2.788		3.111		

6. 심층면접 조사결과

1) 대학종합평가인정제의 필요성과 목적

대학종합평가인정제가 계속 시행될 필요가 있는가에 대한 면접조사 결과는 질문지 조사결과와 비슷하게 나타났다. 자체평가위원의 경우 대학종합평가를 실시함으로 인해 대학은 자체점검의 기회를 가질 수 있었고, 대학교육의 제반 여건이 개선되었으며, 대학경영의 효율성이 제고되었다는 점에서 계속 시행될 필요가 있다고 주장하였다. 방문평가위원들도 자체평가위원들과 마찬가지로 대학종합평가로 인해 대학교육의 질이 향상되었으며, 대학의 국내·외 경쟁력 신장을 위해서 대학종합평가는 계속 시행될 필요가 있다고 답변하였다. 자체·방문 평가위원의 경우에는 대학의 책무성 강화를 위해 대학종합평가가 시행될 필요가 있다는 의견과 대학의 자발적 참여가 이루어지지 않았기 때문에 그 필요성이 보통이라고 생각하는 의견도 있었다. 이와 같은 결과에 비추어 볼 때, 대학종합평가는 대학교육의 제반여건 개선, 대학경영의 효율성 제고, 그리고 국내외 경쟁력 향상을 위해 계속 시행될 필요가 있다는 것을 확인할 수 있다.

한편, 대학종합평가인정제의 목적 달성 여부에 대해서는 평가위원들의 참여유형에 따라 의견 차이가 있었다. 자체평가위원의 경우 대학의 제반여건 개선효과는 있었으나, 국·공립대와 사립대, 선발대학과 후발대학, 그리고 규모가 큰 대학과 소규모 대학 간의 차이를 무시하고 일률적인 평가기준을 적용하고, 앞서 평가인정을 받은 대학의 자체평가연구보고서가 마치 모범답안인 것처럼 그것의 양식에 맞추기 급급하다보니 대학의 자율성이 신장되기보다는 오히려 제한받았으며, 따라서 대학의 특성화는 이루기 힘들었다고 답변하였다. 즉 대학은 대학종합평가를 통해 스스로 문제를 인식하고 해결하기보다는 스스로 문제를 덮어버리는 결과를 초래하였다는 것이다. 따라서 앞으로 시행하게 될 대학종합평가에서는 대학의 설립 목적과 대학의 유형에 따른 특성화가 이루어질 수 있도록 다양한 평가기준이 개발될 필요가 있으며, 대학의 책무성 향상에도 더욱더 중점을 두어야 한다고 인식하고 있었다. 방문평가위원의 경우 자체평가위원의 견해와 달리 대학교육의 수월성과 대학경영의 효율성은 어느 정도 달성하였다고 답변하였으며, 자체·방문 평가위원은 대학종합평가인정제에 대한 인식 부족으로 평가목적이 제대로 달성되지 못하였으며, 대학의 책무성은 어느 정도 향상되었으나 자율성 신장은 이루어지지 않았다고 주장하였다. 또한 앞으로 시행하게 될 평가에서는 대학의 재정확충에 가장 중점을 두어 실시할 필요가 있다고 답변하였다.

이상과 같이 대학종합평가인정제의 필요성과 목적에 대한 심층면접 결과, 평가 참여유형과 관계없이 대부분의 평가위원은 대학의 제반여건 개선을 위해서 대학종합평가를 계속 시행할 필요가 있다고 인식하고 있었다. 그러나 평가목적을 제대로 달성하기 위해서는 평가기준의 타당성이 확보되어야 하며, 대학의 특성화를 보장할 수 있는 방향으로 전문적이고 체계적으로 보완될 필요가 있다는 것을 확인할 수 있었다.

2) 대학종합평가인정제의 운영관리

대학종합평가인정제의 평가주체로 누가 적절한가에 대한 면접조사결과, 평가위원들 간의 의견 차이가 많았다. 자체평가위원은 평가의 전문성을 확보하기 위하여 대학평가전담기구를 설립하여 평가를 주관해야 한다는 견해도 있고, 대교협과 같은 대학자율협의체가 담당하여야 한다는 의견도 있으며, 교육인적자원부가 담당하여야 한다는 의견도 있었다. 이것으로 보아 자체평가위원들 간에 평가주관기구에 대한 견해차이가 많다는 것을 확인할 수 있었다. 자체평가위원과 달리 방문평가위원은 대부분 현재 우리나라의 실정에 비추어 볼 때 대학평가에 대한 경험과 지식이 축적되어 있는 대교협이 평가주체가 되어 실행하는 것이 바람직하다는 의견이 지배적이었다. 그러나 대교협의 대학종합평가는 교육부 지원으로 이루어지고 있어 엄밀한 의미에서 독립된 평가기구라 할 수 없기 때문에 앞으로 시행하게 될 대학종합평가는 대학운영의 허와 실을 상세히 평가할 수 있도록 회원교 중심의 대학평가전담기구가 대학종합평가를 담당하여야 한다고 주장하였다. 자체·방문 평가위원의 경우 학문계열평가는 학회가 주관하는 것이 바람직하나, 현재 우리나라의 실정으로 보아 대학종합평가는 대교협이 평가주체가 되어 시행하는 것이 바람직하다고 답변하였다. 이는 대학평가전담기구가 평가주체가 되어 대학종합평가를 시행하여야 한다는 의견과 대교협이 평가주체가 되어야 한다는 의견과 비슷하였던 질문지 조사결과와 다소 차이가 있는 것을 확인할 수 있었다.

따라서 대학평가전담기구 설립의 필요성에 대한 조사결과 자체평가위원은 대학평가의 전문성 확보하기 위해 대학평가를 위한 별도의 전문기관의 설립 필요성을 인식하고 있었으며, 방문평가위원도 자체평가위원과 마찬가지로 평가의 독립성과 전문성 확보를 위해 대학평가전담기구의 필요성은 높게 인식하고 있었으나, 새로운 기구의 설립에 따른 행·재정적 문제를 고려해 볼 때 현실적으로 별도의 전문기관을 설립하는 것은 힘들다는 생각을 하고 있다는 것을 확인할 수 있었다. 자체·방문 평가위원의 경우 자체평가위원과 방문평가위원의 견해와는 달리 평가기관이 유일하게 존재하면 그에 따른 폐단이 반드시 있기 때문에 대학평가전담기구는 설립될 필요가 없다고 주장하였다. 이것으로 보아 대부분의 평가위원은 평가의 독립성과 전문성 확보를 위해 별도의 평가전담기구의 설립 필요성을 인식하고 있으나, 현 실정에 비추어 볼 때 평가를 효율적이고도 실제적으로 진행할 수 있는 기관이 대학종합평가를 담당해야 한다고 생각하는 것을 알 수 있다. 따라서 대학종합평가를 주관하고 있는 대교협의 평가업무를 전문화하여 전문적인 평가기구로 확대·개편하는 방안을 고려해 볼 필요가 있다. 대교협의 평가능력이 전문화되고 강화되면 평가결과에 대한 신뢰도와 활용도가 높아질 것이고 교육부가 직접 수행하고 있는 재정지원사업평가와 같은 특수목적 평가도 대교협을 통해서 이루어질 수 있을 것이라 판단된다.

평가에 소요되는 경비부담에 대한 면접조사 결과, 평가위원들의 참여유형 별로 차이가 있었다. 자체평가위원의 경우 평가에 소요되는 경비는 현행과 같이 정부의 지원에 의해 이루어져야 한다고 생각하고 있는 반면에, 방문평 가위원은 평가에 소요되는 경비를 정부지원에 의존할 경우 공정한 평가활동 을 보장받기 어렵기 때문에 정부의 지원이 아닌 회원 대학의 회비와 평가대 상 대학의 경비 부담에 의해 운영되는 형식으로 발전해 나가야 할 것이라고 생각하고 있었다. 자체·방문 평가위원은 평가로 인해 대학교육의 질이 향상 되고, 대학교육의 질 향상은 국가발전과 밀접한 관련이 있기 때문에 평가에 소요되는 경비는 평가대상 대학과 정부가 함께 부담하는 것이 대체로 적절 하다고 생각하고 있었다. 이것으로 보아 평가경비의 부담에 대해서 참여유형 별로 평가위원 간의 의견 차이가 있으나, 평가의 공정성과 독립성 보장을 위 해서는 평가대상 대학이 부담하는 것이 바람직하다고 생각하고 있다는 것을 확인할 수 있었다.

또한 대학종합평가인정제의 7년 주기에 대해서도 평가위원 간의 의견 차이 가 있었다. 자체평가위원의 경우, 학교 규모가 큰 대학의 자체평가위원은 평가 주기가 다소 짧아져야 한다고 답변한 반면, 학교 규모가 작은 대학의 자체평 가위원은 평가주기가 짧아지면 학사일정으로 분주한 학기 중에 평가 준비로 인해 교수들의 교육·연구활동에 막대한 지장을 초래하고, 현장평가에 소요되 는 경비가 막대하기 때문에 7년 주기가 적절하다고 주장하였다. 소규모 대학 의 자체평가위원들은 평가주기가 짧아져 평가를 자주 받게 되면, 그에 따른 업무가 늘어나는 것에 대해 매우 부담스러워하는 것으로 생각되었다. 방문평 가위원과 자체·방문 평가위원은 모두 사회의 급속한 변화로 인해 평가주기는 다소 짧아져야 할 것이라고 답변하였다. 이것으로 보아 평가위원들은 대학이 급변하는 환경 속에서 한번 받은 평가가 7년 동안 유지된다는 것은 모순이며, 한 주기가 너무 길면 한 주기 내에 평가받은 대학 간의 객관적 비교가 힘들다 는 이유에서 7년 주기는 너무 길다고 인식하고 있으나, 자체평가위원의 경우 평가에 대한 부담을 갖고 있는 것을 확인할 수 있었다. 그러나 대학평가의 주기는 대학환경의 변화, 사회적 욕구, 평가내용이나 대상, 그리고 평가위원의 동원능력에 따라 다르게 조정될 수 있으며, 대학평가를 위해 투입되는 인적·물적 자원이 풍부하면 대학의 평가주기를 짧게 할 수 있을 것이라 판단된다.

3) 대학종합평가인정제의 평가기준

대학종합평가인정제의 평가기준의 적설성에 대한 면접조사 결과, 평가위원 모두 현재 실시되고 있는 대학종합평가의 평가기준에 대한 불만이 가장 많았다. 자체평가위원은 획일화된 평가기준으로 인하여 대학의 특성화가 제대로 이루어질 수 없었기 때문에 대학의 유형을 일반대학, 교육대학, 신학계대학, 산업대학 이외에 대학의 특성에 따라 더욱더 다양화할 필요가 있다고 답변하였으며, 방문평가위원은 대학의 기능별 분화에 따른 유형별 특성화가 이루어져야 한다고 주장하였다. 즉, 각 대학의 특성에 따른 유형화도 중요하지만, 대학평가가 대학교육의 획일성을 강화하는 역기능으로 작용할 수 있기 때문에 4년제 대학에서 가장 많은 비율을 차지하고 있는 일반대학을 연구중심대학, 교육중심대학 등으로 그 기능을 유형화해서 평가할 필요가 있다고 지적하였다. 또한 자체·방문 평가위원은 대학의 규모 차이, 다양성과 특수성을 고려하여 모든 대학에 보편 공통적으로 적용될 수 있는 항목과 대학의 유형에 따라 달리 적용될 수 있는 항목으로 구분 적용할 필요가 있다고 답변하였다. 이것으로 보아 대학종합평가에서는 대학의 특수성을 고려한 최저기준만을 정하고 나머지는 각 대학의 목표에 적합한 다양한 유형의 평가기준을 마련하는 방안을 고려할 필요가 있다는 것을 확인할 수 있다.

한편, 정량적 평가항목 35%, 정성적 항목 65%로 구성된 평가항목의 구성비율에 대한 면접조사결과, 자체평가위원 간에도 평가항목의 구성비율에 대해 의견 차이가 있었다. 대학의 다양한 특성을 동일한 준거로 평가하는 정량적 항목으로는 대학을 제대로 평가할 수 없으며, 대학을 질적으로 평가하기 위해서는 정성적 평가항목을 늘려야 한다고 주장하는 위원과 이와는 전적으로 다른 의견을 표방하는 위원도 있었다. 즉, 정성적 평가문항의 점수화에 대한 불신을 이유로 정량적 평가항목의 비중을 더 높이고 정성적 평가항목의 비중을 더 낮추어야 한다고 생각하는 위원도 있었다. 방문평가위원의 경우 정성적 평가항목을 현재보다는 다소 늘릴 필요가 있으며, 특히 정성적 평가항목으로 대학을 평가하기 위해서는 평가위원들의 전문성 확보를 위한 방안을 마련해야 한다고 주장하였다. 또한 자체평가위원과 방문평가위원, 그리고 자체·방문 평가위원들은 평가문항의 수에 대해 대체로 적절하나 다소 줄어들어야 한다는 생각이 지배적이었다. 이러한 결과로 비추어 볼 때, 앞으로 시행하게 될 대학종합평가의 평가기준은 대학의 특성에 따라 다양화되어야 하며, 대학에 대한 질적 평가를 위해 정성적 평가항목을 늘려 나가야 할 것이며, 평가항목의 수는 다소 줄여야 한다는 것을 확인할 수 있다.

4) 대학종합평가인정제의 평가절차

대학에 대한 평가는 일정한 과정과 절차를 통해 이루어지는데, 평가가 수행되는 과정과 절차의 합리성은 평가결과와 평가수행과정에 대한 시비를 최소화하는 역할을 한다. 따라서 대학종합평가인정제의 평가절차가 적절한가에 대한 면접조사에 의하면, 질문지 조사결과와 마찬가지로 사전공지, 자체평가, 방문평가, 평가인정으로 이어지는 평가절차는 대체로 적절하다는 의견이 지배적이었다. 그러나 방문평가위원의 경우 2박 3일 동안은 대학을 제대로 평가할 수 없기 때문에 방문평가기간을 늘릴 필요가 있으며, 사전면담평가와 추후평가를 함께 실시할 필요가 있다고 주장하였다. 그러나 소규모 대학자체평가위원의 경우 사전면담평가와 추후평가의 실시는 평가준비에 따른 업무를 더욱 가중시켜 대학의 업무 마비를 초래할 수 있다는 이유에서 반대하였다.

내부집단에 의한 평가가 이루어짐으로써 일부에서 자체평가의 신뢰성에 대한 문제를 제기한 점을 주시하여, 자체평가연구위원의 구성원으로 재직교수뿐만 아니라 외부전문가들의 객관적인 시각을 함께 도입함으로써 사회적 공인을 강화시킬 수 있지 않겠느냐는 것에 대해 조사하였다. 그 결과 참여평가위원 모두 평가대상 대학에 재직하고 있으면서 평가대상 대학에 대해 잘 알고 있는 교수가 자체평가위원으로 가장 적절하며 현실적으로 외부전문가에 의한 평가는 불가능하다는 견해가 지배적이었다.

방문평가위원으로 참여해야 한다고 생각하는 구성원에 대한 면접조사결과에서는 참여유형별로 평가위원들 간의 의견 차이를 보였다. 자체평가위원은 평가주관기구가 위촉한 방문평가위원과 일회적으로 구성되는 평가위원이 함께 평가하여야 한다고 답변하였다. 즉 평가자 간의 평가자 오류의 최소화를 위해 평가주관기구의 평가위원과 평가주관기구에서 평가를 의뢰한 학회와 같은 단체에서 구성된 평가위원들이 각각 평가를 실시하여 그 결과를 비교·검토하여 평가한다면 그 평가결과에 대한 신뢰도가 더욱 높아질 수 있다는 의견을 제시하였다. 방문평가위원은 평가위원의 구성에 있어서 대학교수뿐만 아니라 외부전문가를 함께 구성할 필요가 있으며, 방문평가위원으로 선정된 평가위원에 대한 사전교육의 중요성을 피력하였다. 또한 평가주관기구인 대교협의 동행 연구원은 방문평가위원들의 평가활동에 대해 누구나 수행할 수 있는 자료운반과 같은 비전문적인 도움이 아닌 전문적인 도움을 줄 수 있는 수준이어야 한다고 지적하였다. 자체·방문 평가위원은 평가대상 대학과 이해관계가 없는 각 영역별 전문가가 방문평가위원으로 참여해야 하며, 한 개 평가 팀은 한 개 대학만을 평가하여야 하고, 방문평가 전에 평가대상 대학에 평가위원의 명단을 보고하여 대학 측의 반대가 없는 평가위원이 평가를 담당하여야 한다고 주장하였다. 이것으로 보아 방문평가위원은 대학평가에 대한 전문적이고 체계적인 지식수준을 갖춘 교수나 전문가로 구성되어야 한다는 것을 확인할 수 있다.

방문평가기간에 대한 면접 조사결과, 자체평가위원은 학교의 규모에 따라

방문평가기간이 조절될 수 있어야 하며, 현재의 2박 3일이 대체적으로 적절하다고 답변하였다. 방문평가위원과 자체·방문 평가위원은 2박 3일 동안에는 대학을 질적으로 제대로 평가하기는 쉽지 않기 때문에 평가기간을 다소 늘릴 필요가 있다는 견해가 지배적이었다. 또한 다수의 평가위원이 대학평가에 참여하는 과정에서 평가위원들이 공통된 시각과 관점을 유지하여 평가의 일관성과 신뢰성을 확보를 하기 위해서뿐만 아니라 대학종합평가의 의의, 방문평가위원의 책임과 의무, 방문평가의 중요성 등과 같은 것을 환기시켜 주기 위해서 평가위원들에 대한 특강이나 세미나와 같은 사전교육이 더욱 강화될 필요가 있다고 주장하였다.

한편, 대학종합평가를 실시한 이후 일정 기간이 지난 후에 추후평가를 실시하는 것에 대한 면접조사결과, 참여유형에 따라 의견의 차이가 있었다. 자체평가위원의 경우, 특히 소규모 대학의 자체평가위원은 평가준비에 따른 행·재정적 부담으로 인해 추후평가의 실시를 반대하였다. 그러나 방문평가위원과 자체·방문 평가위원의 경우 평가의 효과를 제고한다는 점에서 찬성하였으며, 방문평가위원의 경우 평가기간이 너무 짧아 제대로 평가하기가 어려웠기 때문에, 평가기간을 연장하기 어려운 현실을 고려해 볼 때 추후평가뿐만 아니라 서면평가 이후 방문평가 실시 이전에 사전면담평가를 실시할 필요가 있다고 주장하였다. 이상과 같이 평가절차와 방법에 대한 심층면접결과, 대학평가의 절차는 대체로 적절하나 대학의 지속적인 개선노력을 촉구하기 위해 추후평가를 실시할 필요가 있으며, 평가의 전문성 확보를 위해 자체평가위원과 방문평가위원에 대한 교육과 관리가 필요하며, 대학의 규모에 따라 방문평가기간이 조절될 수 있어야 한다는 것을 확인할 수 있었다.

5) 대학종합평가인정제의 결과발표 및 활용

대학종합평가인정제에 관련된 중요한 논의 중의 하나는 평가결과 발표와 관련된 문제로 이에 대한 면접조사결과, 자체평가위원, 방문평가위원, 자체·방문 평가위원 공히 평가결과는 서열화나 등급화해서 공개되어야 한다는 견해가 지배적이었다. 그러나 자체평가위원은 대학의 종합적 평정결과보다는 영역별로 우수인정, 인정, 부분인정, 불인정과 같은 형태로 공개되어야 한다고 주장하였다. 이는 평가결과의 완전공개에 따른 여러 가지 부작용을 우려하고 있는 것으로 해석된다. 방문평가위원은 경쟁에 따른 부정적 요인보다 대학 간 선의의 경쟁으로 대학의 질을 더욱 높일 수 있다는 의미에서 순위까지 공개하여야 한다고 주장하였다. 그리하여 기업체나 학생·학부모가 대학의 특성과 대학의 질을 제대로 알고 신규채용이나 학교 선택을 위한 자료로 활용될 수 있게 하여야 한다는 것이다. 자체·방문 평가위원 또한 대학평가의 결과는 공개되어야 하며, 특히 평가결과를 행·재정 지원의 근거 자료로 활용한다면 차등 지원에 대한 납득이 갈 수 있도록 상세히 공개하여야 한다고 주장하였다. 이것으로 보아 대학평가결과를 모든 사람에게 공개함을 원칙으로 하되, 공개에 따르는 충격과 부작용을 최소화하기 위한 방안을 강구해야 할 것이며, 평가대상 대학의 입장과 평가에 대한 사회적 인식과 평가문화도 충분히 고려해야 한다는 것을 확인할 수 있었다.

평가결과의 활용에 대한 면접 조사에서, 자체평가위원은 대학의 개선발전에 평가결과를 어느 정도 활용하고 있으나, 교육인적자원부와 기업체 및 민간단체는 평가결과를 제대로 활용하지 못하고 있다고 답변하였다. 방문평가위원과 자체·방문 평가위원의 경우는 평가결과가 투명하게 공개되지 않았기 때문에 활용이 제대로 이루어지지 않았다고 생각하고 있었으며, 앞으로는 완전히 공개하여 대학, 교육인적자원부, 기업뿐만 아니라 학생과 학부모들이 대학선택에 필요한 정보자료로 활용할 수 있어야 한다고 주장하였다. 이것으로 보아 평가결과는 대학의 개혁을 위한 기초 자료로 뿐만 아니라 대학의 질적 수준 개선과 대학들 간의 정보파악 자료로 활용될 수 있도록 공개될 필요가 있다는 것을 확인할 수 있다.

결과활용방안에 대한 면접조사 결과에 의하면, 평가위원 모두 대학종합평가로 인해 대학에 대한 정부나 사회로부터의 지원이 증대되는 것은 바람직한 현상으로 인식하였으나, 재정지원방법에 대해서는 의견 차이가 있었다. 자체평가위원과 방문평가위원은 평가결과에 따라 대학에 대한 차등 지원하게 되면 대학 간 교육여건의 차이가 더욱 심화되고 영구화되는 소위 부익부 빈익빈 현상이 초래될 수 있기 때문에 우수한 대학에게 보상적 지원을 하고, 열악한 대학에게는 조성적 지원을 하여야 한다고 답변하였다. 그러나 자체·방문 평가위원은 우수한 대학에 대한 보상적 지원보다 열악한 대학에 대한 조성적 지원이 우선되어야 한다고 주장하였다. 그러나 열악한 대학에 대한 조성적 지원은 우수한 대학에 대한 보상적 지원과는 다른 형태로, 시설 및 설비의 확보, 실험 실습기자재 확보 등 주로 기본적 교육여건 개선을 위한 지원이어야 한다고 지적하였다. 이것으로 보아 대학종합평가는 평가계획 수립에서부터 결과의 공개·활용에 이르기까지 일관성 있는 제도의 운영이 필요하며, 평가결과는 반드시 공개되어 대학의 경영개선뿐만 아니라 대학개혁을 위한 기초 자료로 활용되어야 하고, 특정 대학의 교육개혁과 국제 경쟁력 향상을 지원하는 것보다 모든 대학이 균형 발전할 수 있도록 하는 재정지원 정책을 수립할 필요가 있다는 것을 확인할 수 있었다.

6) 기 타

전체적으로 대학종합평가인정제의 문제점이 무엇이냐는 질문에 대해, 자체평가위원은 평가를 위한 과다한 시간과 경비문제를 가장 큰 문제로 지적하였다. 또한 수많은 자료와 인력을 바탕으로 작성되는 자체평가연구보고서의 활용 문제도 지적되었다. 자체평가연구보고서는 대교협에서 요구하는 형식에 맞춰서 작성하기 때문에 대학의 외형적 현상만을 기술하기 쉽고, 대부분이 통계자료를 정해진 양식에 따라 정리하거나, 주어진 빈칸에 기입하는 식의 내용이 주축을 이루고 있기 때문에 각 대학들은 자신들의 문제를 종합적이고 분석적으로 들여다 볼 수 없었다는 것이다. 자체평가를 통해서 각 대학은 독창적인 관점에서 자신들의 문제를 검토하고 그 개선 방안을 강구하도록 융통성을 주어야 하며, 대학종합평가를 통해서 각 대학의 특성화 또는 개별성 추구를 조장한다면, 자체평가연구보고서 양식의 획일화는 지양되어야 할 것으로 판단된다.

방문평가위원의 경우 방문평가기간이 지나치게 짧아 제대로 평가할 수 없었다는 점과 평가위원들의 전문성 확보 문제를 지적하였다. 이러한 문제를 해결하기 위해 방문평가기간을 늘릴 필요가 있으며, 평가위원의 전문성 확보를 위해 교수뿐만 아니라 외부전문가도 함께 평가에 참여하고 방문평가실시 이전에 평가에 대한 사전 교육이 강화될 필요가 있다고 지적하였다. 자체·방문 평가위원의 경우 평가기준의 타당성 부족과 평가결과 발표 형식이 문제라고 지적하였다. 이러한 문제의 해결을 위해 대학의 제반 여건을 고려하여 평가지표를 구성하는 것이 바람직하며, 교육인적자원부와 대학, 기업체, 그리고 학생·학부모가 활용할 수 있도록 공개되어야 한다고 지적하였다. 이것으로 보아 앞으로 시행하게 될 대학종합평가에서는 대학의 특성화 추구와 개별 대학의 발전을 위해서 각 대학의 특성과 유형에 따라 다양한 평가기준을 개발할 필요가 있으며, 평가의 전문성 확보를 위해서 평가위원의 선발 및 관리를 철저히 하여야 하고, 평가결과를 제대로 활용하기 위해서 평가결과가 공개되어야 할 것으로 판단된다.

7. 종합적 논의

1) 대학종합평가인정제의 필요성 및 목적

대학종합평가인정제의 필요성에 대한 질문지 조사결과, 대학종합평가가 계속 시행될 필요가 있다는 의견은 전체의 72.8%, 필요치 않다는 전체의

10.3%로 전반적으로 높은 지지를 받고 있는 것으로 나타났으며, 심층면접조사의 결과도 이와 비슷하였다. 대학교육의 질적 향상 및 서비스를 개선하기 위해 대학종합평가인정제는 계속 시행되어야 한다고 생각하고 있는 반면, 비용과 노력에 비해 그 효과가 적고, 최저 수준의 질 유지에는 기여하고 있지만 최고수준의 질 향상을 이루게 하지는 못한다는 이유로 계속 시행될 필요가 없다고 응답하였다. 이것으로 보아 대학종합평가인정제의 필요성에 대한 평가위원의 인지도는 매우 높으나, 계속적인 시행을 위해서 제도의 성격을 명료히 하고, 계속 시행해야 할 당위성이 무엇인지에 대해 폭넓은 공감대를 형성할 수 있도록 적극적인 홍보와 평가의 효과를 제고할 수 있는 방안을 강구할 필요가 있다는 것을 알 수 있다.

또한 대학교육의 질 향상을 위한 하나의 기제로서 대학종합평가인정제의 목적 달성 정도에 대한 조사결과, 전체 응답자의 52.1%는 어느 정도 달성하였다고 응답하였으나, 21.1%는 달성하지 못하였다고 생각하고 있었다. 심층면접조사에서도 평가위원의 평가참여유형별로 의견의 차이는 있었지만, 대학교육의 수월성 제고와 대학경영의 효율성은 어느 정도 달성되었으나, 자율성은 오히려 제한받았다고 주장하였다. 대학종합평가인정제가 소기의 목적달성을 하지 못했다고 응답한 경우, 대학평가의 목적 달성을 저해한 요인에 대한 조사결과, 평가내용 및 기준의 타당성 결여(38.6%), 평가결과의 활용 미흡(25.3%), 평가절차상 공정성 및 객관성 부족(18.1%), 그리고 평가인정기구의 효율성·전문성 부족(12%) 순으로 나타났다. 이것으로 보아 대학종합평가인정제가 소기의 목적을 달성하기 위해서는 평가내용 및 기준에 있어서 타당도를 제고하여야 하고, 평가결과 활용에 대한 여러 가지 실행 가능한 방안을 강구하여야 하며, 평가과정에서의 공정성 및 객관성 확보와 평가기구의 전문성을 확보할 필요가 있다는 것을 확인할 수 있다.

그리고 앞으로 시행할 대학종합평가인정제에서 가장 중점을 두어야 할 목적에 대한 조사결과, 대학의 자율성 신장(30.3%), 대학의 수월성 제고(22.5%), 대학경영의 효율성(18.8%), 대학의 책무성 향상(14.3%), 대학재정

지원 확충(13.3%), 대학 간 협력 증대(1.0%) 순으로 나타났다. 이는 대학의 수월성 제고, 대학경영의 효율성 제고, 대학의 자율성 신장, 대학의 책무성 향상, 재정지원 확충, 협동성 진작 순으로 나타난 1998년 대교협의 연구결과 (어윤배 외: 1998)와 다소 차이가 있다. 이것으로 보아 앞으로 시행하게 될 대학종합평가인정제에서는 대학운영의 자율성 신장에 가장 중점을 둘 필요가 있다는 것을 알 수 있다.

2) 대학종합평가인정제의 운영관리

대학종합평가인정제의 운영관리 측면에서 먼저 평가주체로 누가 적절한가에 대한 질문지조사 결과에서는 적절한 평가주체로 한국대학교육협의회와 같은 대학자율협의체(43.5%), 대학평가기구(42.3%), 전문가단체(7.4%), 교육인적자원부(4.8%), 언론기관(1.9%) 순으로 생각하는 것으로 나타났다. 그러나 심층면접조사 결과, 대부분의 평가위원들은 비정부적이고 자율적인 평가전담기구가 담당하는 것이 바람직하다는 의견이 지배적이었다. 그러나 우리나라 현 실정으로 비추어 볼 때 평가경험이 축적되어 있는 대교협이 확대·개편되어 평가업무를 담당하여야 한다고 생각하고 있었다. 또한 대학평가를 전담하는 대학평가 기구 설립의 필요성에 대한 조사결과, 대학평가의 전문성을 확보하고, 대학평가의 체계를 정립하며, 대학평가기구의 독립성을 유지하기 위해 대학평가전담기구를 설립할 필요가 있다(58.7%)고 응답하였다. 그러나 평가기관이 유일하게 존재하면 그에 따른 폐단이 반드시 있으며(51%), 다양한 기관이나 단체에 의한 다양한 대학평가체제를 갖추어야 한다는 의견도 16.7%로 나타났다. 이것으로 보아 앞으로 시행하게 될 대학종합평가인정제에서는 대학의 필요에 의해 대학 스스로 설립한 대학평가전담기구가 평가업무를 담당할 필요가 있으며, 대학평가전담기구를 설립할 경우에는 평가기구의 역할과 기능을 명확히 제시하여야 할 것으로 판단된다.

평가주기는 대학이 변화하고 평가를 준비하는 시간적 여유를 제공하며 집중적 투자로 인한 경제적 부담을 경감시켜 준다는 점에서 매우 의미가 있다. 대학종합평가인정제의 적절한 평가주기에 대한 조사결과, 질문지 조사에서는 현행 대학종합평가인정제의 7년 주기는 적절하다는 의견이 많았고(63.9%), 너무 길다는 의견도 29.3%로 나타났으나. 심층면접조사에서는 자체평가위원은 적절하다고 응답한 반면에, 방문평가위원과 자체·방문 평가위원은 기간이 단축될 필요가 있다고 응답하였다. 자체평가위원은 평가로 인해 대학의 질 개선 효과가 있다는 것은 인정하나 평가업무의 과중한 부담 때문에 이와 같이 응답한 것으로 판단된다. 따라서 대학종합평가인정제에서 7년으로 되어 있는 평가주기는 대학평가의 효과를 극대화하기 위해서 조정될 필요가 있으며, 또한 교육환경과 기타 여건들이 급변하는 것을 고려하여 현행 7년의 평가주기를 5~7년으로 단축하는 방안을 고려해 볼 필요가 있다는 것을 알 수 있다.

대학종합평가인정제에 소요되는 평가경비에 대한 질문지 조사결과, 평가에 소요되는 경비를 정부의 지원에 의존하는 것이 적절하다(71.2%)고 한 것으로 보아 대부분이 정부가 경비를 부담하는 것에 대해 긍정적으로 생각하고 있는 것으로 나타났으나, 심층면접에서는 평가대학이 부담하거나 대학과 정부가 함께 부담해야 한다는 의견이 많았다. 또한 평가에 소요되는 경비를 정부의 지원에 의존하는 것이 부적절하다(11.8%)고 응답한 경우, 그 경비를 평가대상 대학이 부담하는 것이 적절하다고 나타났다(56.3%). 이것으로 보아 평가의 독립성을 보장하기 위해 재정적 독립이 필요하다는 사실은 공감하지만 대학의 재정난으로 인해 정부의 재정적 지원이 적절하다고 응답한 것으로 해석할 수 있다. 평가재정이 국가기관으로부터 독립되지 못하면 평가의 모든 면에서 자유로울 수 없으며, 공정한 평가활동을 보장받기 어렵다. 따라서 평가의 독립성 보장을 위해서는 평가에 소요되는 경비를 평가대상 대학이 부담하여야 할 필요가 있는 것으로 판단된다.

3) 대학종합평가인정제의 평가기준

대학종합평가인정제에서는 대학교육의 질 개념을 근거로 기본 여건을 구축한다는 측면이 강조되어 교육과정과 산출뿐만 아니라 교육환경 및 교육여건이 중시되어 왔다. 따라서 대학종합평가인정제에서 학부는 교육, 연구, 사회봉사, 교수, 시설·설비, 재정·경영의 6개 영역에 대해서 평가하고, 대학원의 경우는 교육과정, 수업 및 논문지도, 교수, 시설·설비, 재정·경영의 5개 영역으로 나누어 평가하고 있다. 이러한 평가영역의 구분이 적절한가에 대한 의견 조사 결과, 영역 구분이 적절하다(80.5%), 보통이다(11.8%), 부적절하다(7.7%)의 순으로 나타났다. 따라서 대부분의 평가위원은 대학종합평가의 평가영역에 관하여 대체로 적절하게 생각하고 있는 것을 알 수 있다.

총 100개의 문항으로 이루어진 평가항목의 수의 적절성에 대한 조사결과, 평가항목의 수가 적절하다(50.7%)는 의견과 평가항목이 줄어야 한다(40.9%)는 의견이 주로 많이 나타났다. 평가항목이 줄어야 한다는 의견이 많은 이유는 평가항목 수는 100개이지만 실제로 평가가 이루어지는 평가지표를 보면 320여 개에 이르고 있기 때문이라 생각된다. 앞으로 시행하게 될 대학종합평가에서는 대학교육의 기본적 여건이 최소한 갖추어졌다는 것을 전제로 대학평가가 이루어 질 것이기 때문에 외형적인 것보다는 질 위주의 평가로 전환하고 심층적 평가가 이루어지도록 평가내용을 구성하여야 하며, 평가항목을 얼마간 축소할 필요가 있을 것으로 판단된다.

평가항목의 구성비율에 대한 의견조사 결과, 심층면접 조사에서는 대학에 대한 질적 평가를 위해 정성적 문항의 비율을 점차 늘려 나가야 할 것이라는 의견이 지배적이었다. 그러나 질문지 조사결과에서는 정량적 평가항목 35%, 정성적 평가항목 65%가 적절하다는 의견(39.7%)과 부적절하다는 의견(35.2%), 보통이다는 의견(25.1%) 순으로 나타나, 평가항목 구성비율의 적절성에 대한 의견이 다양하다는 것을 알 수 있다. 이렇게 구성비율에 대한 의견이 다양한 이유는 대학종합평가인정제의 평가내용을 보면 평가자에 따른 평가결과의 편차가 우려되거나 평정이 힘들다는 이유로 정성적 평가항목이 정량적 평가항목으로 된 경우도 있고, 평가의 객관성 측면에서 정성적 항목의 일부가 실제적으로는 정량적으로 평정하여 평가하도록 되어 있기 때문으로 해석된다. 평가항목의 구성비율이 부적절하다고 판단한 경우에 평가문항의 구성비율에 관한 의견을 조사한 결과, 전체 응답자의 75.9%의 높은 비율로 '정성적 평가항목의 비중을 더 높이고, 정량적 평가항목의 비중을 더 낮추는 것이 좋다'고 응답하였으며, '정성적 평가항목의 비중을 더 낮추고, 정량적 평가항목의 비중을 더 높이는 것이 좋다'는 의견은 전체 응답자의 13.1%로 나타났다. 정성적 평가문항의 비율을 낮추는 것에 찬성하는 경우는 정성적 평가문항의 작성에 어려움이 있거나, 문항의 명확한 의도에 대한 오해 때문이라고 판단된다. 따라서 대학평가의 목적과 평가유형의 다양화 관점에서 획일적인 정량적 평가항목보다 평가대상 대학의 현실과 특성이 충분히 반영될 수 있도록 정성적 문항과 정량적 문항이 적절하게 조화를 이루도록 구성되어야 할 것이라는 것에 모든 유형의 평가위원들이 공감하고 있다는 사실을 확인할 수 있다.

평가항목이 갖추어야 할 속성인 유용성, 실현성, 적절성, 명료성에 대한 의견 조사 결과, 평가항목의 유용성이 높다(47.6%), 보통이다(33.8%), 낮다(18.6%)로 나타났으며, 평가항목의 현실적 성취 가능성 측면에서는 보통이다(36.8%), 높다(36.6%), 낮다(25.6%) 순으로 나타났다. 그리고 평가항목의 적절성 측면에서는 보통이다(38.9%), 높다(32.8%), 낮다(28.4%)로 나타났으며, 평가항목의 명료성 측면에서는 낮다(36.9%), 보통이다(35.7%), 높다(27.3%)로 나타났다. 평가항목이 갖추어야 할 속성 가운데 명료성이 가장 낮다는 것은 평가에서 무엇을 평가하여야 하는 지가 명료하지 못하였다는 것으로, 이 문제는 평가결과의 타당도나 신뢰도 문제를 유발할 수 있다. 따라서 평가문항에 대한 검토가 필요할 것으로 판단된다.

대학종합평가인정제의 평가항목에 보완해야 할 점은 무엇인가에 대한 조사결과, 대학의 다양성과 특수성을 반영할 수 있는 항목이 가장 높게 나타났으며(57.7%), 대학의 규모 차이에 따른 항목을 반영해야 한다는 의견 (19.1%), 대학의 유형에 따른 평가항목을 추가해야 한다는 의견(9.9%), 대학원에 대한 평가항목(2.2%) 순으로 나타났다. 따라서 앞으로 시행하게 될 대학종합평가인정제에서는 평가기준의 다양화 측면에서 평가내용에 상당한 변화가 있어야 할 것으로 판단된다. 모든 대학이 기본으로 갖추어야 할 필수 항목과 대학의 특성을 고려한 항목 그리고 대학 자체적으로 설정한 목표, 목표의 실현 가능성, 실적 등을 점검하는 대학자체평가항목 등을 구성하여 대학 특성을 충분히 살린 질 관리 체제를 확립할 필요가 있다.

평가항목의 중요도에 따라 가중치가 적절하게 부여되었는지에 대한 조사결과, 평가항목의 가중치와 관련하여 기능체제와 관련된 교육(120점), 연구 (65점), 사회봉사(35점) 부문에 220점, 지원체제와 관련된 교수(80점), 시설·설비(100점), 재정·경영(100점) 부분에 280점으로 이루어진 가중치 구성비율에 대하여 적절하다는 의견이 50.3%, 부적절하다는 의견이 23.3%로 나타났다. 평가항목 가중치 비율이 부적절하다고 응답한 경우에 한하여, 평가영역별 중요성을 고려하여 적절한 평가영역별 가중치를 기재하도록 한 결과 다른 영역에서는 유의한 차이가 없었으나, 연구영역에 대한 가중치는 현재 적용되고 있는 가중치와 차이가 있는 것으로 나타났다. 이것으로 보아 앞으로 시행될 대학종합평가인정제에서는 연구영역의 가중치를 다소 상향조정할 필요가 있다는 것을 확인할 수 있다. 그러나 대학종합평가가 점점 질적인 평가로 전환되어 간다면 이러한 가중치의 문제는 사라질 것으로 판단된다.

평가기준의 적절성에 대한 조사결과, 적절하다는 의견이 54.4%, 부적절하다는 의견도 27.8% 나타났다. 이는 평가기준에 있어서 대학의 규모, 설립시기, 소재지, 중심학문 분야 등과 같은 특성을 고려하지 않았기 때문이라 할 수 있다. 구체적으로 대학종합평가의 평가항목의 보완점에 대한 조사결과 응답자의 57.7%가 대학의 다양성·특수성이 반영되는 항목이 보완되어야 한다고 인식하고 있는 것에서 알 수 있다. 따라서 대학평가를 수행하면서 일관성과 통일성을 위하여 모든 대학에 동일하게 적용되는 평가항목들로 내용을 구성하는 것도 필요하지만, 대학의 특색을 반영할 수 있도록 하기 위해 다소간 융통성을 발휘할 수 있는 평가항목을 포함하는 것도 필요하다. 평가기준은 대학의 가치를 판단하는 데 기초를 제공하면서 대학들을 획일화하기보다는 대학이 학문적 책무성을 이행하고 있는가를 확인하는 데 초점이 주어져야 할 것이다. 또한 대학종합평가인정제에서 4가지 유형으로 분류하여 특성에 맞는 평가기준을 적용하는 것에 대해 부적절하다고 응답한 경우에 한하여, 앞으로 평가기준의 방향에 대한 조사하였다. 그 결과 모든 대학에 보편 공통적으로 적용될 수 있는 것과 대학의 유형에 따라 달리 적용될 수 있는 것으로 구분하여 적용되어야 한다는 의견이 46.8%로 가장 높게 나타났으며, 모든 대학에 적용될 수 있는 핵심적 요소 부분과 유사한 대학군별 부분요소 그리고 개별 대학별 항목 등으로 재조정하여야 한다는 의견이 30.2%, 대학의 유형을 다양화해야 한다는 의견이 21.4%로 나타났다. 이것으로 보아 대학의 발전이 가속화되려면 다양성의 관점에서 각 대학이 특성을 추구할 필요가 있으며, 대학평가기준도 이를 뒷받침하도록 개발될 필요가 있다는 것을 확인할 수 있다.

4) 대학종합평가인정제의 평가절차

대학평가는 일정한 과정과 절차를 통해 이루어지며, 평가가 수행되는 과정과 절차의 합리성은 평가결과와 평가수행과정에 대한 시비를 최소화하는 역할을 한다. 따라서 대학종합평가인정제의 평가절차는 대학종합평가의 목적을 제대로 달성할 수 있도록 적절하게 이루어졌는가에 대한 질문지 조사결과, 대학종합평가인정제의 평가절차가 적절하다(80.1%)고 응답하였으며, 부적절하다는 의견은 7.9%인 것으로 나타났으며, 심층면접조사결과에서도 대체로 적절하게 인식하는 것으로 나타났다. 이것으로 보아 대학종합평가인정제의 평가절차에 관하여 평가위원들은 대부분 긍정적으로 인식하고 있는 것을 알 수 있다. 그러나 앞으로 시행하게 될 대학종합평가에서 그 목적이 세

분화되고, 평가대상 대학의 특성이 다양하게 반영된다면, 그에 따라 다양한 평가절차와 방법이 강구될 필요가 있다. 그리고 대학종합평가인정제의 절차와 방법에서 긍정적인 면을 유지·발전시키면서 평가절차상에서의 문제점을 보완하기 위해 사전평가⇒자체평가⇒서면평가⇒사전면담평가⇒현지방문평가⇒평가인정⇒추후평가와 같은 절차로 대학종합평가인정제를 시행하는 것에 대해 고려해 볼 필요가 있다. 사전면담평가는 평가대상 대학의 자체평가위원과 방문평가위원들 간의 상호면담을 통하여 평가자의 일방적인 평정에서 나타날 수 있는 오류를 줄이고, 방문평가의 일정과 평가부담을 최소화하는 데 도움을 줄 수 있으며, 추후평가는 대학들의 지속적인 개선노력을 점검할 수 있기 때문이다.

자체평가는 대학인들이 자신의 대학을 평가하는 것을 의미하며, 일반적으로 대학평가를 실시하는 절차 중에서 가장 중요하고 핵심적인 활동이다. 자체평가는 자신들의 대학을 보다 타당하게 이해하고 개선하기 위해 실시되어야 하며, 단순히 외부인에게 대학을 방어하기 위해 실시되어서는 안 된다. 이러한 점에서 자체평가의 신뢰성에 대한 평가위원들의 의견을 조사한 결과, 대학에서 이루어지는 자체평가에 관하여 충실하게 이루어지고 있다(62.9%)는 의견이 가장 높게 나타났다. 따라서 평가대상 대학들은 충실하게 자체평가를 실시하였고, 자체평가의 결과 보고서 작성에 있어서 허위가 없다는 것을 확인할 수 있다. 그러나 자체평가연구보고서 작성을 위해서는 방대한 양의 자료 수집이 요구되기 때문에 각 대학은 대학마다 자체의 관리정보체제(MIS: management information system)를 구축해 나갈 필요가 있으며, 대학에서는 대학의 자체평가를 강화하여 외부적인 평가보다는 내부적인 평가활동이 계획-실천-평가 등 대학 경영의 한 과정으로서 정착될 필요가 있는 것으로 판단된다. 이를 위해서는 대학의 개혁과 평가에 대한 전문적인 인력을 확보·개발하여 활용할 필요가 있으며, 장기적이고 구체적인 실행계획을 수립하여 체계적인 평가활동을 전개하려는 최고 경영층의 의지와 노력이 필요하다. 또한 자체평가의 평가주체로 누가 적절한가에 대한 조사결과, 교수와 외부전문가가 함께 평가해야 한다는 의견이 40.3%로 가장 높았으며, 현행과 같이 재직교수가 평가주체이어야 한다는 의견이 24.1%로 다음으로 높게 나타났으며, 전문적 식견을 갖춘 공정한 외부전문가가 평가주체이어야 한다는 의견이 15.8%였다. 그러나 심층면접조사에 의하면, 자체평가는 현실적으로 평가대상 대학 재직교수가 담당하는 것이 바람직하다는 견해가 지배적이었다. 이것으로 보아 자체평가는 재직교수를 중심으로 실시하되 자체평가가 그 효과를 거두기 위해서는 폭 넓은 대학구성원의 참여와 협의가 있어야 할 것으로 판단된다. 또한 앞으로 시행하게 될 대학종합평가의 자체평가에서는 평가대상 재직 대학교수와 외부전문가가 함께 평가하는 방안을 검토해 볼 필요가 있다.

서면평가는 자체평가연구보고서의 타당성을 검토하고, 나아가 현지방문평가 활동에서 확인하고 보충할 사항을 파악하게 된다. 따라서 서면평가는 대학종합평가인정제의 결과를 결정하는 데 있어서 결정적인 역할을 한다. 서면평가의 공정성에 대한 의견 조사결과, 66.2%가 공정하게 평가받았다고 응답한 것으로 보아 평가위원들은 대체로 서면평가가 공정하였다고 인식하고 있는 것을 알 수 있다. 그러나 보통이다(24.3%)와 그렇지 않다(9.4%)고 생각하는 의견도 많은 것으로 보아 앞으로 시행하게 될 대학종합평가에서는 평가결과의 신뢰도와 타당도를 높이기 위해 서면평가 실시 이전에 사전면담평가를 실시하는 방안을 검토해 볼 필요가 있다.

현지방문평가는 자체평가보고서에 대한 검토와 면담평가 이후 추가적인 자료의 제시나 면담을 실시하기 위해 대학을 방문하여 실사하는 것이다. 현지방문평가는 통상 학부만을 대상으로 하는 경우 2일, 대학원까지 포함하는 경우 3일에 걸쳐 이루어지는 데, 대학에서 1년 이상 준비한 노력을 점검하는 데 다소 부족하다는 지적이 없지 않다. 그리하여 현재 2박 3일로 시행되고 있는 현지방문평가의 평가기간의 적절성에 대한 질문지 조사결과, 현지방문평가기간은 대학의 특성, 유형 및 크기 등에 따라 조정될 수 있어야 한다(44.4%), 적절하다(38.4%), 더 길어져야 한다(11.3%), 더 짧아져야 한다

(5.8%) 순으로 나타났다. 심층면접조사에서도 대학을 좀 더 철저하고 정확한 평가하고, 대학 내에서 일어나는 각종 활동들을 심도 있게 관찰, 분석하기 위해 평가기간이 다소 길어야 한다는 의견이 지배적이었다. 그러나 평가위원에게 부여된 평가항목에 비해 현지방문평가기간은 심층적인 평가가 이루어지기에 충분하지 못하며, 반면에 평가기간의 연장은 평가대학의 부담을 가중시킬 수 있다. 따라서 현재 2박 3일로 시행되고 있는 방문평가기간은 대학의 특성, 유형 및 크기에 따라 조정할 수 있는 방안에 대한 검토가 필요할 것으로 판단된다.

대학평가는 평가위원의 구성에 있어서 다양성을 필요로 한다. 즉 대학교수뿐만 아니라 교육 수요자인 산업체, 학부모, 지역사회인사 등이 평가에 참여함으로써 대학운영의 실상이 제대로 공개되고, 대학평가과정에 있어서도 공정성이 유지될 가능성이 커지게 된다. 그러나 대학종합평가인정제는 평가위원에 교수만이 참여하게 됨으로써 평가에 대한 다양한 시각이 개입될 기회가 제공되지 못하였다. 평가위원들이 대학교수로 구성됨에 따라 평가결과의 대외적인 신뢰도에 대한 문제가 제기되고 있다. 따라서 현지방문평가 구성원에 대한 질문지조사 결과, 대다수의 응답자가 교수(50.7%)와 평가전문가(43.3%)가 현지방문평가위원으로 참여해야 한다고 생각하는 것으로 나타났다. 심층면접조사에서도 교수와 외부평가전문가가 함께 평가하여야 한다는 견해가 지배적이었다. 이것은 현지방문평가가 아무리 객관적으로 수량화시킬 수 있는 경성자료에 기초한다 하더라도 평가위원들의 전문적인 지식과 경험에 크게 좌우될 수밖에 없고, 평가자의 자질문제는 방문평가의 질과 객관성을 유지하는 관건이 된다는 판단에 의한 결과로 해석할 수 있다. 현지방문 평가위원의 구성과 자질은 평가인정의 성공여부에 지대한 영향을 미치기 때문에 평가위원은 다양한 인적자원으로 구성되어야 하고, 해당 대학이나 프로그램의 전문분야별 전문가가 반드시 포함되어야 한다. 그리고 적어도 고등교육에 관한 기본적 소양과 평가에 관련된 최소한의 전문적 지식을 갖추어야 할 것이다. 따라서 앞으로 시행될 대학종합평가인정제는 교수와 평가전문가가 함께 평가위원으로 참여하는 방안에 대한 검토가 필요할 것으로 판단된다.

평가위원들의 평가활동에 있어서 공정성, 전문성, 신뢰성, 객관성, 세밀성, 현실성에 대한 인식을 조사한 결과, 공정성에 관하여서는 높다(57.3%), 보통이다(29.6%), 낮다(13.1%)로 나타났으며, 전문성에 대해서 높다(47.7%), 보통이다(33%), 낮다(19.2%)로 나타났다. 신뢰성 측면에서는 높다(51.9%), 보통이다(32%), 낮다(16.1%)로 나타났으며, 객관성 측면에서는 높다(50.2%), 보통이다(32.3%), 낮다(17.5%)로 나타났다. 그리고 세밀성 측면에서 높다(37.7%), 보통이다(36.9%), 낮다(25.5%)로 나타났으며, 현실성 측면에서는 보통이다(42.7%), 높다(39.0%), 낮다(18.3%)로 나타났다. 이것으로 보아 현 지방문평가위원의 평가활동의 공정성, 전문성, 신뢰성, 객관성, 세밀성, 현실성에 있어서 어느 정도는 만족하고 있으나, 평가를 담당하는 전문인력에 문제가 있다는 것을 알 수 있다. 평가항목과 절차가 다양하고 체계적이라고 하더라도 이를 평정하는 평가위원이 평가활동에서 공정성, 전문성, 신뢰성, 객관성, 세밀성, 현실성을 상실하면 평가결과의 타당도와 신뢰도를 확보할 수 없으며, 평가결과의 활용도 제대로 이루어 질 수가 없다. 따라서 평가전문가를 발굴하고 교육하는 등 평가위원에 대한 체계적인 관리가 필요하며, 평가위원을 선정하는 과정에서 학연이나 지연으로 인한 객관성을 상실하는 일이 없도록 제도적 장치를 마련할 필요가 있는 것으로 판단된다.

대학종합평가에서 평가인정되면 다음 평가까지 추후평가가 없기 때문에 평가인정 이후 대학들의 지속적인 개선노력이 소홀해질 수 있다. 따라서 평가인정 기간 중에 추후평가를 실시하여 대학들에 대한 지속적인 점검체계를 구축하는 것에 대한 의견을 조사한 결과, 평가인정 기간 중 대학의 발전노력을 점검하기 위한 일환으로 추후평가를 도입하는 것에 대해 찬성한다(46.4%)는 의견과 반대한다(31.8%)는 의견이 주로 많이 나타났다. 심층면접조사에서도 소규모 자체평가위원은 평가의 부담감 때문에 추후평가를 반대하였으나, 대부분의 평가위원은 대체로 찬성하였다. 이것으로 보아 앞으로 시행하게 될 대학종합평가인정제에서는 평가인정 기간 중에 추후평가를 실시하여 대학들에 대한 지속적인 점검체계를 구축하는 방안을 검토할 필요가 있다. 추후평가를 통해 평가대상 대학의 개선실적에 대한 평가를 함으로써, 대학의 지속적인 질 관리와 질적 향상을 위해 노력하도록 유도하고 사회적 공인을 받을 수 있도록 할 필요가 있는 것으로 판단된다.

5) 대학종합평가인정제의 결과발표 및 활용

대학종합평가에서는 대학이 평가인정을 받을 수 있는 기본 수준을 갖추었는가? 라는 평가인정여부에 주안점을 두기 때문에 인정 여부에 따른 평가결과를 공개하되 그 순위는 발표하지 않고 있으며, 사회의 요구에 다소간 부응하기 위해 영역별로 우수한 대학들을 발표하고 있다. 그러나 대학평가의 결과를 단순히 인정·불인정으로 발표하는 것은 평가에 대한 긴장감을 떨어뜨리고 평가를 위해 노력한 대학의 투자에 도움이 되지 않을 수도 있다는 지적을 받아왔다. 또한 여러 영역의 평가결과를 종합하여 기준에 미달하는 대학으로 판정을 받게 되면, 국민이나 대학구성원들로부터 평판이 크게 나빠지고 졸업생들의 사회진출에 결정적인 악영향을 미치게 되기 때문에 평가결과에 대한 저항과 반작용은 강해질 수밖에 없다. 결과적으로 평가인정을 담당하는 위원들도 심리적으로 엄청나 부담을 느끼게 될 것이며 이는 평정의 관대화를 가져올 가능성이 크다. 따라서 평가결과의 공개방식에 대한 의견 조사 결과, 대학별 순위보다 세부 영역별 평가결과를 집단별로 제시하는 것이 바람직하다는 의견(39.3%)이 가장 많았으며, 다음으로 대학별 인정여부·총점 및 평가 영역별 점수와 순위 등을 발표한다는 의견(27.1%)과 현행대로 인정/불인정 여부에 초점을 두고 발표한다는 의견(20.7%), 공개발표에 따른 문제를 고려해서 해당 대학에만 통보하는 의견(11%), 평가결과를 요청하는 정당한 사유가 있는 이해당사자들에게만 알려주어야 한다는 의견(1.7%) 순으로 나타났다. 그러나 심층면접 조사결과 대부분의 평가위원들은 대학 간

선의의 경쟁을 통한 대학개선 발전을 위해서, 그리고 교육 수요자들이 활용하기 위해서 대학평가결과는 공개되어야 한다고 인식하고 있었다. 이것으로 보아 평가위원들은 평가결과가 공개되어야 한다고 인식하고 있으나 평가결과에 대한 저항과 반작용을 우려하여 순위 공개를 반대한다고 판단된다. 따라서 앞으로 시행하게 될 대학종합평가인정제에서는 평가결과를 공개하여 여러 면에서 활용할 수 있는 방안을 검토할 필요가 있으며, 그러기 위해서는 사회구성원이나 대학관계자들의 성숙된 자세가 요구된다 하겠다.

대학, 교육인적자원부, 기업체, 그리고 학생 및 학부모들이 대학평가결과를 어느 정도 활용하고 있는가에 대한 조사결과, 대학은 대학종합평가인정제 결과를 대학의 개선발전에 잘 활용하고 있다(35.7%), 보통이다(31.9%), 잘 활용하지 못하고 있다(32.7%)로 나타났으며, 교육인적자원부는 평가결과를 행·재정적 지원에 활용하고 있는가에 대하여 잘 활용하지 못하고 있다(48.3%), 보통이다(35.9%), 잘 활용하고 있다(15.8%)로 나타나, 교육인적자원부의 결과활용에 대해서는 부정적으로 인식하고 있었다. 또한 기업체 및 민간단체는 평가결과를 직·간접적인 지원 자료로 활용하고 있는가에 관하여 잘 활용하지 못하고 있다(60.8%), 보통이다(28.1%), 잘 활용하고 있다(11.0%)로 나타나, 기업체 및 민간단체의 평가결과의 활용에도 다소 부정적으로 인식하고 있으며, 학생·학부모들이 평가결과를 대학선택에 필요한 정보자료로 활용하는가에 대하여서도 잘 활용하지 못하고 있다(60.1%), 보통이다(5.3%), 잘 활용하고 있다(14.6%)로 나타나, 학생 및 학부모들의 평가결과 활용에 대해서도 역시 부정적으로 인식하고 있었다. 이것으로 보아 대학종합평가인정제의 결과는 교육인적자원부, 대학, 기업체, 그리고 학생 및 학부모들에 의해서 활용되지 못하고 있다는 사실을 확인할 수 있다. 따라서 앞으로 시행하게 될 대학종합평가에서는 평가결과를 대학의 학사 운영을 담당하고 있는 주요 보직자 및 교직원이 알 수 있도록 함으로써 대학교육 개선, 대학발전을 위한 계획수립, 교육개혁의 목표 달성, 그리고 대학운영 개선을 위한 자료로 충분히 활용하고 환유시킬 수 있도록 해야 할 것으로 판단된다. 대학평가결과는 대학을 서열화하기 위한 자료로 활용하기보다는 대학교육의 문제 해결에 필요한 자원의 내용과 규모를 결정하는 자료로 활용하여야 할 것이다. 또한 학생들은 학교 선택의 기준으로, 기업체는 인사채용과 재정지원의 근거로서 활용할 수 있도록 공개되어야 할 것이다.

대학종합평가인정제의 평가결과와 재정지원을 연계하는 방안에 대한 질문지 조사결과, 전체 응답자의 52.2%가 찬성하는 것으로 나타났으나, 대학발전보다는 평가기준에 단순히 맞추는 데 급급하게 되어 진정한 발전이나 계획이 이루어질 수 없고(35.8%), 대학 간 위화감이 조성될 수 있으며(31.3%), 대학평가의 본질적인 의의를 왜곡할 수 있다(16.3%)는 이유에서 반대하는 의견도 있었다. 심층면접에서는 대학평가결과로 인해 대학에 대한 지원이 증대되는 것은 바람직하게 생각하고 있었으며, 평가결과 우수한 대학에는 보상적 지원을, 열악한 대학에는 조성적 지원을 해 주어야 한다는 의견이 지배적이었다. 이것으로 보아 평가위원은 대학 간의 위화감이 조성되지 않도록 우수한 대학에는 국제경쟁력 향상을 위해 보상적 지원을 해주고, 열악한 대학에는 교육여건 개선을 위한 조성적 지원을 해 주어 모든 대학의 균형 있는 발전을 기대하는 것으로 판단된다.

6) 평가체제 및 평가모형탐색

본 연구결과에 대한 종합적 논의를 바탕으로 하여 대학종합평가인정제의 평가체제를 탐색하고, 그에 따른 평가모형을 제시하면 다음과 같다.

(1) 대학종합평가의 목적

대학종합평가의 목적은 대학교육의 수월성, 효율성, 책무성, 자율성, 협동성을 제고하고 재정지원 확대를 통하여 대학을 발전시키는 데 있다(대교협, 1994).

첫째, 수월성이란 학생, 교수 및 행정직원과 같은 대학구성원들의 잠재적 능력을 최대한으로 개발하는 것을 의미한다. 대학종합평가인정제는 선의의 경쟁을 유도하고 그에 상응하는 선별적 지원과 보상을 함으로써 대학교육의 질적 고도화를 도모하는 데 그 목적을 가지고 있다.

둘째, 효율성이란 능률(efficiency)과 효과(effectiveness)가 합성된 의미로 능률은 최소한의 투입으로 기대되는 산출을 얻는 것이고, 효과는 일정한 자원을 투입하여 정해진 목표를 달성하는 것을 의미한다. 대학종합평가인정제는 대학경영의 합리화를 위한 전문적인 활동을 촉진하고 대학경영의 끊임없는 개선을 통하여 효율성을 진작시키는 데 그 목적을 가지고 있다.

셋째, 책무성은 개인이나 기관이 자기가 한 일이나 산출에 대하여 책임을 지고 입증된 과오를 수정할 수 있는 정도를 의미한다. 대학종합평가인정제는 대학의 자체평가를 통하여 교직원들이 평가기준에 의한 자율적·자체적·능동적인 평가활동을 통해 문제점과 원인규명 및 개선방안 창출을 통한 끊임없이 개선을 하여 사회적 책무성을 향상하도록 조장하는 데 그 목적이 있다.

넷째, 자율성은 외부의 어떤 권위나 제재의 개입 없이 자기결정에 의하여 생각하거나 행동하는 것으로 스스로 통제함으로써 외부로부터의 지시와 간섭을 배제하고 독자적인 재량권을 행사하되 그 결과에 대해 스스로 책임을 지는 것을 의미한다. 대학종합평가인정제에서는 평가결과에 따라 대학운영에 관련된 여러 권한을 자율적으로 행사할 수 있도록 하는 데 그 목적이 있다.

다섯째, 협동성은 대학의 문제해결을 독자적으로 노력함과 동시에 대학 간에 합심하여 상호이익을 공동으로 추구하는 것으로, 대학종합평가인정제는 평가과정에서 회원대학의 전문인력들이 참여하고 상호 격려하여 협동성을 진작할 수 있는 것에 그 목적을 두고 있다.

마지막으로, 대학의 열악한 교육·연구 여건을 사회에 공개함으로써 정부 및 산업체 등의 대학에 대한 재정지원을 유도하는 데 그 목적이 있다.

본 연구결과에 의하면, 앞으로 시행하게 될 대학종합평가에서 가장 중점을 두어야 할 평가목적은 자율성 신장이었다. 따라서 모든 대학을 획일적인 지침에 의해 관리할 것이 아니라 자율성의 정도에 따라 차등적이고 선별적으로 각종 권한을 이양함으로써 성숙정도에 따라 자유 경쟁할 수 있는 풍토를 조성하여야 하며 대학종합평가는 자율성 추구를 촉진하는 데 최고의 가치를 부여해야 할 것이다.

한편, 21세기의 사회적 요구에 부응하고 개별대학의 특성화를 이룩하여 대학교육의 질을 국제적 수준으로 향상시키기 위해서 대학교육의 수월성 추구, 대학경영의 효율성 제고, 대학의 책무성 향상, 대학의 자율성 신장, 대학 간 협동성 진작, 대학에 대한 지원 확대와 같은 구체적인 목적 이외에도 평가대상이나 유형에 따른 목적도 고려해 볼 필요가 있다. 평가대상이나 유형에 따른 목적을 구체적으로 살펴보면 다음과 같은 것이 될 수 있다(이용남 외, 1999). 첫째, 대학의 특성화 유도로 이미 일정 수준 이상의 여건을 갖춘 대학에 대하여 각 대학이 지향하는 특성화 목표를 적절하게 설정하였는지 그리고 그러한 목표를 달성하기 위한 여건을 갖추었는지에 중점을 두어 모든 평가 영역에 대한 평가 준비로 인한 인적·물적 낭비를 없앨 수 있다. 둘째, 국제경쟁력 강화로 국제적 수준의 평가기준을 도입하여 우리나라 대학이 국제수준에서 인정받을 수 있도록 함으로써 국제경쟁력을 강화하여야 할 것이다. 셋째, 신설대학에 대한 지원으로 기존대학에 비해 그 여건이나 대학경영 능력이 부족한 신설대학에 대해 별도의 기준을 적용함으로써 신설대학의 특성이나 성격이 평가 절하되는 것을 방지하여야 한다. 넷째, 대학에 대한 행·재정적 지원으로 정부에서 교육개혁을 유도하고 교육재원을 효율적으로 지원하기 위해 시행되는 각종 대학평가의 역할을 대행함으로써 대학의 각종 평가대비를 위한 인적·물적 자원의 낭비를 막을 수 있다.

(2) 대학종합평가의 운영관리

대학종합평가인정제는 대교협이 주관하여 실시하고 있다. 대교협은 전국 4년제 대학이 회원으로 구성되어 대학운영의 자주성을 높이고 공공성을 앙양

하며, 대학의 상호협조를 통하여 대학교육의 건전한 발전을 도모함을 목적으로 설립된 기관이다. 대교협에서는 1982년 발족 당시부터 교육인적자원부가 위탁한 평가계획의 수립은 물론 평가자의 구성, 평가기준의 선정, 평가업무의 집행 및 보고서의 작성 등 대학평가의 제반 활동을 수행하였다. 대학평가 결과를 교육인적자원부에 보고하여 대학행정 및 교육계획 입안에 활용한다는 점에서 관·학 협동 평가시기와 유사하다고 할 수는 있으나, 종래의 관 주도 또는 관 개입의 소지가 어느 정도 배제되고 평가활동 전반에서 자율성이 확립되었다는 점에서 그 의의와 특징을 찾을 수 있다.

본 연구결과에 의하면, 대학종합평가는 우리나라의 현실을 고려해 볼 때 평가경험이 축적되어 있는 대교협이 평가업무를 전문화하여 전문적인 평가기구로 확대·개편하는 것이 적절하다는 것을 확인할 수 있었다. 그러나 앞으로 시행하게 될 대학종합평가에서는 점차적으로 비정부적이고 자율적인 대학평가전담기구가 담당하는 것이 바람직하며, 대학평가가 대학의 통제도구로 활용되는 것을 예방하고, 평가의 객관성, 신뢰성 및 타당성을 보장하기 위해 대학 스스로의 필요에 의해 대학평가전담기구를 설립하여야 할 것이다.

대학평가전담기구가 갖추어야 할 특성을 제시하면 다음과 같다(오성삼, 1999). 첫째, 공정한 평가활동을 보장받기 위해 어떠한 외부의 압력이나 회유에도 흔들리지 않는 독립성을 보장받아야 한다. 독립성은 외부와 단절된 독자적인 활동보다는 여러 가지 입장의 기관이 공동 참여하여 상호간 협력과 견제를 통해 확보되는 것이 평가 자체의 타당성이 결여될 위험이 적다. 둘째, 평가조직은 평가활동의 전문성을 확보하고 이를 대외적으로 공인받을 수 있는 조직이어야 한다. 셋째, 평가기관은 최소한의 비용으로 최대의 효과를 올릴 수 있도록 구성·운영되어야 한다. 넷째, 대학평가의 현실적 상황을 고려하여 미래지향적인 조직을 구성해야 한다.

또한 대학평가전담기구의 역할과 기능은 다음과 같은 것을 제시할 수 있다(이용남 외, 1999). 첫째, 대학평가 관련 전문인사와 대학평가기구 내 연구인력을 집중 육성하여 전문적이고 체계적인 대학평가를 수행하여야 할 것이다. 둘째, 현재 여러 기관에서 실시하고 있는 대학평가를 일원화하여, 대학 전반에 대한 종합적인 평가계획을 세워 평가를 실시하되, 그 일정이나 주기가 대학에 부담이 되지 않도록 해야 할 것이다. 셋째, 대학에 대한 종합적인 정보를 수집하여 관리하고, 이를 필요로 하는 이해 당사자에게 정당한 사유가 있으면 제공하여야 할 것이다. 그리고 전국의 모든 대학에 대한 데이터베이스를 장기적으로 구축하여 평가결과를 각 기관이 필요와 목적에 따라 활용할 수 있도록 해야 할 것이다. 넷째, 평가받는 대학교수 및 행정직원과 평가수행자, 그리고 평가기구 자체 내의 연구 인력 등 대학평가 관련 인사들을 교육, 훈련 및 관리하여야 할 것이다. 다섯째, 재정지원을 담당하는 정부와 대학 간의 중간적 역할을 담당하여, 대학재정에 관련된 기본방향을 수립하고, 평가결과에 따라 대학재정을 효율적이고 합리적으로 배분하여야 할 것이다.

한편, 대학평가전담기구가 대학평가를 제대로 수행하기 위해서는 충분한 재정이 확보되어야 한다. 현재 대교협의 평가관리부와 비상설의 대학평가인정위원회 및 대학평가기획위원회에서 대학평가업무를 맡고 있으나, 대학종합평가에 소요되는 경비는 매년 국고에서 지원을 받고 있다. 대학 간 자율적인 평가체제가 권위를 회복하고 평가의 본질에 더욱 충실하기 위해서는 재정독립이 필수적이다. 따라서 앞으로 시행하게 될 대학종합평가에서는 평가의 공정성과 독립성 확보를 위해 평가에 소요되는 경비는 평가대상 대학이 부담하도록 하여야 할 것이다. 또한 7년의 평가주기는 사회의 급속한 변화를 감안하여 5년 정도로 단축하고 수시로 대학종합평가위원회를 구성하여 개별대학이 개별적으로 평가받을 수 있도록 해야 할 것이다.

(3) 대학종합평가의 평가기준

대학종합평가인정제는 대학체제를 종합적으로 평가하고, 그 결과에 근거하여 질적인 수월성의 인정 여부를 결정하는 것으로 평가를 위한 평가기준이 있고, 질적인 수월성의 인정 여부를 결정하는 인정기준이 있다. 평가기준은 대학교육의 바람직한 방향과 운영목표를 제시하고 대학은 스스로 이를 준거로 삼아 교육개혁과 운영 개선을 위해 노력하게 되어 결과적으로 대학의 발전을 유도하고 자율적으로 통제하는 기능을 하게 된다.

본 연구결과에 의하면, 1994년에서 2000년까지 시행된 대학종합평가인정제는 기본적으로 국내 대학들이 대학교육을 위해 필요한 최소한의 자격기준(minimum requirement)의 확보에 중점을 두었기 때문에, 대학교육의 기본적 여건은 최소한 확보하였지만 국제적 수준에는 도달하지 못하였다. 따라서 앞으로 시행하게 될 대학종합평가의 평가기준은 기본적 여건이 최소한 확보되었다는 것을 전제로, 최저 수준 통과 여부 판정을 위한 것뿐만 아니라 국제경쟁력 확보를 위해 대학교육의 질 수준이 국제적인 조건을 갖추고 있는가를 평가인정할 수 있도록 평가기준이 상향조정될 필요가 있으며, 지엽적인 평가지표나 평가항목에 의한 대학 간 상대평가보다 개별대학의 절대기준평가의 형식이 되어야 할 것이다.

평가문항에서도 정성적 문항을 지속적으로 늘려 외형적인 것보다는 내용과 질 위주의 평가로 전환하고 심층적인 평가가 되도록 평가내용을 구성하여야 한다. 정량적 여건중심의 평가는 대학을 획일화시키는 역기능이 있어 대학평가가 대학의 특성화, 다양화를 지원하기보다 오히려 저해할 수 있다. 따라서 각 대학이 제시하는 교육이념과 목적의 타당성을 평가하고, 목적달성에 적합한 교육여건을 갖추고 교육 프로그램을 운영하는지를 질적으로 평가함으로써 진정한 대학의 다양화, 특성화를 지원해 주어야 할 것이다.

또한 대학종합평가인정제는 대학들을 서로 비교하기보다는 평가를 통한 대학의 발전, 질 향상에 그 목적이 있기 때문에 개별대학의 특성을 반영할 수 있도록 평가준거를 선정할 필요가 있다. 그러나 평가결과에 따른 행·재정적 지원의 근거를 위해서는 대학들 간의 비교를 위한 평가 또한 필요하기 때문에 모든 대학에 적용될 수 있는 평가준거에 근거하여 평가되어야 할 필요도 있다. 평가준거를 선정함에 있어서 보편성과 특이성 측면 중에서 어느 측면을 기준으로 해야 하느냐는 학자에 따라서 주장이 다르다. 많은 학자들이 평가준거는 모든 조직에게 공통적으로 적용될 수 있는 것들로 선정되어야 한다고 주장하고 있으나, Child(1974)는 특정 조직에만 적용될 수 있도록 구성되어야 한다고 주장한다. 뿐만 아니라 Stufflebeam(1971)은 특정 프로그램에만 적용될 수 있는 평가준거와 모든 프로그램에 적용될 수 있는 평가준거가 함께 포함되어야 한다고 주장한다. 이와 같이 평가준거를 선정하는 기준은 학자에 따라 차이가 있으나, 기본적 기준은 평가의 목적에 있다. 국가 차원에서 대학들 간의 비교를 위해 평가를 실시하는 경우에는 모든 대학에 적용될 수 있는 평가준거에 근거하여 평가되어야 할 것이다. 평가준거가 다르면 대학들 간의 비교가 불가능하기 때문이다. 그러나 평가목적이 개별대학을 진단하고 강·약점을 규명하여 대학을 개선하기 위한 것이라면, 개별대학의 특성을 반영할 수 있도록 평가준거를 선정할 필요가 있다. 따라서 앞으로 시행하게 될 대학종합평가인정제에서는 모든 대학이 기본으로 갖추어야 할 필수항목과 대학의 특성을 고려한 그룹 공통항목 그리고 대학 자체적으로 설정한 목표, 목표의 실현 가능성, 실적 등을 점검하는 대학 자체 항목 등으로 구성되어야 할 것이다. 그리하여 대학의 규모, 설립시기, 소재지, 중심학문 분야 등과 같은 대학 특성을 충분히 살린 질 관리 체제가 확립될 수 있도록 하여야 할 것이다.

(4) 대학종합평가의 평가절차와 방법

대학종합평가인정제는 평가신청과 평가대상 대학의 선정, 개별대학의 자체평가연구의 수행, 서면평가 및 현지방문평가의 실시, 인정여부의 판정 및 판정결과의 공표 등과 같은 다섯 단계의 절차를 거친다.

본 연구결과에 의하면, 앞으로 시행하게 될 대학종합평가인정제에서는 평가결과의 타당성과 신뢰성을 인정받기 위해서 평가신청⇒자체평가⇒서면평가⇒사전면담평가⇒현지방문평가⇒평가인정⇒추후평가와 같은 절차를 검토할 필요가 있다. 각 대학은 자발적으로 평가받고자 하는 해의 1년 전에 평가신청을 하고, 평가기관에서는 자체평가연구를 할 수 있도록 도와준다.

대학은 자체평가를 통해서 현재 행해지고 있는 교육연구활동 등에 관한 자기점검을 통하여 현상을 정확히 파악·인식하는 것이 중요하며, 자기점검의 결과를 기초로 개선해야 할 문제점, 대학 특성 등을 중점적으로 평가한다. 자체평가는 평가대상 대학의 교수와 외부전문가가 함께 실시하며, 일정 기간별로 행하고, 그 사이에 자료의 수집·분석 등을 계속적으로 실시하면서 필요·적절한 항목에 대한 점검·평가하는 것이 바람직하다. 또한 자체평가가 대학의 개혁적 발전을 촉구할 수 있는 역할을 하기 위해서는 자체평가연구보고서의 양식이 다양화되어야 할 것이다. 즉 기본적으로 또는 공통적으로 어느 대학에 요구되는 필수적 내용 이외에도 각 대학마다 독창적인 관점에서 자신들의 문제를 검토·분석하고, 그 개선방안을 강구하도록 융통성을 주는 것이 바람직할 것이다.

현지방문평가위원은 각 대학이 제출한 자체평가연구보고서에 대한 서면평가, 사전면담평가, 그리고 현지방문평가를 실시한다. 방문평가위원의 객관적이고 전문적인 비판과 사고는 매우 중요하기 때문에 평가위원의 선정 문제는 성공적인 대학평가를 위해서 절대적인 과제라 할 수 있다. 평가목적이 훌륭하고 많은 재정을 투입하여 평가한다고 하더라도 평가효과가 타당하지 못하면 평가목적의 성취가 미미함은 물론 재정의 낭비를 초래하며, 잘못된 판단에 의한 대학의 피해도 무시하지 못할 것이다. 따라서 대학종합평가에서는 평가자의 자질에 대한 충분한 기준과 조건을 확인·규명을 한 뒤 유능한 평가위원을 확보하기 위해 체계적으로 노력을 해야 한다. 본 연구결과에 의하면 방문평가위원은 평가와 평가대상 분야에 대한 지식과 경험이 있는 다양한 인적자원으로 구성되어야 하며, 객관적인 대학평가를 위해 대학교수뿐만 아니라 외부전문가들이 함께 평가할 필요가 있을 것이다. 또한 짧은 현지방문평가 기간을 보완하기 위해 사전면담평가를 도입할 필요가 있으며, 평가인정 기간 중에 추후평가를 실시하여 평가대상 대학의 개선실적에 대한 평가를 함으로써, 대학의 지속적인 질 관리와 질적 향상을 위해 노력하도록 유도하고 사회적 공인을 받을 수 있도록 하여야 할 것이다.

(5) 대학종합평가의 결과발표와 활용

대학종합평가인정제의 평가결과는 인정과 불인정으로 발표되고, 개별대학의 강점과 약점 및 개선방안을 제시하여 평가가 대학을 발전시키는 계기가 되도록 하였다.

본 연구결과에 의하면, 대학종합평가의 평가종합보고서, 특히 각 대학별 평가자료는 널리 공개되지 못하고 일부 관계자들만이 접할 수 있었기 때문에 평가결과가 제대로 활용될 수 없었다. 그러나 앞으로 시행하게 될 대학종합평가인정제에서도 평가결과가 공개되지 않는다면, 내적 활용조차 극대화되지 못하고 있는 실정에, 평가결과의 전문적인, 그리고 사회적인 활용을 기대하기가 어렵다. 따라서 대학종합평가의 결과는 공개되어 활용될 수 있어야 할 것이다.

평가결과의 최대 활용기관은 평가를 받은 개별대학으로 대학은 평가기구의 평가결과에 근거하여 대학의 개선·발전 노력을 기울여야 할 것이다. 교육인적자원부는 정책 결정과 행·재정 지원에, 기업체는 인사채용과 재정지원에, 학생과 학부모를 비롯한 사회는 대학선택에 평가결과를 활용할 수 있어야 할 것이다. 평가결과를 행·재정 지원과 직접 연계시키는 것은 위험하다는 견해도 있으나(주삼환, 2000), 대학의 국제경쟁력 강화를 위해 평가결과에 대한 행·재정적 지원은 필요하다.

대학 평가결과를 행정적 지원과 연계하는 방안으로 대학자율화에 대하여 검토해 볼 필요가 있다. 대학의 자율화는 대학이 정부의 일방적인 통제에서 벗어나 대학이 운영관리에 자율성과 책임을 강조하려는 것이다. 대학의 자율화 요청은 대학에 대한 외부세력의 간섭을 배제하려는 소극적인 의미만이 아니라, 대학이 자기 책임 아래 스스로 결정하고 운영하는 자치적 능력을 보장하려는 적극적인 의미가 내포되고 있다. 자율의 소극적 의미와 적극적 의미가 조화를 이루어 대학이 그 본래의 기능을 수행할 수 있게 하기 위해서는 대학종합평가결과를 자율화 입안의 근거자료로 활용하는 것이 바람직하다. 대학종합평가인정의 평가영역별 결과에 근거하여 실행될 수 있는 자율화는 다음과 같은 것을 제시할 수 있다(대교협, 1996b). 첫째, 교육영역에서는 교육과정 편성, 학점운영, 학생정원, 학생선발제도의 자율화가 실행될 수 있다. 둘째, 교수영역에서는 획일적인 학과별 교수정원 기준을 폐지하고, 개별 대학의 특성과 교육과정에 따른 교수 채용의 자율화가 이루어져야 한다. 셋째, 시설·설비 영역에서는 그린벨트의 완화, 건축물 고도제한, 학교건축물 허가절차 완화 등의 자율화가 실행될 수 있다. 넷째, 재정·경영 영역에서는 국립대학 특수법인화, 각종 인·허 가 사항의 완화 및 폐지, 포괄예산제의 채택 등의 자율화가 실행될 수 있다.

한편, 대학종합평가결과를 재정지원과 연계하는 방안으로 평가결과가 우수한 대학에는 보상적 지원을 해주고, 열악한 대학에는 조성적 지원을 해주는 방안을 검토해 볼 필요가 있다. 대학평가결과를 재정적 지원과 연계하는 방안에는 다음과 같은 논리가 내재되어 있다(신현석, 1999). 첫째, 자유경쟁을 통한 재정배분의 합리성 추구논리로, 이는 문민정부 이래 교육개혁의 주요논리로 자리 잡고 있는 시장·경제 원리에 의해서 설명되어질 수 있다. 종래 일률적인 재정배분 방식을 탈피하여 차등적 재정지원방식으로 전환하는 과정에서 제기되는 재정배분의 형평성 문제에 대해 정부는 자유경쟁을 바탕으로 수월성과 효율성을 중시하는 시장경제원리로 대응하고 있다. 둘째, 자원통제를 통한 지배구조의 강화논리로, 이는 우리나라 대학의 열악한 재정자립 여건에서 정부의 재정지원에 의존할 수밖에 없는 상황으로 인해 형성되는 대학과 정부 간의 관계를 자원 의존적 관점에서 설명하였다. 일정 부분 자원을 정부에 의존할 수밖에 없는 대학의 현실적 상황에서 재정지원의 통제권을 소유한 정부의 대학에 대한 지배구조는 강화될 수밖에 없다. 마지막으로, 평가의 제도화를 통한 고등교육체제의 변화 논리로, 이는 제도이론에 의하여 분석할 수 있는데, 대학은 국가와 사회로부터 정당성과 자원을 확보하기 위하여 차등적 재정배분제도를 수용하여 배분 정도의 주요근거인 평가지표의 내용에 따라 종래의 교육과 행정을 변화·개혁하지 않으면 안 되게 되었다.

평가에 의한 차등적 대학재정 지원정책에서 시장논리에 의한 정부의 재정배분 논리의 합리성 추구와 함께 주의해야 할 것은 재정지원에 대한 통제권을 바탕으로 한 정부의 대학지배체제의 강화이다. 대학 간 경쟁을 통해 변화와 개혁을 추진하고 실적이 우수한 대학에 대해서 차등적으로 재정을 독점적으로 지원하는 방식은 정부의 권력을 상승시키는 효과를 가져온다. 이와 함께 더욱더 문제가 되는 것은 차등지원을 받은 대학이 향후 계속된 재정지원 사업에서 더 많은 재원을 획득할 가능성이 높다는 것이다. 이는 필연적으로 소수의 대학에 의한 자원의 독점화현상이 불가피하게 나타날 수밖에 없고, 공정한 경쟁을 하는 시장에서 독점자본을 소유한 대학이 생겨나게 되고 그렇지 못한 대학은 재정부실로 인해 교육여건이 나빠지는 결과를 야기하게 된다. 따라서 차등적 재정지원 정책은 대학 간의 빈익빈 부익부 추세를 강화하는 자본의 전략으로 전락하여 진정한 의미에서의 개혁, 즉 민주적인 개혁을 지향하는 정책으로 보기 어렵다. 그러므로 정부의 대학에 대한 통제에서 벗어나기 위해서 평가결과에 따라 대학에 대해 차등적으로 재정지원을 하는 것보다 본 연구결과에서 밝혀진 바와 같이 우수한 대학에는 보상적 지원을 해 주고, 열악한 대학에는 조성적 지원을 해 주는 방안에 대해 검토해 볼 필요가 있을 것이다. 본 연구결과를 근거로 하여 이상에서 살펴본 대학종합평가인정제의 평가체제를 요약하면, 〈표 V-48〉과 같이 나타낼 수 있다.

〈표 V-48〉 대학종합평가인정제의 평가체제

평가체제		내 용
평가목적	구체적 목적	수월성 추구, 효율성 제고, 책무성 향상 협동성 진작, 자율성 신장, 대학지원 확대
	유형과 대상에 따른 목적	특성화 유도, 국제경쟁력 강화, 신설대학에 대한 지원, 행·재정적 지원
운영관리	평가주체	대교협의 평가업무를 전문화⇒전문적인 평가기구로 확대개편 점차 비정부적이고 자율적인 대학평가전담기구가 주관
	평가주기	5년: 개별 대학별 평가 신청
	평가경비	교육부와 평가대상 대학이 함께 부담 점차 평가대상대학이 전적으로 부담하는 방향으로 개선
평가기준	평가항목	정성적 문항 중심의 질적 평가
	평가기준	국제적 수준, 절대기준평가 대학의 유형별 기능별 분화
평가절차 및 방법	평가절차	평가신청⇒자체평가⇒서면평가⇒사전면담평가⇒ 현지방문평가⇒평가인정⇒추후평가
	평가위원	자체평가위원, 방문평가위원(교수와 외부전문가)
결과발표 및 활용	결과공표	공 개
	결과활용	대학: 대학의 개선·발전 교육부: 정책 결정과 행·재정 지원 기업체: 인사채용과 지원 학생·학부모를 비롯한 사회: 대학선택

(6) 대학종합평가의 평가절차모형

평가모형이란 평가목적을 효과적으로 달성하기 위하여 특정 탐구방식을 적용하여 평가방법 및 절차를 체계화한 것으로, 대학평가모형은 대학평가의 절차(poocess)모형과 대학평가를 위한 분석(analysis)모형으로 구별될 수 있다(이성호, 1987). 〈그림 V-1〉은 본 연구결과를 기초로 하여 대학평가주관기구, 대학, 그리고 평가담당자의 대학평가절차와 이 절차에 따른 과업의 관계 및 결과활용을 중심으로 하여 나타낸 5년 주기 대학종합평가의 평가절차모형이다.

먼저, 대학종합평가의 1차 년도에는 대학평가기구에서 대학평가계획을 발표하고, 대학에서는 자체평가연구위원회를 구성하여 자체평가를 수행하고 자체평가연구보고서를 작성한다. 평가위원은 사전교육 및 훈련을 통하여 평가항목, 평가기준, 평가방법 등을 충분히 숙지하고 정확한 평가를 실시한다.

2차 년도에는 대학평가기구가 구성한 평가위원들이 서면평가, 대학 관계자와의 사전면담 평가, 그리고 현지방문평가 등을 통하여 대학이 제출한 자체평가연구보고서를 확인한다. 방문평가위원들의 평가보고서를 바탕으로 하여 대학평가기구의 평가인정위원회에서는 평가결과에 대해 심의·의결하여 해당 대학에 통보하고, 평가인정을 한다.

3차 년도에는 평가인정대학은 대학발전을 위한 장·단기 발전 계획을 수립하는 데 기초 자료로 평가결과를 활용하고 불인정 판정을 받은 대학은 평가결과를 기초로 개선노력을 한다. 또한 불인정 판정을 받은 대학은 개선보고서를 제출하고, 수시로 구성된 대학종합평가위원회를 통하여 개별적으로 평가받을 수 있다.

4차 년도에는 평가인정 기간 중에 대학들에 대한 지속적인 점검체계를 구축하기 위하여 개선실적에 대한 추후평가를 실시한다. 추후평가를 통해 평가대상 대학의 개선실적에 대한 평가를 함으로써, 대학의 지속적인 질 관리와 질적 향상을 위해 노력하도록 유도하고 사회적 공인을 받을 수 있도록 하여야 한다.

5차 년도에는 평가결과에 대한 교육부, 대학, 학생 및 학부모, 그리고 기업 및 민간단체의 활용과 함께 대학과 평가기구는 다음 평가를 준비한다.

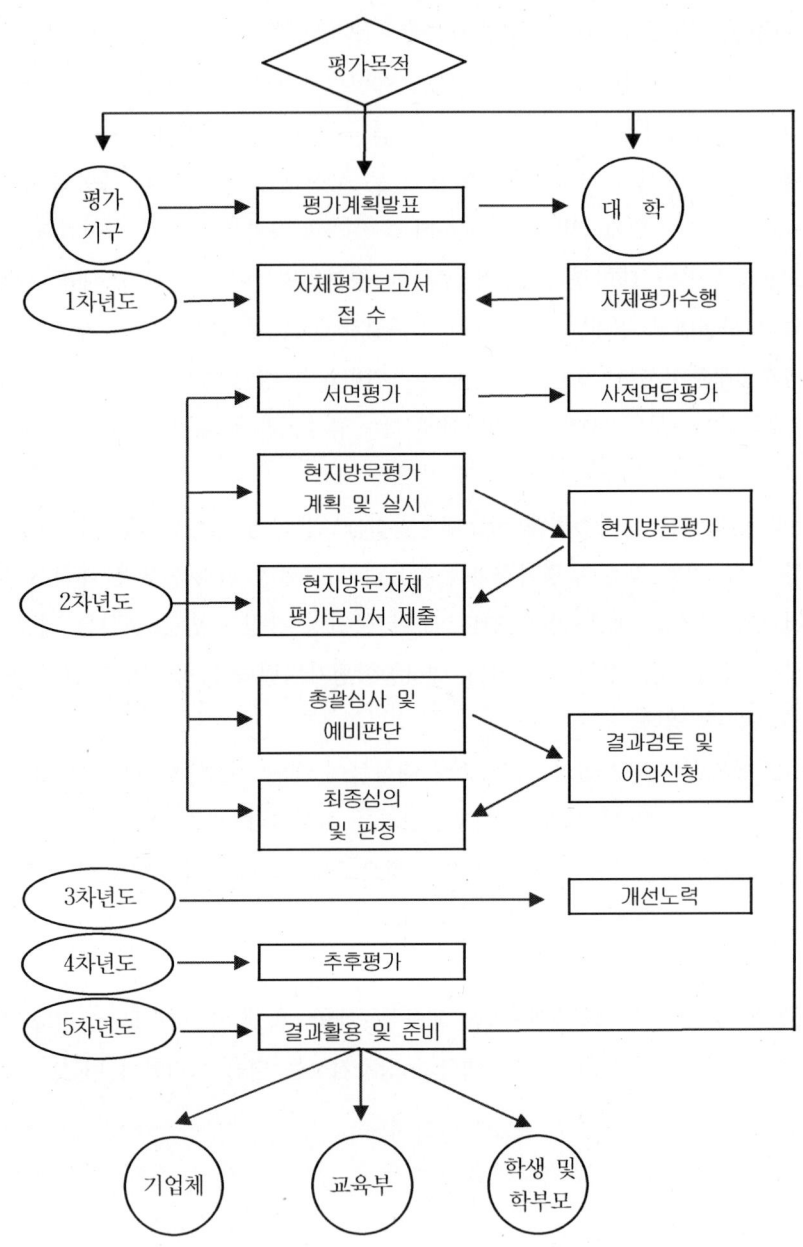

〈그림 V-1〉 대학종합평가인정제의 평가절차모형

VI. 요약, 결론 및 제언

이 장에서는 대학종합평가인정제의 평가체제에 관한 연구결과를 요약하고, 그것을 기초로 결론을 내리고, 마지막으로 후속연구를 위한 제언을 한다.

1. 요 약

1994년부터 우리나라에서는 대학교육의 질 개선을 위해 대학종합평가인정제를 실시하고 있다. 대학종합평가인정제는 1982년에 설립된 대교협에 의해 대학교육의 수월성, 효율성, 책무성, 자율성, 협동성, 재정지원 확대를 목적으로 시행되고 있다. 대학종합평가인정제는 전국 4년제 정규 대학을 대상으로 학부는 교육, 연구, 사회봉사, 교수, 시설·설비, 재정·경영 등 6개 영역에 대해 평가하고, 대학원은 교육과정, 수업 및 논문지도, 교수, 시설·설비, 재정·경영의 5개 영역에 대하여 평가하고 있다. 또한 평가신청과 평가대상 대학의 선정, 개별대학의 자체평가연구의 수행, 서면평가 및 현지방문평가의 실시, 인정여부의 판정 및 판정결과의 공표 등 5단계의 평가절차로 이루어지며, 평가결과는 인정과 불인정으로 발표되고 있다.

대학종합평가인정제는 대학교육의 질적 수준을 높이고 대학운영의 효율성과 책무성을 높여 나가는 데 많은 기여를 하고 있으나 평가체제상에 많은 문제점이 지적되고 있다. 대학종합평가인정제의 효율성과 효과성을 증대시키기 위해서 평가체제의 확립은 매우 중요한 문제로 7년을 한 주기로 시행된 대학종합평가인정제가 2000년 완료된 이 시점에서 대학종합평가인정제의 평가체제를 분석해 볼 필요가 있다.

따라서 본 연구의 목적은 1994년부터 2000년까지 시행된 대학종합평가인정제의 평가체제를 분석하는 것이었으며, 이를 위한 구체적인 목표는 다음과 같다. 첫째, 1994년에서 2000년까지 시행된 대학종합평가의 평가결과 분석을 통하여 대학종합평가인정제의 효과성을 검토한다. 둘째, 대학종합평가체제의 적절성에 대한 평가위원들의 인식조사를 통하여 대학종합평가인정제의 평가체제를 검토한다. 셋째, 적절성에 대한 인식조사 결과를 근거로 대학종합평가인정제의 목적을 재정립하고, 평가기준 설정의 방향을 제시하며, 평가절차 및 결과활용방안을 모색한다.

대학종합평가인정제의 평가체제를 분석하기 위하여 본 연구에서 다루고자 하는 연구문제는 다음과 같다. 첫째, 대학종합평가인정제의 필요성과 목적달성에 대한 평가위원의 인식은 어떠한가? 둘째, 운영관리 측면에서 평가주체, 평가주기, 평가경비의 부담 등의 적절성에 대한 평가위원의 인식은 어떠한가? 셋째, 평가기준 측면에서 평가영역, 평가항목, 가중치, 평가기준의 적절성에 대한 평가위원의 인식은 어떠한가? 넷째, 평가절차 측면에서 평가절차와 자체평가, 서면평가, 현지방문평가 등 평가방법의 적절성에 대한 평가위원의 인식은 어떠한가? 다섯째, 평가결과 활용 측면에서 결과발표와 그 활용의 적절성에 대한 평가위원의 인식은 어떠한가?

대학종합평가인정제의 평가체제를 구성하고 있는 요소의 적절성을 평가하기 위해 1994년에서 2000년까지 시행된 대학종합평가인정제에 참여한 평가위원 1,748명(현지방문평가위원 287명, 자체평가연구위원 1,461명)을 대상으로 질문지 조사를 하였으며, 419명의 자료가 최종분석에 포함되었다. 연구에 사용된 조사도구는 선행연구를 기초로 연구자가 작성한 「대학종합평가인정제에 관한 의견 조사지」이며, 자료처리를 위하여 SPSS를 사용하여 기술통계와 집단 간 차이검정을 실시하였다. 또한 설문조사의 내용을 보완하기 위하여 자체평가위원과 방문평가위원, 그리고 자체·방문 평가위원 10명을 대상으로 심층면접을 실시하였다.

대학종합평가인정제의 평가체제에 대한 연구결과는 다음과 같다.

첫째, 대학종합평가인정제의 필요성과 목적에 대한 평가위원들의 인식 수

준을 조사한 결과 대부분의 평가위원들은 대학교육의 질적 수준 및 서비스
향상을 위해 대학종합평가인정제의 필요성을 높게 인식하고 있는 것으로 나
타났다(82.8%). 또한 평가내용 및 기준의 타당성이 결여되어 있기 때문에
대학종합평가인정제의 평가목적 달성은 크게 미흡했으며(52.1%), 앞으로 시
행하게 될 대학종합평가인정제에서는 대학의 자율성 신장에 가장 중점을 두
어야 할 것으로 나타났다(30.3%).

　둘째, 대학종합평가인정제의 운영관리 측면에서, 평가주체는 대교협과 같
은 대학자율협의체가 담당하는 것을 유지하자는 의견(43.5%)과 대학평가의
전문성 확보를 위해 대학평가전담기구를 설립하여 운영하자는 의견(42.3%)
이 비슷하게 나타났다. 평가주기에 대해서는 현행 7년 주기가 적절하다는 의
견이 많았으며(63.9%), 너무 길다는 의견도 어느 정도 있는 것으로 나타났
다(29.3%). 평가에 소요되는 경비를 정부의 지원에 의존하는 것에 대하여
대다수가 적절하다고 판단하고 있으며(71.2%), 평가에 소요되는 경비를 정
부의 지원에 의존하는 것이 부적절하다고 응답한 경우(11.8%), 그 경비를
평가대상 대학이 부담해야 한다고 생각하고 있는 것으로 나타났다(56.3%).

　셋째, 대학종합평가인정제의 평가기준 측면에서 교육, 연구, 사회봉사, 교수,
시설·설비, 재정·경영과 같이 6개 영역으로 구분된 평가영역에 대해서 대부
분의 평가위원들이 적절하다(80.5%)고 생각하는 것으로 나타났으며, 교육영역
23개, 연구영역 11개, 사회봉사영역 8개, 교수영역 16개, 시설·설비 영역 20개,
재정·경영 영역 22개로 구성된 100개의 평가항목의 수는 대체로 적절하다
(50.7%)고 생각하고 있는 것으로 나타났으나, 평가항목이 줄어야 한다(40.9%)
는 의견도 어느 정도 있는 것으로 나타났다. 정성적 평가항목과 정량적 평가항
목의 비율에 대해서는 부적절하다(35.2%)는 의견과 적절하다(39.7%)는 의견
이 비슷한 비율로 나타났으며, 앞으로 시행하게 될 대학종합평가인정제에서는
정성적 평가항목을 늘리고 정량적 평가항목을 줄여야 한다는 의견(75.9%)이
지배적이었다. 평가항목의 가중치와 관련하여 기능체제와 관련된 교육(120점),
연구(65점), 사회봉사(35점) 부문에 220점, 지원체제와 관련된 교수(80점), 시

설·설비(100점), 재정·경영(100점) 부분에 280점으로 배정된 가중치 구성비율은 대체로 적절한 것으로 나타났으나(50.3%), 평가영역별 중요성을 고려해 볼 때 연구영역의 가중치를 상향조정할 필요가 있는 것으로 나타났다. 보완해야 될 평가항목에 대해서는 대학의 다양성과 특수성을 반영할 수 있는 항목이 가장 높게 나타났으며(57.7%), 평가기준의 방향에 대해서는 모든 대학에 적용할 수 있는 핵심적인 것과 대학의 유형에 따라 달리 적용할 수 있는 것으로 구분하여 적용되어야 한다고 생각하고 있는 것으로 나타났다(45.7%).

넷째, 대학종합평가인정제의 평가절차는 사전공지, 자체평가, 서면평가, 방문평가, 평가인정으로 이어지는 평가절차는 대체로 적절하다고 인식하고 있는 것으로 나타났고(80.1%), 대학에서 이루어지는 자체평가에 대해 대부분 충실하게 이루어지고 있다고 인식하고 있었으며(62.9%), 자체평가는 교수와 외부전문가가 함께 평가하는 것이 적절하다고 생각하는 평가위원이 가장 많았다(40.3%). 현지방문평가와 관련해서, 현재 2박 3일로 시행되고 있는 현지방문 평가기간은 대학의 특성, 유형 및 크기 등에 따라 조정될 수 있어야 한다고 생각하고 있었으며(44.4%), 현지방문평가위원으로는 교수와 외부전문가가 적절하다고 대부분 생각하는 것으로 나타났다(93.9%). 평가위원들의 평가활동에 있어서 공정성, 전문성, 신뢰성, 객관성, 세밀성, 현실성에 대한 인식을 조사한 결과, 공정성, 신뢰성, 객관성에 대해서는 반수 이상이 높다고 인식하고 있었으나, 전문성, 세밀성, 현실성에 대해서는 낮게 인식하고 있는 것으로 나타났다. 또한 평가인정 기간 중 대학의 발전노력을 점검하기 위한 일환으로 추후평가제를 도입하는 것에 대해서는 46.4%가 찬성하였고, 31.8%가 반대하는 것으로 나타났다.

다섯째, 대학종합평가인정제의 결과발표는 대학별 순위보다 세부 영역별 평가결과를 집단별로 제시하여야 한다는 생각이 가장 높았고(39.3%), 그 다음이 인정여부, 영역별 점수와 순위를 모두 발표하여야 한다고 생각하는 것으로 나타났다(27.1%). 주요 기관의 평가결과의 활용 정도에 대해서 대학(35.7%)은 대학의 개선발전에 대학종합평가인정제 결과를 어느 정도 활용하고 있으나, 교육부(15.8%)는 평가결과를 행·재정적 지원에 잘 활용하지 못하고 있다고 인식하는 것으로 나타났다. 그리고 기업체 및 민간단체(11%) 또한 직·간접적 지원 자료로 평가결과를 활용하지 못하고 있으며, 학생 및 학부모들(14.6%)이 대학선택에 평가결과를 잘 활용하지 못하고 있는 것으로 나타났다. 또한 평가결과를 활용하는 방안 가운데 정부의 재정지원과 연계하는 방안에 대하여 찬성이 52.1%로 가장 많았고, 대학 간의 위화감 조성에 대한 우려로 반대하는 의견도 35.8%나 되었으며, 평가위원들의 57.1%는 평가결과에 따른 재정지원은 우수한 대학에는 보상적 지원을 하고, 열악한 대학에는 조성적 지원을 하여야 한다고 생각하는 것으로 나타났다.

2. 결 론

대학종합평가인정제의 평가체제에 대한 연구결과 다음과 같은 결론을 내릴 수 있다.

첫째, 대학종합평가인정제는 대학교육의 질적 수준 및 서비스 향상을 위해 계속 실시되어야 한다. 그러나 평가내용 및 기준의 타당성 결여로 대학종합평가인정제의 평가목적 달성은 크게 미흡하였다. 따라서 앞으로 시행하게 될 대학종합평가인정제에서는 평가목적의 재정립뿐만 아니라 대학의 다양한 특성을 평가할 수 있는 평가내용과 기준의 개발이 필요하다.

둘째, 대학종합평가인정제는 대교협이나 전문성과 독립성을 갖춘 대학평가 전담기구가 담당하여야 한다. 평가주체로 대교협이 적절한 이유로 평가에 대한 경험 축적으로 인한 신뢰성을 지적하고 있으며, 대학평가전담기구가 적절한 이유로는 전문성 확보를 지적하고 있다. 평가에 소요되는 경비는 교육인적자원부와 평가대상 대학이 함께 부담하여야 하나, 평가의 독립성을 보장하고 공정한 평가가 이루어지기 위해서 대학평가의 비용은 평가대상 대학이 전담하는 방향으로 개선되어야 한다. 평가주기는 현재의 수준이 대체로 적절하나, 대학환경의 변화나 사회적 요구를 반영하기 위해 5년 정도로 단축되어야 한다.

셋째, 대학종합평가인정제의 평가기준은 대학의 기능별·유형별 특성화가 이루어질 수 있도록 개선되어야 한다. 현행 평가에서 대학을 일반대학, 교육대학, 산업대학, 신학대학의 4가지 유형으로 분류하여, 대학의 유형에 따라 평가항목과 평가기준의 차이를 두고 있지만 대체적으로 유사하여 대학의 특성 반영이 어려웠기 때문에 대학의 특성을 감안하여 대학의 유형을 다양화하고 그 유형에 따른 특성을 반영할 수 있는 평가내용 및 기준이 필요하다. 또한 대학평가의 목적과 평가유형의 다양화라는 관점에서 대학의 현실과 특성이 충분히 반영될 수 있도록 정성적 문항과 정량적 문항을 구성하고 점차 정성적 문항을 확대하여 질적인 평가체제로 발전되어야 할 것이다.

넷째, 대학종합평가인정제의 평가절차는 대체로 적절한 것으로 인식하고 있으나, 추후평가를 도입할 필요가 있다. 방문평가위원은 전문성과 공정성 확보를 위해 교수와 외부전문가가 함께 구성되어야 하며, 방문평가기간은 대학을 질적으로 평가하기 위해서는 다소 길어야 한다.

다섯째, 대학종합평가인정제의 평가결과는 대학의 운영 발전을 위한 활동에 유익한 기초 자료로서, 교육인적자원부의 행·재정 지원정책을 결정하는 데 판단자료로서, 기업체와 민간단체의 직·간접적인 지원 자료로서, 그리고 학부모 및 학생의 대학선택에 필요한 정보자료로서 활용할 수 있도록 공개되어야 한다. 또한 평가결과와 재정지원을 연계되어야 하며, 재정지원방안으로 우수한 대학에는 보상적 지원을, 열악한 대학에는 조성적 지원을 하여야 한다.

3. 제 언

후속 연구를 위해 본 연구의 결론에 기초하여 몇 가지 제언하면 다음과 같다.

첫째, 우리나라 실정에 맞는 대학평가체제를 정립할 필요가 있다. 평가의 철학과 논리가 무엇이며, 어떠한 질 개념 관점에서 접근하는가, 그리고 평가의 준거를 무엇으로 할 것이며, 방법은 어떻게 하고, 평가결과를 어떻게 활용할 것인가에 대한 체계적인 연구가 필요하다.

둘째, 대학평가는 평가의 일관성을 유지하면서 평가의 효과성과 효율성을 높이기 위해서 독립성과 전문성을 갖춘 대학평가전담기구가 담당하는 것이 바람직하다. 난립된 대학평가기관들을 단일화시키고 대학평가와 관련된 모든 자료를 데이터베이스화하여 연속적이고 지속적인 사업이 되도록 하기 위해서는 대학평가전담기관의 설립은 필수적이다. 따라서 대학평가전담기관 설립에 관한 연구도 필요하다.

셋째, 대학종합평가인정제의 평가영역은 대체로 적절한 것으로 인식되고 있으나, 평가항목이나 기준에 대해서 제기되는 문제가 많았다. 따라서 평가결과의 신뢰도를 높이기 위해서 평가항목이나 기준의 타당성에 대한 체계적인 연구가 필요하다.

넷째, 대학종합평가인정제에서 평가결과의 신뢰도와 타당도 확보를 위해 평가위원들의 전문성 확보는 필수적이라 할 수 있다. 따라서 평가전문가 양성과 관리에 대한 연구가 필요하다.

다섯째, 대학종합평가의 결과는 직접적인 보상과 연계되어 있지 않고, 단지 평가결과를 사회에 공표함으로써 대학에 대한 자세하고 구체적인 정보를 알려 대학에 대한 투자를 유도하고 있는데 그치고 있다. 따라서 평가결과와 재정지원의 연계방안에 대한 연구가 필요하다.

참고문헌

1. 국내문헌

강경석(1994), "대학평가인정제도의 의의와 발전과제", 교육진흥, 26.

강경석 외(1998), 국내·외 고등교육 관련 기관 현황조사, 서울: 한국대학
　　교육협의회.

강무섭(1997), "대학평가와 대학개혁", 한국교육개발원 편, 한국교육평론,
　　서울: 한국교육개발원.

강우철(1984), 현행 대학평가제도의 문제점과 개선방안, 대학평가의 발전방
　　향 모색을 위한 세미나, 서울: 한국대학교육협의회.

공보부 편(1962), 혁명정부 1년간 업적, 서울: 공보부.

교육개혁심의회(1987), 10대 교육개혁, 최종보고서 Ⅰ, 서울: 교육개혁심의회.

교육개혁위원회(1995), 신교육체제 수립을 위한 교육개혁방안, 서울: 교육
　　개혁위원회.

교육부 교육정책심의회 고등교육분과위원회(1981), 1980년도 실험대학연구
　　보고서, 서울: 교육부.

교육부(1999), 대학재정지원사업 이렇게 이루어지고 있습니다, 서울: 교육부.

교육부(1991), 1991년도 연두주요업무보고, 서울: 교육부.

교육부(1998), 교육 50년사 1948-1998, 서울: 교육부.

구병림(1996), "대학평가의 제 문제", 대학교육, 84.

권기욱(1990), 대학평가사업의 종합적 분석 연구, 서울: 한국대학교육협의회.

권기욱(1992), 대학평가론, 서울: 성원사.

권기욱(1995), "대학종합평가인정제도 평가모형의 분석연구", 고등교육연

구, 7(1).

권기욱(1997), "대학종합평가인정제도의 실제와 발전방향", 교육연구논문집, 제5집.

권기욱·서민원(1990), 대학교육 발전지표, 서울: 한국대학교육협의회.

김광웅(1990), "대학종합평가인정제도의 가능성과 한계", 교육학연구, 32(2).

김병주(1997), "대학평가의 현황과 정착방향", 교육연구논문집, 제5집.

김병주(2000), "언론기관 대학평가 모형 탐색", 교육행정학연구, 18(3).

김란수(1985), 교육연구의 방법, 서울: 종각출판사.

김란수(1989), 대학개혁론, 서울: 양서원.

김민하(1995), "대학평가의 현황과 문제점", 대학지성, 1.

김성렬(1999), "교육기관평가의 개선방안 탐색", 교육발전, 18(1).

김신복 외(1990), 대학평가인정제도 시행방안 연구(Ⅰ): 제도방안, 서울: 한국대학교육협의회

김신복(1993), "대학평가인정의 효용과 한계성", 대학교육, 46.

김신복(2000), "지식기반사회의 대학 평가방향", 교육행정학연구, 18(3).

김신복, 강인수, 김승태, 박종렬, 윤해근(1990), "대학평가인정제도의 법적·제도적·전략적 방안 연구", 대학평가인정제도 시행방안 협의자료, 서울: 한국대학교육협의회.

김안중(1997), "대학평가의 다양화 논의", 대학교육, 87.

김옥환(1985), "대학평가인정제도와 Pragmatism의 관계논구", 교육학연구, 23(1).

김종량(1996), "중앙일보의 {전국대학평가}를 말한다", 내겐 이 대학－학과가 최고, '96 전국/대학·학과는 Ⅱ, 서울: 중앙일보사.

김종철(1973), 한국고등교육의 실태, 서울: 교육부 교육정책심의회 고등교육분과위원회.

김종철(1989), 한국교육정책연구, 서울: 교육과학사.

김종철(1979), 한국고등교육연구, 서울: 배영사.

김혜숙·김영철(1998), **교육대학원 평가기준 및 척도개발 연구**, 서울: 한국
　　교육개발원.

김혜숙·이만희(1998a), **교육대학원 평가편람**, 서울: 교육부·한국교육개발원.

김혜숙·이만희(1998b), **교육대학교, 교대교육대학원 평가기준 및 척도개발
　　연구**, 서울: 한국교육개발원.

김혜숙·이만희·황규호(2000), **교원양성·연수기관 평가인증기구 설치 및
　　운영방안 연구**, 서울: 한국교육개발원.

나민주(1998), "대학재정 지원정책의 새로운 방향", **대학교육**, 87.

노화준(1986), **정책평가론**, 서울: 법문사.

맹광호(1997), "대학평가와 평가주체", **대학교육**, 87.

맹광호(1999). "대학교육의 질 향상을 위한 대학평가의 방향과 과제",
　　2000년 한국평가학회 춘계 학술 심포지엄 자료집.

문교법전편찬회(1978), **문교법전**, 서울: 교학사.

박대선 편(1973), **고등교육의 개혁**, 서울: 연세대학교 출판부.

박상만(1959), **한국교육사(하권)**, 서울: 한국대학교육연합회.

박부권(1995), "대학평가인정제도와 대학개혁", **대학교육**, 77.

박종렬(1986), "대학 기관평가 연구의 과제와 전망", **교육평가연구**, 1(1).

박종렬(1988), "대학평가인정체제의 제도화방안", **대학교육**, 31.

박종렬(1991), "대학평가인정제도의 정책결정과정 분석", **고등교육연구**, 3(3).

박종렬(2000), "대학의 학문 분야 평가모형 탐색", **교육행정학연구**, 18(3).

배호순(1994), **프로그램 평가론**, 서울: 원미사.

배호순(1998), "평가모형", 서울대학교 교육연구소(편), **교육학대백과사전**.
　　서울: 서울대학교 교육연구소.

사립학교교원연금관리공단(1991), **한국의 교육발전과 사학**. 서울: 사립학교
　　교원연금관리공단.

서민원(1994), "대학교육의 효과성 개념과 측정: 모형 탐색과 적용", 고등

교육연구, 6(2).

서민원(1996), "대학교육의 효과성 변인의 측정과 분석", 서울대학교 대학원 박사학위논문.

서민원(1997), "대학평가의 패러다임", 한국교육학회소식, 33(5).

서민원(2000), "한국대학평가의 쟁점과 과제", 황정규 편, 한국교육평가의 쟁점과 대안, 서울: 교육과학사.

서울대학교 40년사 편찬위원회(1986), 서울대학교 40년사, 서울: 서울대학교.

서정화(1997), "대학평가체제의 진단", 교육(행정)기관 평가체제의 진단, 한국교육행정학회 제25차 연차학술대회.

서정화(1998), "대학평가체제의 진단", 교육행정학 연구, 16(1).

성태제(1998), 교육연구방법의 이해, 서울: 학지사.

손인수(1989), 한국교육사상사 Ⅳ, 서울: 문음사.

송자(1995), "대학평가는 왜 하는가", 95 전국대학순위, 서울: 중앙일보사.

신동로 외(1998), 대학교육 여건조사 개선방안 연구, 서울: 한국대학교육협의회.

신상호(1998), "교육대학 평가체제 개선을 위한 탐색적 연구", 계명대학교 대학원 박사학위논문.

신현석(1999), "평가에 의한 정부의 대학재정 지원정책 논리 분석 연구", 교육행정연구, 17(3).

양진건(1999), "대학평가의 문제: 연구와 교육", 대학교육, 102.

어윤배 외(1998), 1주기 평가실적 분석에 관한 연구, 서울: 한국대학교육협의회.

염영일(1997), "대학평가결과 활용의 개선방향", 대학교육, 87.

오성삼 외(1999), 국내대학평가기구의 발전방안 연구, 서울: 한국대학교육협의회.

오천석(1964), 한국신교육사, 서울: 현대교육총서출판.

오천석(1975), 한국신교육사(하), 서울: 광명출판사.

유인종(1992), 한국교육의 전통과 개혁, 서울: 창.

윤문영 외(1998), 대학종합평가인정제도 평가준거 분석연구, 서울: 한국대학교육협의회.

윤정일 외(1992), 한국의 교육정책, 서울: 교육과학사.

윤종선(1994), "제6공화국 교육개혁의 실상과 허상", 교육행정연구, 12(2).

이문원(1989), "사립대학의 변천, 어제와 오늘", 대학교육, 39.

이상주(1990), "대학평가인정제도의 필요성과 추진방향", 대학교육, 46.

이상주(1993a), "대학종합평가인정제도의 목적과 방향", 대학교육의 개혁을 위한 자율과 책임, 서울: 한국대학교육협의회.

이상주(1993b), "대학교육의 질 향상을 위한 대학평가인정제도의 정착 과제", 고등교육연구, 5(2).

이상주(1995), "대학종합평가인정제의 정착과제", 대학지성, 1.

이상주 외(1995), 대학종합평가인정제도 실험연구, 서울: 한국대학교육협의회.

이성호(1983), "미국의 고등교육 업적평가인정제도와 기구", 대학교육, 1.

이성호·구병림(1985), 대학평가사업의 제도적 발전방향 연구, 서울: 한국대학교육협의회.

이성호(1986), 대학평가기능에 관한 조감, 서울: 한국대학교육협의회.

이성호(1987), 대학교육과정론, 서울: 연세대학교 출판부.

이성호 외(1987), 한국대학평가의 제도적 발전을 위한 연구, 서울: 한국대학교육협의회.

이성호 외(1990), 대학평가인정제도 시행방안 연구(Ⅱ): 절차방안, 서울: 한국대학교육협의회.

이성호(1992), 한국의 대학교수, 서울: 학지사.

이용남 외(1999), 2주기 종합평가인정제도 시행 방안 연구, 서울: 한국대학교육협의회.

이인효 외(1999), 초·중 등학교 평가체제 개발 연구, 서울: 한국교육개발원.

이종재(1985), "대학평가의 방향과 모형에 관한 연구", 대학평가 장기발전
　　　계획 수립을 위한 세미나, 서울: 한국대학교육협의회.

이종재(1999), "제2주기 대학종합평가인정제도의 방향과 과제", 21세기 대
　　　학평가의 방향과 과제, 서울: 한국대학교육협의회.

이종성(1996), 교육연구의 설계와 자료분석, 서울: 교학연구사.

이진주 외(1996), 정책평가를 위한 새로운 모형, 서울: 나남출판.

이현청(1994), "교육의 국제경쟁시대와 대학평가인정제도", 대학교육, 67.

이현청(1997), "대학평가의 의미와 배경", 대학교육, 87.

이현청(1999), "21세기 대학평가의 접근과 활용방안", 대학교육, 98.

이현청(2000a), 21세기를 대비한 대학의 생존전략, 서울: 한양대학교출판원.

이현청(2000b), 21세기와 함께하는 대학, 서울: 민음사.

이현청 외(2000), 2000대학교육발전지표, 서울: 한국대학교육협의회.

이형행(1979), "한국고등교육정책의 변천과정소고", 연세교육과학, 16, 서
　　　울: 연세대학교 출판부.

이형행(1981), "고등교육평가인정제도", 한국교육행정학의 발전, 서울: 배
　　　영사.

이형행(1981), "고등교육 평가인정 제도", 강길수 박사 회갑기념논문집 발
　　　간위원회(편), 한국교육행정학의 발전, 서울: 배영사.

이형행(1991), "실험대학 운영과 고등교육의 질적 관리", 대학교육, 49.

이형행(1991), "한국 현대 고등교육체제의 발전과정(2)", 대학교육, 50.

이형행(1991), "한국 현대 고등교육체제의 발전과정(3)", 대학교육, 51.

이형행(1991), "고등교육의 질 관리와 수월성 추구를 위한 과제와 방안",
　　　고등교육연구, 3(1).

이형행·이종성(1980), 대학평가인정제도의 합리적 방안 연구, 서울: 연세
　　　대학교.

이형행·신태진(1995), "한국 현대 고등교육 발전 반세기의 평가와 반성",

광복50주년 기념논문집(6), 서울: 한국학술진흥재단.

이형행 외(1995), 대학평가인정제 발전모형에 관한 연구, 서울: 한국대학교육협의회.

이호섭(1998), "고등교육기관평가의 신뢰도와 타당도에 관련된 문제점 분석", 동국대 대학원 석사학위논문.

이화국(1993), "대학평가인정제도 정착의 방향과 과제", 대학교육, 64.

이화국(1997), "미국 대학의 평가인정제도 변천에 관한 연구", 고등교육연구, 9(2).

이화국(1999), 고등교육의 질 향상을 위한 대학평가지표의 체계화 및 개발에 관한 연구, 서울: 한국대학교육협의회.

임한영(1976), 교육사상의 비교연구, 서울: 배영사.

장정현(1996), 한국의 대학교수시장, 서울: 내일을 여는 책.

정덕기(1995), "대학종합평가인정제의 성과와 과제", 대학지성, 1.

정우현(1998), 21세기를 대비한 학과평가 활성화방안, 서울: 한국고등교육연구회.

정일환(2000), 교육정책론, 서울: 원미사.

정진위 외(2000), 대학평가 국제비교 연구, 서울: 한국대학교육협의회.

정정길(1989), 정책학원론, 서울: 대명출판사.

정희천(1986), "한국대학평가의 변천과정과 발전방향", 서울대학교 행정대학원 발전정책과정 제23기 수료논문.

조석훈(1998), "영국 고등교육재적기구의 변화논리", 고등교육연구, 10(1).

주삼환(1988), "한국대학평가 방법의 전환", 대학교육, 32.

주삼환 외(1989), 대학평가인정제도의 제도화방안, 서울: 한국대학교육협의회.

채선희(1998), "교육평가학의 새로운 학문적 정립을 위한 제안", 21세기 한국교육평가의 과제와 전망, 서울: 한국교육평가학회.

최은수(1995), 한국교육행정의 현안 문제, 서울: 양서원.

최한선 외 (2000), 대학평가에 대한 평가대상기관 및 교육 수요자 의견조
　　사연구, 서울: 한국대학교육협의회.

한국교육십년사간행회(1960), 한국교육십년사, 서울: 풍문사.

한국교육학회(1974), 고등교육의 제문제, 서울: 능력개발사.

한국대학교육협의회(1989), 고등교육의 질 향상을 위한 대학평가 편람(개
　　정판), 서울: 한국대학교육협의회.

한국대학교육협의회, 대학발전 10개년 계획(1992~2001), 서울: 한국대학
　　교육협의회.

한국대학교육협의회(1994), 대학종합평가인정제도편람, 서울: 한국대학교육
　　협의회.

한국대학교육협의회(1995), 1995년도 대학종합평가인정제도 종합보고서,
　　서울: 한국대학교육협의회.

한국대학교육협의회(1995), 대학종합평가인정제도 실험연구, 서울: 한국대
　　학교육협의회.

한국대학교육협의회(1996a), 1996년도 대학종합평가인정제도 종합보고서,
　　서울: 한국대학교육협의회.

한국대학교육협의회(1996b), 대학종합평정제를 통한 대학자율화 확대방안
　　연구, 서울: 한국대학교육협의회.

한국대학교육협의회(1997), 1997년도 대학종합평가인정제도 종합보고서,
　　서울: 한국대학교육협의회.

한국대학교육협의회(1998), 1998년도 대학종합평가인정제도 종합보고서,
　　서울: 한국대학교육협의회.

한국대학교육협의회(1999), 1999년도 대학종합평가인정제도 종합보고서,
　　서울: 한국대학교육협의회.

한국대학교육협의회(2000), 2000년도 대학종합평가인정제도 종합보고서,
　　서울: 한국대학교육협의회.

한국대학교육협의회(1992), 대학발전 10개년 계획(1992~2001), 서울: 한

국대학교육협의회.

한국대학교육협의회(1994), 제4차 대학평가인정위원회 회의자료, 서울: 한국대학교육협의회.

허귀진 외(1997), 대학평가인정제도 중간보고 및 그 성과와 전망, 서울: 한국대학교육협의회.

홍성훈(1996), "한국대학평가발달과정에 관한 연구", 연구논총, 6(1).

황정규 외(1987), 대학 기관평가기준 개발 연구, 서울: 한국대학교육협의회.

황정규(1990), "대학평가인정을 위한 기준개발", 대학교육, 46.

황정규(1990), 대학평가인정제도시행방안연구(Ⅲ): 기준방안, 서울: 한국대학교육협의회.

황정규(2000), 한국교육평가의 쟁점과 대안, 서울: 교육과학사.

황정규 외(2000), 학문 분야 관련 기초 연구, 서울: 한국대학교육협의회.

2. 외국문헌

Altbach, Philip G., Lee, Sungho and others(1989). *Scientific Development and Higher Education*. New York: Praeger Publishers.

Alkin, M. C., & Ellett, F. S.(1990). Development of evaluation model, *The International Encyclopedia of Educational Evaluation*, Edited by Walberg, H. J., & Haertel, G. D., New York: Pergamon Press.

Anderson, J. E.(1979). *Public Policy-Making*. New York: Holt, Rinehart & Winston.

Anderson, S. B., Ball, S., & Murphy, R. T.(1975). *Encyclopedia of Educational Evaluation: Concept and Techniques for Evaluating Education and training Programs*. San Francisco: Jossey-Bass.

Astin, A. W.(1985). *Achieving education excellence: A Critical assessment of priorities and practices in higher education.* San Francisco: Jossey-Bass.

Astin, A. W.(1991). *Assessment for excellence: The Philosophy and practice of assessment and evaluation in higher education.* New York: MacMillan.

Astin, A. W.(1993). *What matters in college?: From critical years revisited.* San Francisco: Jossey-Bass.

Australian Vice-Chancellors Committee(1988). *Preliminary Report of the AVCC/ACDP Working Party on Performance Indicators.* Australia: AVCC.

Blauch, L. E. ed.(1959). *Accreditation in Higher Education,* Washington, D.C.: The Government Printing Office.

Bredekamp, S., & Glowacki, S.(1996). The first decade of NAEYC accreditation: Growth and impact on the field, *NAEYC Accreditation: A decade of learning and years ahead,* Edited by Bredekamp, S., & Willer, B. A., Washington, D.C.: NAEYC.

Cameron, K. S.(1981). Domains of organizational effectiveness in colleges and universities. *Academy of Management Journal,* 24.

Cameron, K. S., & Whetten, D. A.(1983). *Organizational Effectiveness: A Comparison of Multiple Models.* New York: Academic Press.

CHEA(1996a). The Council for Higher Educational Accreditation. *The Council for Higher Educational Accreditation Chronicle,* No.1, http://www.chea.org/ Chronicle/Vol1/no1/index.html

CHEA(1996b). What is Accreditation? *The Council for Higher Educational Accreditation Chronicle,* No.2, http://www.chea.org/Chronicle/Vol1/ no2/index.html

CHEA(1996c). Why CHEA. *The Council for Higher Educational Accreditation Chronicle*, No.3, http://www.chea.org/Chronicle/Vol1/no3/index.html

CHEA(1997). *Directory of National Accrediting Organization*. Washington, D.C.: CHEA.

CHEA(2000). *About CHEA*. http://www.chea.org/About/index.html

Child, J.(1974). Managerial and organizational factors associated with company performance part. *Journal of Management Studies*, 11.

Clark Kerr(2001). *The Uses of the University*, 5rd ed., Cambridge, MA: Harvard University Press.

Commission on Higher Education(1981). *Handbook for Institutional Self-Study*, Philadelphia.

Conrad, C. F., & Wilson, R. F.(1985). *Academic Program Review*, AAHE-ERIC Higher Education. Report, No.5.

Cook, T. D. & Campbell, D. T.(1979). *Quasi-Experimentation: Design & Analysis Issues for Field Settings*, Boston: Houghton Mifflin Co.

Council on Postsecondary Accreditation(1988). *The COPA Handbook*, Washington, D.C.: Author.(ERIC Document reproduction Srevice No.ED 297 685).

Cronbach, L. J.(1963). Course Improvement through Evaluation. *Teachers College Record*, 64(8).

Crow, S.(1994). Changing Emphasis in the USA. *International Developments in Assuring Quality in Higher Education*, Edited by Alma Craft, London: The Falmer Press.

Des Marchais, J. E., & Bordage, G.(1998). Sustaining curricular change at sherbrooke through external, formative program evaluation. *Academic Medicine*, 73(5).

Dewey, J.(1920). *Reconstruction in Philosophy*, New York: Henry Holt

& Co.

Dewey, J.(1929). *The Quest for Certainty*, New York: Minton Balch & Co.

Dewey, J.(1938). *Logic: The Theory of Inquiry*, New York: Henry Holt & Co.

Dewey, J.(1940). *Education Today*, New York: G. P. Putman's sons.

Dewey. J., & Bentley, A. F.(1960). *Knowing and the Known*, Boston: The Beacon Press.

Dickey, F. G., & Miller, J. W.(1972). *A Current Perspective on Accreditation*, Washing D. C.: The American Association for Higher Education.

Dill, D. D., Massy, W. F., William, P. R., & Cook, C. M.(1996). Accreditation & Academic Quality Assurance. *Change*, 28(5).

Dorothy, G. P.(1979). *Accrediting Standards and Guidelines: A Current Profile*, Washington, D.C.: COPA.

Dressel, P. L.(1976). *Handbook of Academic Education*, San Francisco: Jossey-Bass.

Dunn, W. N.(1981). *Public policy analysis: An introduction*, Englewood Cliffs, NJ: Prentice-Hall.

Feasley, C. E.(1980). *Program Evaluation*, Washington, D.C.: The American Association for Higher Education.

Fisch, M. H. ed.(1951). *Classic American Philosophers*, New York: Appleton.

Geiger, L. G.(1970). *Voluntary Accreditation: A History of North Central Association 1949-1970*, Wisconsin: George Banta Company.

Gelmon, S .B.(1996). Can education accreditation drive interdisciplinary learning in the health professions?. *Journal on Quality improvement*, 22(3).

Good, H. M., Dowdeswell, W. H., & Harmsen, R.(1980). A British Course on: Institutional Evaluation in Higher education and International Seminar. *Studies in Higher Education*, 5(1).

Goodman, P. S., & Pennings, J. M.(1981). *New Perspectives on Organization Effectiveness*, San Francisco: Jossey-Bass.

Hagerty, B. M. K., & Stark, J. S.(1989). Comparing educational accreditation standards in selected professional fields. *Journal of Higher Education*, 60(1).

Hamilton, J. D.(1995). Establishing standards and measurement methods for medical education. *Academic Medicine*, 70(suppl7).

Harcleroad, F. F.(1980).*Accreditation: History, Process, and Problems*. AAHE-ERIC/ Higher Education Research Report No.6, Washington, D.C.: American Association for Higher Education.

Harris, L., Morgan, G., & Sprague, P.(1996). Facilitated Accreditation Project. *Accreditation: A decade of learning and years ahead*, Edited by Bredekamp, S., & Willer, B. A., Washington, D.C.: NAEYC.

Hershman, C. L.(1979). *A Model for Assession the Quality of Nontraditional Programs in Higher Education*, Serious University, Ed.175321.

Kassebaum, D. G., Cutler, E. R., & Eaglen, R. H.(1998). On the importance and Validity of medical accreditation standards. *Academic Medicine*, 73(5).

Kells. H. R.(1995). *Self-Study Processes: A Guide to self- Evaluation in Higher Education*. 4th ed., Washington, D .C.: American Council on Education.

Kinney, L. B.(1964). *Certification in Education*, Englewood Cliffs, NJ: Prentice-Hall.

Koerner, J. D.(1994). Academia's Hidden Cartel.. *Change*, 26(3).

Marcus, L. R., Leone, A. O., & Goldburg, E. D.(1983). *The Path to Excellence: Quality Assurance in Higher Education Association for the Study of Higher Education.* ERIC Higher Education Research Report.

Mayor, J. R.(1965). *Accreditation in Teacher Education: Its Influence on Higher Education*, Washing, D. C.: The National Commission on Accreditation.

Middlehurst, R.(1992). Quality: An Organizing principle for higher education? *Higher Education Quarterly*, 46(1).

Mohr, L. B.(1971). Organizational Technology and Organizational Structure. *Administrative Science Quarterly*, 16.

MSA(1995). *What is Accreditation? Middle States Association of Colleges and Schools*, Commission on Institutions of Higher Education. Philadelphia.

NAEYC(1986). Accreditation: A new tool for early childhood program. *Young Children*, May. Washington, D.C.: NAEYC.

NAEYC(1987). Accreditation: Who ? what? when? where? why? *Young Children*, July. Washington, D.C.: NAEYC.

NAEYC(1998). *Accreditation Criteria and Procedures of the National Academy of Early Childhood Programs.* Washington, D.C.: NAEYC.

Nadler, D. A., & Tushman, M. L.(1980). A congruence model for organizational assessment. *Organizational Behavior and Quality of Working Life*, Edited by Lowler, E. E., Nadler, D. A., & Commann, P., New York: Wiley & Sons.

Nakamura, R. T., & Smallwood, F.(1980). *The politics of policy implementation*, New York: St. Martin's Press.

NCA(1982). *A Handbook of Accreditation*, North Central Association of Colleges and Schools, Commission on Institutions of Higher Education. Chicago: NCA.

NCA(1994). *Handbook of Accreditation, 1994-1996*, Chicago: NCA.

NCA(1995). *Accreditation of Higher Education Institutions: An Overview*. Chicago: NCA.

NPB(1994). *Independence, Accreditation, and the Public Interest: Special Report on Accreditation*, National Policy Board on Higher Education Institutional Accreditation. Washington, D.C.: NPB.

Pennings, J. M., & Goodman, P. S.(1978). Toward a Workable framework. *Administrative Science Quarterly*, 23.

Pfeffer, J., & Salancik, G. R.(1978). *The External Control of Organizations: A Resourse Dependence Perspective*, New York: Harper & Row.

Phillips, J. M., & Van-Antwerp, E. I.(1977). Academic Standards and Accreditation: United States. *The International Encyclopedia of Higher Education*, 2, San Francisco: Jossy-Bass.

Quinn, B. E., & Cameron, K.(1982). Life cycles and shifting criteria of effectiveness: Some preliminary evidence. *Management Science*.

Ratcliff, J. L(1996). Assessment, Accreditation and Evaluation of Higher Education. *Quality in Higher Education*, 2.

Romie, V.(1973). Accreditation and New Accountability. Miller, J. W., *Organizational Structure of Non-governmental Postsecondary Accreditation: Relationship to Use of Accreditation*, Washington, D.C.: The National Commission on Accrediting.

Scriven, M.(1977). The methodology of evaluation. *Evaluating the new,*

Edited by Collior, G., Research into Higher Education Occasional Papers.

Selden, W. K.(1960). *Accreditation: A Struggle over Standards in Higher Education*, New York: Harper & Brothers.

Selden, W. K.(1976). *Accreditation and the public interest*, Washington, D.C.: COPA(ERIC Document Reproduction Service No.ED 131 766).

Selden, W. K. & Porter, H. V.(1977), *Accreditation: Its Purposes and Uses*, Washington, D.C.: COPA.

Simpson D. E., Golden, D. L., Rehm, J. M., Kochar, M. S., & Simsons, K. B.(1998). The cost versus perceived benefit of an LCME institution self-study. *Academic Medicine*, 73(9).

Steers, R. M.(1975). Effects of Need Achievement on the Job Performance-Job Attitude Relationship. *Journal of Applied Psychology*, 60.

Stewart, Bill(1996). A Chronology of Accreditation. In. History of Accreditation. Council for Higher Education Accreditation. Washington, D.C.: CHEA.

Stone, S. L., & Qualters, D. M.(1998). Course-based assessment: Implementing outcome assessment in medical education. *Academic Medicine, 73(4).*

Suchman, E. A.(1967, 1976). *Evaluation Research: Principle and Practice in Public Service and Social Action Programs*, New York: Russell Sage Foundation.

Stufflebeam, D. L., *et al.*(1971). *Educational Evaluation and Decision-making in Education*, Itasca Ill.: F. E .Peacock Publisher Inc.

Stufflebeam, D. L., & Shinkfield, A. J.(1985). *Systematic Evaluation*,

Boston: Kluwer-Nijhoff.

Thrash, P. A.(1975). Nontraditional Institutions and Program: A Challenge for the Accreditation Process. *The North Central Association Quarterly*, 49(3).

Thrash, P. A.(1988). Evaluation and accreditation of institutions of postsecondary education. *North Central Association Quarterly*, 62(3).

U.S. Office of Education(1980), *Nationally Recognized Accrediting Agencies and Associations*, Washington, D.C.: Division of Eligibility and Agency Evaluation.

Vroom, V. H.(1964). *Work and Motivation*, New York: Wiley & Sons.

Weiss, C. H.(1972). *Evaluation Research: Methods of Assessing Program Effectiveness*, Englewood Cliffs, NJ: Prentice-Hall.

Young, K. E., Chambers, C. M., & Kells, H. R.(1983). *Understanding Accreditation: Contemporary Perspectives on Issues and Practices in Evaluating Educational Quality*, San francisco: Jossey-Bass.

Zammuto, R. F.(1982), *Assessing Organizational Effectiveness: Systems Change, Adaptation and Strategy*, Albany: State University of New York.

· 저자 ·

최금진 · 약 력 ·

연세대학교 대학원 졸
한국교육개발원 부연구위원 역임
교육인적자원부 학교평가위원 역임
현 건국대학교 공학교육연구센터 책임연구원

대학종합평가인정제의 평가체제에 관한 연구

· 초판 인쇄	2006년 8월 31일
· 초판 발행	2006년 8월 31일
· 지 은 이	최금진
· 펴 낸 이	채종준
· 펴 낸 곳	한국학술정보㈜

경기도 파주시 교하읍 문발리 526-2
파주출판문화정보산업단지
전화 031) 908-3181(대표) · 팩스 031) 908-3189
홈페이지 http://www.kstudy.com
e-mail(e-Book사업부) ebook@kstudy.com

· 등 록	제일산-115호(2000. 6. 19)
· 가 격	25,000원

ISBN 89-534-5550-2 93370 (Paper Book)
89-534-5551-0 98370 (e-Book)